中小学教师教学策略书系

ZHONGXIAOXUE JIAOSHI JIAOXUE CELÜE SHUXI

U0573871

一般教学策略系列 ► ► ►

课堂评价策略

覃 兵 ► 著

北京师范大学出版集团

BEIJING NORMAL UNIVERSITY PUBLISHING GROUP

北京师范大学出版社

图书在版编目(CIP)数据

课堂评价策略/覃兵著. —北京:北京师范大学出版社,2010.8
(2022.2 重印)
(中小学教师教学策略书系)
ISBN 978-7-303-10716-2

Ⅰ.①课… Ⅱ.①覃… Ⅲ.①课堂教学-教学评议-中小学
Ⅳ.①G632.421

中国版本图书馆 CIP 数据核字(2009)第 239575 号

营　销　中　心　电　话　010-58802135　58802786
北师大出版社教师教育分社微信公众号　京师教师教育

出版发行:北京师范大学出版社　www.bnupg.com
　　　　　北京市西城区新街口外大街 12-3 号
　　　　　邮政编码:100088
印　　刷:北京虎彩文化传播有限公司
经　　销:全国新华书店
开　　本:730 mm×980 mm　1/16
印　　张:14.5
字　　数:220 千字
版　　次:2010 年 8 月第 1 版
印　　次:2022 年 2 月第 6 次印刷
定　　价:45.00 元

策划编辑:石　雷　李　志　　责任编辑:李　志
美术编辑:毛　佳　　　　　　装帧设计:艾博堂文化
责任校对:李　菡　　　　　　责任印制:赵　龙

总　序

当前社会上都在热议钱学森提出的问题，为什么我们的学校总是培养不出杰出人才？这确实是我们大家都很着急的问题。没有杰出人才，就不能迈入人力资源强国，就不可能有重大的发明创造，就无法在国际上竞争。

要回答这个问题并不太容易。因为这不光是教育问题，而是整个的社会问题。教育不是独立存在的，它受社会政治制度、经济体制和发展水平、文化传统和民族心理等方面的影响。但是，不是说与教育没有关系，教育确实担负着重要的责任。主要表现在教育观念的陈旧，教学模式的僵化，教学方法的落后，教育评价的片面。

传统教育以传授知识为主，通过知识来培养学生的德行。这不能怪历史上哪位教育家，因为他们的教学观念受到时代的限制。今天时代不同了，自从工业革命以后，特别是第二次世界大战以后，科学技术迅猛发展，知识成几何式的增长。再用传统的传授知识的方法已经不能满足学生渴求知识的愿望，也不适应社会发展的需要。教育已经不限于传授现存的知识，还要不断创造新的知识。当然，基础教育不一定能创造新的知识，但它要为创造新知识做准备，要培养学生的创造意识和创造能力，这样才能培养出杰出人才。

所以，转变教育观念，改革培养模式和改善教学方法是当务之急。

教育既是一门科学，又是一门艺术。教育是科学，因为人类的成长有规律，人类的认知有规律。现代脑科学正在揭示这些规律，虽然我们现在还没有完全掌握。既然有规律，我们就要遵循这些规律来选择教学方法。教学是有方法的，教学研究，包括脑科学的研究都是为了寻求一种方法。所以夸美纽斯说要寻找一种教学的方法是对的，不过他当时寻找的方法不一定适用于今天。

教育又是艺术，艺术在于创新。教学方法不是凝固不变的，而是要应学科不同而不同，应情境变化而变化，因教学的对象——学生的差异而千变万化。所以叶圣陶先生说："教学有法，教无定法"。教育是艺术，艺术是需要感情的投入的，所以教学不仅要用一定的方法，还要有教师情感的渲染，需要教师的教学机智。

教学既然如此复杂，就不是简单地选择几种方法就能奏效的。这就需要研究教学策略，设计教学方案。

在国外，关于教学策略的研究始于 20 世纪 70 年代。在我国，"教学策略"一词是 20 世纪 90 年代随着现代教育技术的发展而产生的概念。主要与"教学模式"和"教学设计"并提，有时作为学习策略来解释。我认为教学策略更应该是上位的，策略是指对教学模式和教学方法的谋划、选择和设计。它既不是教学模式和方法本身，也不是一种指导原则，而是有思想观念统帅着的教学模式和方法。它要为实现教学目标，根据学生的学习状态和环境条件，按照一定的教学原则制订完整的实施方案，它指导着教师的教学行为和学生的学习行为。

根据这样的理解，对教学策略的研究应该从理论和实践两个层面同时展开。在理论层面，要探讨教学策略的性质、功能和结构，厘清教学策略与教学模式、教学原则、教学方法的关系；在实践层面，既要关注教学设计中的教学策略的设定，也要关心教学实施中教学策略所发挥的作用，并处理好教学策略的预设和生成的关系。

我很高兴地看到北京师范大学出版社广泛地动员我国教育研究和实践领域的专家，编撰了这套《中小学教师教学策略书系》。这套书系系统地整理和分析了教育发展历史进程中尤其是近 50 年来有关教学策略的教育思想、研究成果和实践经验，它有助于建立我国中小学教学策略的理论体系，探索我国中小学教学策略的实践经验，为我国中小学教师提高教学质量提供科学、实用的教学策略支持。

2010 年 1 月 19 日

前　言

　　课堂是一个充满生命活力的所在，是人、事、物合一的复杂系统，是通过教与学培养人才的主要阵地。随着时代的不断召唤，对新一代学生给予知识、能力及情感的全方位诉求，以及当今普及义务教育的背景下，课堂教育教学质量状况备受重视。

　　从 20 世纪 80 年代以来，随着我国课堂教学改革的深入，课堂评价作为教学活动的一个构成部分，逐渐受到教育界专家学者的高度关注。教师通过课堂评价不仅能够及时对当前学生课堂表现进行有效测评，而且还能够对学生以后的学习兴趣与意向产生深远影响。不仅如此，在课堂上充分利用与学生交往互动的信息反馈，有利于坚持以学生为本的育人理念，实现新课程改革所要求的关注学生学习过程和学习状态，关注学生知识能力的建构，帮助学生进行有意义的学习，实现课堂评价的导向、激励、改进、鉴别的功能。因此，有效的课堂评价能够充分调动学生的学习主动性和积极性，促进教师和学生的有效互动，从而提高教育教学质量。

　　具体而言，通过实施课堂评价，一方面使得学生在课堂学习过程中不断体验进步与成功，认识自我，建立自信，促进学生综合能力的全面提高；另一方面使得教师获取教学的反馈信息，对自己的教学行为进行反思和调整，促进教师不断提高教育教学水平。

　　然而，透视当下，课堂中还存在着诸多模糊、笼统、失真、功利的评价现象，这是非常值得反思的。分析原因，其中之一就是教师作为课堂教学实施者没有正确地运用课堂评价策略。事实上，教师是否能够在教学中灵活地开发和应用评价策略，反映了教师专业素质的水平和教学能力的高低，并直接影响着教师的教学效果和学生的学习效果，是其专业能力状况的反映。

　　环视当前，关于教师课堂评价策略的研究还非常缺乏，已有的一些研究成果理论性过强。本书则立足于课堂评价对提升我国课堂教学水平，加快课堂教学改革步伐的重要性；秉承理论与实践相结合，知识阐述与案例分析相结合的原则；结合相关课堂情境中实施课堂评价的案例，分析教师在课堂评价中所遇到的问题，提出相关解决策略；坚持师生平等开放、共同合作对话的课堂评价，共建和谐灵动的生命课堂，以让学生在学习过程中享受学习的乐趣，让教师在教学过程中体会付出的快乐！期望有助于促进学生发展，改进教师的教学，为教师实施课堂评价提供具体的指导方法，进而提高课堂教学质量。

　　本书分六大部分详细具体分析了课堂评价策略。第一章通过对评价的定义与内涵、什么是课堂评价、课堂评价主体、课堂评价功能、美国教师课堂评价举例和我国教师对课堂评价的理解等情况进行了基础性的介绍；第二章具体归纳了课堂评价的基本方法。包括课堂观察、课堂测验、课堂师生互动、课堂问卷调查等；第三章详细地对评价学生的课堂学习行为进行了分类。主要分为四大类：对学生听课行为的评价、对学生记笔记行为的评价、对学生课堂讨论的评价和对学生小组合作学习的评价；第四章分析了如何评价学生的课堂学习效果。着力点在三大方面：评价知识学习的效果、评价技能掌握的水平和评价学习习惯是否养成。第五章聚焦于课堂评价的关键工具——课堂评价语言，并且对其内涵、作用、具体方法、使用过程中遇到的问题及对策进行了详述；第六章对课堂评价的反馈进行了阐述，其中包括：课堂评价反馈的意义、功能、内容、基本原则、当前反馈存在的问题，常用的反馈策略以及实现有效反馈的条件。

　　总体来看，本书的宗旨就是在介绍课堂评价理论知识的基础上，全面地对当前我国课堂评价各环节中出现的一些"疑难杂症"把脉，从而做到"对症下药"，这也为推进我国当前课堂教学改革，提高课堂教学水平，保障课堂教学质量奠定了基础。

覃　兵

2010 年 4 月

目　录

第一章 课堂评价：一种被忽视的评价行为

我国新一轮基础教育课程改革，把握了当代世界课程改革的趋势，倡导全面、和谐发展的教育，用新理念重构课程结构，体现课程内容的现代化，提倡建构的学习，极力体现知识与技能、过程与方法、情感态度与价值观、创新精神与实践能力等多维的课程价值观。然而，新课程改革的推行离不开课堂教学。

事实上，自捷克教育家夸美纽斯开创了班级授课制以来，课堂教学就成为了教育的一个重要环节。课堂是学生在学校接受教育的主要场所，见证着学生的每一步发展，课堂决定课程实施的质量。对学生的课堂学习进行评价能够促进教学的有效实施，提高课堂教学的效果。可以说，课堂评价是与课堂教学相伴共生的教育活动之一。课堂教学产生至今三百多年以来，对课堂教学评价的研究就一直没有中断过。从 20 世纪开始，对课堂教学评价的实践和研究逐渐由内隐走向外显，开展了多种形式的课堂评价实践活动，取得了很多研究成果，但课堂评价也存在着诸多问题。我们力图从评价本身涉及的相关因素来阐明课堂评价的概念，并以美国为例和国内教师对课堂评价的理解来说明在评价实践中遇到的难点和陷入的误区，试图以理论联系实践指导教师的课堂评价行为。

第一节　评价的定义与内涵

谈到课堂评价，就涉及一个如何界定"评价"的问题。弄清评价的定义与内涵，是课堂评价研究不可或缺的一个重要逻辑起点。

一、评价的内涵

评价，从字面意义上理解，即"评定价值"，是一种主观对客观事物的感知，属于人的主观认识活动。在我国的词典中，"评价"是"泛指衡量人物或事物的价值"。英语中 evaluate（评价）是从 value（价值）而来的，只是加上前缀 e-，具有加强词根的意义。评价从本质来说是一种认识活动，是指"衡量、判断人物或事物的价值的过程。"[①]也就是说评价是一种价值判断的活动，是对客体满足主体的需要程度的判断。美国学者格兰朗德（Grnolund，N. E.）认为，评价可以简单地用下式表述："评价＝测量（量的记述）或非测量（质的记述）＋价值判断。"[②]

从哲学上看，"价值"作为被评定的标准，既是一种客观的存在，又是一种主观对客观的反应。"价值"的有无或者大小，随着主体的不同而有所不同，即"仁者见仁，智者见智"。因此，评价的科学性问题成为20世纪哲学最棘手的问题之一。人们最大的疑惑在于：在一个与事实判断不同的价值判断的领域中，我们有没有充分的理由去证明我们所赖以作出评价的价值准则是科学的；我们有没有充分的理由去评判不同的价值准则，去评判不同的价值判断……如果我们没有充分的理由，或者根本没有理由，那么不仅所有关于价值判断的研究是荒谬的，而且我们整个现实生活也是荒谬的；不仅过去所有的选择是荒谬的，而且未来将进行的任何选择也都注定是荒谬的。上述论述可以得出，"评价"是一个多要素的整体系统，评价的基本要素包括作为价值评定者的主体、价值提供者的客体两个静态要素，以及作为评定价值大

---

① 谈振华，邰启扬，韩文龙. 课堂教学理论读本. 北京：社会科学文献出版社，2000
② 傅道春. 新课程中课堂行为的变化. 北京：首都师范大学出版社，2008

小的标准这一维系主体、客体动态联系的运行要素。

因此，评价是人们对价值关系的认识或反映，是以人为主体，以价值关系为客体的一种主、客体之间的新型关系。我们认为："评价"是认识活动的一种形式，其本质是主体依据一定的标准，对客体进行比较和判断，从而得出一定的结论。

二、相关概念的比较

为了进一步说明什么是评价，我们把它与"测量""比较""态度"等概念做一比较分析。

测量是运用一定的工具、依据一定的标准，按照固定的单位对被测物体进行量度。在这些方面，测量与评价很相似，或者说，评价是要依赖测量，"通过测量来实践的"。但是，得出量度结果以后，测量就可以结束了，而评价则不能。评价还要对测量的结果，联系与之有关的各个方面进行解释和判断。从认识活动的角度看，它是对测量的延续，它对对象的把握在层次上更深入，在外延上更广泛。

比较和评价也有一定相似之处，评价本质上是一种比较。评价离不开标准，比较也需要确定一个参照物，以参照物为基准，将被比较者与之对照，找出异同或者进步、差距、问题。在比较中的参照物，相当于评价中的标准。不过，标准比一般的参照物更规范、更稳定、更有系统。比较在认识活动中只是作为一种手段来运用(如在认知活动中也要运用比较)，它并不是一种独立的形式和独立的阶段。比较的结果如何处理和传送，也依情况不同而定。评价则是介于认识和决策之间的一个独立的认识发展阶段和独立的形式，有着特定的位置和作用。不论评价的目的如何，其向主体的反馈都是必然的。无论在何种情况下，评价的结果都不会退出认识过程。

评价与态度也有区别。有人认为评价就是态度，是对被评对象的一种心理体验或情绪，表达褒贬的意见。其实，态度只是评价性认识的一种形式即感性形式的一个部分，是一种较低级的、停留在心理水平上的反应。而且，态度集中在较小的对象范围内，仅仅是对事物与人的价值关系的一种反应。评价并不仅仅是一种心理反应，它是一种复杂的、有目的、有计划、在主体自觉意识支配下的活动。评价活动的结果是评价性认识，它有感性形式和理性形式，涵盖着广泛的对象范围。

第二节　什么是课堂
评价

　　当把"评价"一词用于学校教育领域，特别是课堂教学情境时，便衍生出"教育评价"或"课堂评价"等词汇。在某些研究中，"评价"就是"课堂评价"一词的简称。

一、课堂评价的辨析

　　在当下教育研究中，"课堂评价"已经成为一个热门词汇，众多教育研究者对"课堂评价"都进行了认识和界定，目前已形成了多种多样的课堂评价定义，归纳起来主要有以下几种：

1. 课堂评价即教育评价

　　这一倾向将课堂的范围延伸至教育的全部，把本不属于课堂范畴的一系列教育活动，纳入了课堂评价的这一范畴之中，以图对课堂评价有一个较为全面的概括。事实上，所谓教育评价（educational evaluation），是指按照一定的价值标准和教育目标，利用测量和非测量的种种方法系统地收集资料信息，对学生的发展变化及其影响学生发展变化的各种要素进行价值分析和价值判断，并为教育决策提供依据的过程。课堂教学作为教育的一个重要形式，是教育评价的一个重要方面。但是，随着新课程理念的普及，大多数教育工作者都认识到：教育不仅是课堂教学，教育是包括学校教育、家庭教育、社会教育的一个概念，同时仅就学校教育而言，它也同时还包括校园活动、校园环境、学校文化等隐形课程的教育。事实上，我们研究课堂教学评价，就是要关注课堂这一教育活动，特别是课堂中的"教"与"学"的互动。

2. 课堂评价即教师评价

　　课堂评价是对教师评价的一部分。教师的工作包括备课、上课、课外辅导、批改作业、学生成绩评定，也包括教研活动、教学计划安排和学习新课程背景下的课堂教学。课堂教学评价和教师工作评价也是不同的两个范畴，教师工作评价指对教师的思想品德、敬业精神、工作绩效、业务能力等方面的综合评价，教师工作评价包括教师在课堂教学方面的评价，课堂教学评价则有对教师的评价也有对学生学习状况、师生双向交流状态等的评价，因此课堂教学评价和教师工作评价是两个相互交叉的范畴。

3. 课堂评价即对课堂的评价

在进入 21 世纪后，随着教育评价理论研究的发展和我国基础教育课程改革的推行，人们越来越意识到课堂的主渠道作用。好的课堂是提高教育教学质量的关键所在。对课堂的评价，是根据一定的教育价值观和评价标准，运用适宜、可行的评价手段，通过系统的资料收集和分析整理，对教师和学生在课堂上进行的教与学的活动过程及其效果作出的价值判断。这一概念下的"课堂评价"，是教师评价的一个重要组成部分，其评价主体主要是作为学校管理者或教育研究者的行政领导、教研人员等，其评价的主要对象是作为客体的课堂教学目标的实现程度。

4. 课堂评价即课堂测验

评价是对客体进行价值判断的活动。课堂评价即是对课堂教学这一事件进行价值判断的活动。课堂教学评价，从单纯的教学角度看，就是要断定学生达到教学目标（期望的学习成果）的程度，其核心就是对课堂教学活动价值取向和价值目标实现的程度进行判断。这里讲的教学目标不是教师做了什么，而是特指学生应当获得的学习结果。它注重的是掌握和反馈，教学实践中以"课堂测验"来检测学生掌握知识、技能掌握程度，并对这一结果以分数加以量化的课堂评价方法，因其简便易行、客观性较强而受到一线教师的欢迎。但我们看到，这一定义忽视了新课程理念下要求达到的情感、态度、价值观目标的一致，因此也存在一定的缺失。

5. 课堂评价即课堂中的师生互动

我们认为，课堂评价从定义范围上可以分为狭义的和广义的评价。狭义的课堂评价是指发生在课堂中的语言点评活动，就是教师在课堂中对学生的各种表现所作出的评价性语言。广义上的评价是对学生的学习情况、参与教学活动情况的了解、总结和反馈。这一反馈，指除言辞外，还包括肢体语言、课堂测验、问卷调查等多种形式，是一种即时的、互动的交往对话活动。如教师的某个表情，一个眼神，一个手势等都属于课堂评价的范畴。

二、课堂评价的分类

1. 口语评价

作为以语言和言语活动为传递信息及基本工具的教师，其课堂语言体现了相当强的评价性意义，学生学习兴趣和学习动力等在很大程度上有赖于教师怎样言说，如何评价。课堂口语评价是课堂评价的重要组成部分，是各种评价方式中最直接、快捷的形式之一，也是课堂教学实践中使用频率最高的、对学生影响最大的过程性评价。在教师组织、引导学习的过程中，在课堂师生互动的教学交流中，时时穿插着教师的评价性语言。这种语言，既是对行进中的学习内容、方法及参与程度等多方面的评价，也是对后续学习环节及内容的调度和引导。

2. 肢体语言评价

肢体语言是无声的语言，我们可以通过一个人的神情、肢体动作了解到他的思想意识、情绪变化等，从而给予反馈。教学实践中，肢体语言在众多场合下往往比有声语言更富有评价价值。课堂上教师的肢体语言包含有：面部表情、手势体态、仪表等。当迈进教室的时候，教师自然地微笑，学生感觉如沐春风，创造出的将是和谐轻松的学习氛围；当走上讲台，你可以用温和慈祥的表情，环视全班同学，让他们感受教师的关爱而充满学习信心；当学生回答问题遇到困难时，你可以微笑着看着他，"慢慢说，老师相信你能行"，让他感受到教师的鼓励而振作精神；当学生不守纪律的时候，你只要停止讲课，用平和的神情看着他，当他的眼睛与你相对时，让他感受到一种严而不威，自觉纠正自己行为而投入学习；当你面对同学讲课时，你应用自然、饱满精神状态面向同学，让他们感受教师的专注与责任，感受教师的饱学，从而吸引学生积极向上地倾听，努力学习；当面对学困生，你柔和的目光看着他，他会感受教师的慈爱与关切，从而受到鼓舞，坚定信心、排除困难。当学生回答问题时，伸出右手，与肩平行，手指侧立，显出自然的柔和，指向要求回答的同学，然后眼睛看着他而提出要求；当学生回答精彩时，你可以自然地与他握手表示祝贺，或用自然的掌声加上评语赞扬；当学生回答受挫时，你可以走到他身边，抚摸着他的肩，像老朋友似的给予安慰并鼓励。总之教师的势态得体，要做到：简练鲜明、自然适度、和谐协调，让学生能在你的势态语中明白含义，获悉信息，更好地投入学习。

3. 测验评价

测验与评价作为教学环节的一部分，越来越受到人们的重视，课堂检测是教师在教学实践中经常使用到的一个简便易行的评价方式。部分教师为了检测学生的学习情况，编制了测验题和相应的评价量规并进行分数化的记录，希望通过这一途径了解学生对于知识的掌握情况，评价学生学习效果。然而，值得注意的是，课堂测验法并非每节课都需要进行的，建议教师根据教学需要，有目的有计划地安排测验的内容和频率。

三、课堂评价的内容

1. 学力评价

学力是学习能力和知识水平的简称，指一个人的知识水平以及在接受和发现知识、理解和运用知识方面的能力。这里，学力是通过学习习得的，学会认知、学会做事、学会共同生活、学会发展被称为是教育的四大支柱。由于学力结构的多元性，学力评价的标准和方式也应当多元化。课堂教学中，往往通过师生对话、效果检测等形式，来判断学生对知识的掌握和运用程度。

编制良好的评价工具是提高学力评价质量的最重要因素。所以，在学力评价中，要提高学业成就测验和操作技能测验的水平，就要懂得作出一定的预设。这种预设，应当是开放式的、具有弹性的"测试"，才能使这项评价得以客观、公正、全面。

2. 情感、态度、价值观的评价

在新课改背景下，情感不仅指学习热情和学习兴趣，还包括爱、快乐、成功、审美情趣等丰富的内心体验；态度不仅指学习态度，还包括乐观的生活态度、严谨求实的科学态度、宽容的人际交往、积极的人生态度等；学习什么、希望达到什么样的目标、为什么学、为什么用、为谁学、为谁用，都是价值观的问题。情感、态度、价值观是学生发展的重要方面，是教育的重要目标之一，也是课堂教学的重要目标，当然也是课堂评价的重要内容，必须加予科学合理的评价。

3. 学习状态评价

在新课程背景下，课堂教学的主体是学生。所谓表现性评价是指通过观察学生在完成实际任务时的表现，来评价学生参与课堂教学的效果。表现性评价克服了传统学业成就注重结果测验的弊端，它强调在完成实际任务的过程中学生的各种状态，主要从学生的情绪状态、注意状态、参与状态、交往状态、思维状态、生成状态六个方面来评价课堂教学过程。如下面是长沙市雅礼中学的课堂评价标准，体现了对学生学习状态、学习过程中的表现性评价。

长沙市雅礼中学新课程课堂教学评价标准

（1）情绪状态：学生是否具有浓厚的兴趣，对学习具有好奇心与求知欲；是否不断能长时间保持兴趣，能否自我调节和控制学习情绪；学习过程是否愉悦，学习愿望是否不断得以增强。

（2）注意状态：学生是否始终关注讨论的主要问题，并能保持较长的注意力；学生的目光是否始终追随发言者（教师和学生）的一举一动；学生的倾听是否全神贯注，回答是否具有针对性。

（3）参与状态：学生是否全员参与活动；是否积极主动地投入思考并踊跃发言，兴致勃勃地参与讨论和发言，是否自觉地进行练习。

（4）交往状态：整个课堂气氛是否民主、和谐、活跃；学生在学习过程中是否友好分工与合作；是否能虚心听取他人的意见，尊重他人的发言。遇到困难时学生能主动与他人交流、合作，共同解决问题。

（5）思维状态：学生是否围绕讨论的问题积极思考、踊跃发言，学生回答问题的语言是否流畅、有条理，是否善于用自己的语言阐述自己的观点；学生是否质疑，提出有价值的问题并开展争论；学生的回答或见解是否有自己的思考或创意。

（6）生成状态：学生是否掌握应学的知识，是否全面完成了学习目标，学生的学习能力、实践能力和创新能力是否得到增强，是否有满足、成功和喜悦等积极的心理体验，是否对未来的学习充满了信心。

4. 形成性评价

教育是一种培养、促进学习者发展的过程，在这个过程中，教师按教学目标设计、实施教学。课堂教学中，一种新知识、新技能、新观念的习得完成时，教师对教学过程中各环节的学习结果依据合理的教学目标要求进行评价，判断该过程是否有效，判定学生是否发生了某些变化，确定学生个体变化及变化的程度，以提供教、学改进与发展的信息，这就是形成性评价。在新课改背景下对形成性评价使用的最有效而又最广泛的一种评价方式便是"成长记录袋"。这种评价方式，不仅体现过程评价的思想，同时体现学生自主评价，强调自我纵向比较，利于学生全面发展。运用"成长记录袋"对学生进行形成性评价，需要教师掌握成长记录袋的基本原理及实践运用、类型及构成、优势及局限性等方面的知识。

需要说明的是，我们所介绍的几种评价之间并不是完全割裂的，而是相互交融的。如学力评价往往与知识、情感、价值观评价之间不是绝对的，而是存在一定的共通之处。在一定范围为学力评价，在另一范围则为情感性评价。如学习状态评价作为一种学习过程的评价，往往决定着学力评价，而对情感、态度、价值观的评价则更是直接影响，同时也渗透于整个评价活动之中。

第三节　课堂评价的
主体

解决评价的合理性问题首先依赖于对评价主体的准确定位，评价主体的确定是评价活动是否有效的必要条件。能否对评价主体作出确认也是应试教育学生评价与素质教育学生评价的分歧所在，是学生评价能否走向合理化的关键。

评价客体是课堂教学活动中，教师教的内容及其教学行动策略、情感态度，教师在教学活动中创造的课程教学价值；学生学习的内容及其学习行为、情感态度，学生在学习活动中获得的学习结果。

评价主体是参与评价活动的人。教师是课堂教学的主导力量和直接责任者，在各种意义上看，都应当毫无疑问地作为课堂教学评价的主体。在评价活动中，教师始终掌握着最丰富的信息，处于权威地位。教师通过收集各方面信息，对学生在课堂中的表现进行评价，既是教育学意义上的职责，也是法律赋予的权利和义务。

"教学是教师的教与学生的学的统一，这种统一的实质是交往。"课堂教学应是一种多向互动的师生交往过程。在传统教学观下形成的教师权威、知识本位的价值取向的教学，最大的弊端就是缺乏交往和沟通，它否定了教学的本真意义——交往与对话，剥夺了学生作为学习主体的地位和权利。因而，在传统教学观指导下的课堂教学，必然是评价主客体比较单一，一般是教师评价学生，教师是评价的主宰者、权力者，学生是被动的接受者、义务者，缺乏学生自身、学生与学生、学生与教师的多边互动，无助于调动各方面的积极性。

现代教育评价认为，"评价者和被评价者都是平等的评价主体，双方是平等、互惠、协作的民主关系，评价过程是主体间的自愿选择、相互沟通和心理协商的互动过程。"因此，素质教育学生评价改革提倡多元主体参与评价，特别是重视与被评价者对评价整个过程所进行的充分交流。被评价者不仅仅只是被动的接受方，还要发挥其主动性积极进行自我评价与评价他人，与教师、同伴等是一种平等的交互主体的关系，而不是控制与被控制、权威与服从的关系。

在此过程中，最为重要的是学生愿意并且能够发挥其主体作用。但是，由于长期以来学生评价中主体的概念模糊，甚至地位颠倒，尤其是学生一直处于被动地位充当着被评者。在"师道尊严"的影响下，已习惯于无条件接受来自教师的评价。新课程视野下的课堂评价观，即确立评价主体与客体的多向互动性关系，还学生以评价的机会、评价的权利及通过评价反思和发展的权利。教师在课堂教学中应充分重视学生在评价中的主体作用，注重评价主客体的多元化，既要有教师对学生个人、小组、群体的评价，也要有学生自评、学生互评，学生小组评价、学生对教师的评价等形式，将课堂评价从"关于学习的评价"（assessment of learning）转向"为了学习的评价"（assessment for learning）。

其中，认识并处理好评价主体间的关系，对评价的实施及效果是很重要的。在对课堂评价主体的理解上，要更新"单一性主体"的观念，充分尊重教师、学生在课堂评价中的主体地位和决定性的作用，确立评价活动中的教师、学生等评价主体的平等合作的关系。在对课堂评价客体的理解上，要更新"评人"的观念，要确立评价客体是人的活动及其活动结果的观念，使师生成为教学相长不断发展的教学主体。

在教学实践中，已经有诸多双主体课堂评价的实例：

写字课上，教师在指导学生书写"穿"字时，自己先在黑板上书写了一遍，然后请学生对照田字格里的范字来评价教师写的字好看不好看。学生说：老师，您的穴宝盖写得太宽了。一个学生又说：牙字两横间的距离太大了……

上例中，教师使用了学生评价教师的方法使学生成为评价的主体。学生在评价教师的互动交流过程中，学会了怎样安排间架结构，怎样执笔、起笔、运笔、收笔。学生在观察、评价教师认真书写的行为过程中，学会的不仅是写好汉字，还学到了认真书写的态度，体验到自身的价值和成功的快乐。

一、教师评价——激励学生、促进发展

在学生的心目中，教师的评价最具有权威性，学生在学习上的每一点进步，一旦得到教师的鼓励、肯定之后，学习的动力往往会成倍地增长。因而，在教学中，教师必须努力从多个角度去考查学生的综合能力和整体素

质，关注学生在知识与技能、过程与方法、情感态度与价值观等方面的表现，作出适时而富有激励性的评价，促进学生不断进步，不断发展。在评价时要做到：对于思维方法有创新的学生要大力表扬；对于学困生要挖掘他们的闪光点，及时表扬，加以肯定，并提出努力的方向；在指出学生不足时要委婉，不能伤其自尊心和积极性。

有一位教师要求学生自己探索一道题：1米5厘米＝（　）米，并说说自己的想法。有一位同学回答道："我把5厘米除以米和厘米之间的进率100，等于0.5米，再加上1米就是1.5米，所以1米5厘米＝（1.5）米。"教师笑了笑说："你的想法好极了，如果你再细心点简直太完美了！"

在这个案例中，教师不仅关注了学生的学习结果，更关注了学生的学习过程、学习方法，在赞许学生想法的同时还委婉地要求学生细心计算。在这样的评价中，学生既享受了成功，建立了自信，还了解到了自己的不足之处。

二、学生自评——自我反思、提高认识

在课堂评价中，教师应该把评价的权利还给学生，引导学生通过对自己的发言或见解等方面进行自我评价，这样不仅能调动学生的学习积极性，还能促进学生自我反思、自我发展，以帮助学生提高对自我的认识，促进学生的学习。

1. 课堂教学中的自评

当学生完成一项学习活动之后，让学生想一想自己在思考、解决问题或是发言过程中的成功和不足之处，养成自我检验、自我反思的意识。

在做练习时，一教师让学生集体读一读题目的要求。学生读得有气无力，而且七零八落，一点都不整齐。以下是教师和学生之间的一段对话：

师：你们觉得读得怎样？

生1：读得太不好了，一点都不整齐。

生2：我刚才读的时候开小差了。

师：那你们说该怎么办啊？

生：我们还是再重新读一遍吧。

学生认真地重新读题目要求。

师：现在你们觉得自己读得怎样？

生：这遍我们读得又整齐又响亮。下次我们就这样读！

在这个教学片段中，教师不做任何评价，而是让学生进行自评，在自评

中，学生由被动评价者转向主动参与者，在反思、认识自己的不足后，主动提出要重新读题，在第二轮的读题中，学生根据前面出现的情况进行了调整，读得又整齐又响亮。

2. 课堂完毕时的自评

教师可以在结束课时问学生，"这节课你有什么收获，这节课你觉得你表现得怎么样"，通过这种方式可以引导学生对本节课的学习情况进行自我评价，评价的内容包括知识掌握情况、能力发展情况、学习态度和情绪情感等方面。学生在自评中，能发现自己的优缺点，以便在日后的学习中得到不断的改善。

三、学生互评——欣赏他人、取长补短

学生互评，能让学生学会欣赏他人。因此，我们在适当的时候应该放手让学生互评。教师在指导学生进行互评时要本着这样一个标准：应先指出别人的优点，再指出别人的缺点。教师要积极引导学生对别的同学成功的方法、成果虚心评鉴，加以吸收；积极引导学生将他人与自身的学习形成对照，以利于取长补短。在教学中可以开展的学生互评有：同桌互评、小组互评及全班范围内对学生的评价。

在做练习"正方形手帕的边长是25厘米，它的周长是多少厘米?"时，有同学回答："$25＋25＋25＋25＝100$（厘米）"，然后我让一位同学来评价，他是这么说的："他这样做对了，但我发现里面有4个25相加，所以我认为$25×4＝100$（厘米）更简便。"

上例中，学生认真评价了别人的成果，加以吸收，然后改进，使得列式更简便；而先前的那位学生，听了同学的评价，也拓展了思维，以取长补短。

第四节　课堂评价的
　　　　功能

课堂教学评价是对教学过程、教学结果所进行的价值判断。运用课堂教学评价是根据一定的教育目的，按照课程标准的要求而制定和实施的一种有

目的的教育行为。从根本上说，课堂评价是为了促进教学效果的提高，使学生得以发展。教学效果是指通过教学活动后，学生的学习态度、学习能力和学习成绩上的变化、发展和提高。因此，课堂评价必然始终服务于这一目的。

20世纪50年代以来，随着西方各国教育改革运动的兴起，人们日益重视评价的价值。许多专家认为，评价的最主要的功能不是证明，而是改进。反馈、调控和改进应当作为评价，特别是课堂评价的方向，课堂评价应主要关心对学生课堂学习的诊断，致力于对学习过程的促进或"形成"。

课堂评价的功能是多重的，在不同条件下或有不同的需求时，它可以偏重于发挥其中的某些功能。课堂评价的功能一般可概括为以下几个方面。

一、诊断功能

有效的教学取决于教师对学生的经验、能力、兴趣、动机和情感的了解，这种了解是提出现实的学习目标，并操纵适当学习情境去帮助学生达到一定目标的基础。课堂教学中，通过对课前、课中、课后进行的测验，教师可以了解某个学生（个体或群体）在课堂中的发展程度，其知识、技能、能力甚至情感、态度、价值观等方面已经达到的水平和存在的问题，分析形成这一现状的有利（或不利）因素，从而有针对性地改进教学方法、学习方法。

二、激励功能

心理学证明，动机和需要具有重要的驱动、唤醒和激励作用。学习受反馈推动已经为心理学界所公认。反馈即让学习者通过了解自己学习的结果来提高学习的效果。反馈量越大，学习的速度就越快；反馈越及时，学习的成绩就越好。因此，课堂教学中及时给予反馈是提高教学效果的有效方法，肯定的评价一般会对学生的学习起鼓励作用。通过评价，学生学习上的进步获得教师认可，心理需要得到满足，从而会强化其学习的积极性。否定的评价往往会使学生产生焦虑，而适度的焦虑则可成为学生努力学习的动因。"当紧张和焦虑的程度处于中等水平时，学习进展最好。而有关学习进步的反馈数据应当有助于保持这种适当的紧张。"带有期待性的赏识评价，会给学生强烈的心理暗示，从而让学生对自己增强自信心，从而产生"罗森塔尔效应"。

三、导向功能

课堂教学评价的导向功能主要是通过评价目标和指标体系实现的，教师通过新课程背景下的课堂教学评价研究评价目标及评价指标的学习和理解，可以使课堂教学目标的设计更加科学，使自己的教学行为更加符合素质教育的要求，更加符合现代课堂教学的理念。因此，课堂教学评价目标的确定以及评价指标体系构成必须有利于提高课堂教学质量，有利于促进教师成长和学生的发展。

课堂评价的上述功能——诊断、激励、导向，决定了它在教学过程中的重要地位。没有评价这项工作，教学就难以顺利进行，它是在教学过程中的重要环节和有机组成部分。可以说，作为一种系统活动的教学，不可能不包括"评价"这一环节；正是有了课堂教学评价的各种合理设计和适度运用，才使得课堂教学成为一种有目的、可控的活动。

第五节　美国教师的课堂评价举例

美国的课堂评价改革和发展走在时代的前列，以美国教师课堂评价举例的意义在于采"他山之石，可以攻玉"，供我国教育教学课堂评价实践作为参考和借鉴。

一、美国相关课堂评价的理论

理论是实践的先导，它不仅有助于组织和综合某一领域的知识和假说，而且可用于描述、解释和预测经验与行为。在课堂评价教学活动中，对美国教师课堂评价实践较有影响的理论有如下几个：

1. 布卢姆的教育目标分类学

20世纪30年代美国"进步教育协会"组织的"八年研究"中成立了各种委员会，其中美国著名教育学家拉尔夫·泰勒（Ralph·Taylor）领导的评价委员会工作较为出色，正是在这次研究中，泰勒提出了评价必须建立在清晰陈述目标基础上，在他看来，目标是对学生应该如何行为的方式的陈述，用最精确的方式陈述目标。后来，著名教育学家布卢姆（B. S. Broom）等人进一步加以发展，并认为，一部完整的教育分类学，应该包括学习的3个基本领域：认知、情感、动作技能三个领域，每个领域的目标又分为不同的层次结构，每个主要类别又包括若干子类别。他们认识到，这种划分本身就存在着把这些领域分割开来的危险，为了便于分析，才作这种划分。他们认为，教育目标主要是为了有助于内容和行为的选择。

(1)认知领域的目标

知识：指对先前学习材料的记忆，包括具体事实、方法、过程、理论等回忆。

领会：指能把握材料的意义可以借助转换、解释和推断三种形式来表明材料的领会。

运用：指能习得的材料应用于新的具体情境，包括概念、规则、方法、规律和理论的应用。

分析：只能将整体材料分解，并理解其组织结构。

综合：指能将部分组成新的整体。它强调的是创造能力，需要产生新的模式或结构。

评价：对材料(论点的陈述、小说、诗歌、研究报告等)做价值判断的能力。①

(2)情感领域的目标

其目标分为五个主要类别，它们是接受或注意、反应、价值的评价、组织、由价值或价值复合体组成的性格化。

(3)动作技能领域的目标

其目标也有多种分类、但是由于动作技能目标分类的复杂性，其分类理论被接受的程度不高。②

从上述分类中，可以看出每个领域的目标都存在渐进的发展，由简单到复杂，由具体到抽象的递增，在前一类目标形成的基础上建立后一类目标，以此形成了目标的层次结构。过去，在进行课堂评价时，往往存在着用词空泛、操作性、可评估性不强，以及重知识技能的传授轻情感态度的培养等缺点。如今，根据布鲁姆教育目标分类说，在具体的课堂评价实践中可以借鉴，评价的目标可以兼顾认知、情感态度和能力技能三方面。使课堂评价不仅能提高教师教学的质量，而且使学生得到情感、认知、思维及个性等的共同发展。

2. 加德纳的多元智力理论

美国哈佛大学著名发展心理学家霍华德·加德纳(Howard. Gardner)教

---

① 沈玉顺. 改进高校教与学质量的 QTTC 模式评析. 江苏高教，1997(6)
② 张红梅. 美国高校学生评价方法研究. ［学位论文］. 上海：华东师范大学，2005：11

授在 1983 年出版的《智力的结构》(*Frame of Mind*)一书中提出一个新的智力定义，即"智力是在某种社会或文化环境的价值标准下，个体用以解决自己遇到的真正的难题或生产及创造出有效产品所需要的能力"(Gardner，1983)。并且，在该书中，加德纳还提出，多元智力框架中相对独立存在着 7 种智力，这 7 种智力分别是言语-语言智力、音乐-节奏智力、逻辑-数理智力、视觉-空间智力、身体动觉智力、自知-自省智力和交往-交流智力。[①] 每一种智力在人类认识世界和改造世界的过程中都发挥着重大的作用，而且具有同等重要性，以上各种智力不是以整合的方式存在，而是相对独立的，各自有着不同的发展规律并使用不同的符号系统。各种相对独立的智力以不同的方式和程度有机地组合在一起。即便是同一种智力，其表现形式也不一样。所以，很难找到一个适用于任何人的统一评价标准，来评价一个人的聪明和成功与否。教育和指导必须根据智能发展的轨迹来评价，以准确地了解学习者的智能状态为先决条件，评价在教育中扮演中心角色，只有适合学生的特定发展阶段，才能使学生获利。下面，具体介绍一下加纳德提出的"七种智力"。

(1)言语-语言智力(Verbal-Linguistic intelligence)

这种智力主要是指听、说、读、写的能力，表现为个人能够顺利而高效地利用语言描述事件、表达思想并与人交流的能力。这种智力在记者、编辑、作家、演讲家和政治领袖等人身上有比较突出的表现，例如，由记者转变为演说家、作家和政治领袖的丘吉尔(Winston Churchill)。

(2)音乐-节奏智力(Musical-rhythmic intelligence)

这种智力主要是指感受、辨别、记忆、改变和表达音乐的能力，表现为个人对音乐包括节奏、音调、音色和旋律的敏感以及通过作曲、演奏和歌唱等表达音乐的能力。这种智力在作曲家、指挥家、歌唱家、演奏家、乐器制造者和乐器调音师身上有比较突出的表现，例如音乐天才莫扎特(Mozart)。

(3)逻辑-数理智力(Logical-mathematical intelligence)

这种智力主要是指运算和推理的能力，表现为对事物间各种关系如类比、对比、因果和逻辑等关系的敏感以及通过数理运算和逻辑推理等进行思维的能力。这种智力在侦探、律师、工程师、科学家和数学家身上有比较突出的表现，例如，相对论的提出者爱因斯坦(Albert Einstein)。

---

① 霍力岩. 加德纳的多元智力理论及其主要依据探析. 比较教育研究，2000(8)：38

（4）视觉-空间智力（Visual-spatial intelligence）

这种智力主要是指感受、辨别、记忆、改变物体的空间关系并借此表达思想和情感的能力，表现为对线条、形状、结构、色彩和空间关系的敏感以及通过平面图形和立体造型将它们表现出来的能力。这种智力在画家、雕刻家、建筑师、航海家、博物学家和军事战略家的身上有比较突出的表现，例如，画家毕加索（Pablo Picasso）。

（5）身体-动觉智力（Bodily-kinesthetic intelligence）

这种智力主要是指运用四肢和躯干的能力，表现为能够较好地控制自己的身体、对事件能够作出恰当的身体反应以及善于利用身体语言来表达自己的思想和情感的能力。这种智力在运动员、舞蹈家、外科医生、赛车手和发明家身上有比较突出的表现，例如，美国篮球运动员麦克尔·乔丹（Michael Jordan）。

（6）自知-自省智力（Intrapersonal intelligence）

这种智力主要是指认识、洞察和反省自身的能力，表现为能够正确地意识和评价自身的情绪、动机、欲望、个性、意志，并在正确的自我意识和自我评价的基础上形成自尊、自律和自制的能力。这种智力在哲学家、小说家、律师等人身上有比较突出的表现，例如，哲学家柏拉图（Plato）。

（7）交往-交流智力（Interpersonal intelligence）

这种智力主要是指与人相处和交往的能力，表现为觉察、体验他人情绪、情感和意图并据此作出适宜反应的能力。这种智力在教师、律师、推销员、公关人员、谈话节目主持人、管理者和政治家等人身上有比较突出的表现，例如，美国黑人领袖、社会活动家马丁·路德·金（Martin Luther King）。[①]

评价多元智能的三个标准：第一，必须是"智能展示"的评价方法，既直接观察到一种智能的潜力，而不必通过数学和逻辑的"反光镜"；第二，必须具有发展的眼光，也即评价儿童在某一特定领域的知识，必须使用适合他或她在一定发展阶段的方法；第三，它必须和推荐相关联，即对一个具有特定智能测绘图的儿童，评价所得的分数和评语，必须和这名儿童推荐的活动相关联。如用情境化评价：标准化考试的替代方案。

总之，从加德纳的多元智能理论当中，我们已经看出，每一个人的智力

---

① 霍力岩. 加德纳的多元智力理论及其主要依据探析. 比较教育研究，2000(8)：39

是不同的，这也决定每一个人凸显出的能力不尽相同。既然每一个人在智力上有偏重，那么使得教师实施对学生教育时，就不应该拘泥于唯一的标准，应该把握每一个学生智力不同的特点，从学生实际出发，因势利导，因人而评。

3. 顾巴和林肯的"第四代教育评价"理论

二十世纪八十年代后期，美国教育评价出现了新的动向，美国教育评价专家顾巴和林肯提出了"第四代教育评价"思想。1989年，他们出版了名为《第四代评价》的专著，在深入批判传统评价观的基础上，提出"评价就是对被评事物赋予价值，其本质是一种心理建构，评价描述的并不是事物真正的、客观的状态。而是参与评价的人或团体关于评价对象的一种主观性认识，是一种通过'协商'而形成的'共同的心理建构，'"[①]因此，第四代教育评价主要包括以下几个方面的内容：

（1）心理构建论

教育评价从本质上说是一种心理构建。评价所表述的不是评价对象真正的、客观的状况，而是评价者（个人或团体）对评价对象的一种认识，评价结果是评价对象某方面的状态在评价者头脑中的反映，是评价者的心理构建物。

（2）价值协调论

教育评价是协调价值观的过程，在评价过程中，评价者之间，评价者与评价对象之间，在教育价值观上存在着差异，表现为价值系统的多元化。有效的评价结果是评价者和评价对象公认的结果，而要取得公认的评价结果，就必须协调评价者与评价对象的教育价值观，协调对评价标准认识的分歧，缩短对评价结果看法的差距，最后形成一致公认的评价结果。所以他们认为，教育评价是由评价者不断协调教育价值观，缩短关于教育评价结果意见分歧的过程。

（3）评价结果认同论

由于参与评价的人们的生理条件不同。心理特点、文化修养各不相同，又都是在其精神和物质背景影响下从事教育评价活动的，因此，所得评价结果不依赖于评价对象的状况与客观现实符合的程度，而是参与评价活动的人

---

① 张民选. 回应、协商与共同建构——"第四代评价理论"评述. 全球教育展望，1995（3）：1

关于评价对象状况的不同意见交换、认同的结果。

（4）应答性模式

"应答性"是教育评价的基本模式，应答性模式的主要特点是让评价对象和有关人员有机会表达自己的意见，对自己关心的问题发表自己的看法。评价者在编制、设计评价项目和评价目标时，应充分考虑评价对象的意见，在评价过程中引导评价对象参与评价活动，充分发挥发表意见，提供评价信息。评价者通过广泛收集评价信息，用磋商的方法，逐步缩短同评价对象的意见分歧，最后达成一致看法。

（5）提高对学习资源与学习过程关注的程度

远程教育和信息技术的发展使学习资源变得丰富起来，并能够针对不同学习过程的特点进行评价，对学习资源和学习过程的评价在教育中地位越来越重要。

此外，第四代教育评价还提出了"教育评价的最终目的在于提高评价对象的工作质量和效率"的观点、"重视评价结果使用和推广等评价后续过程的观点以及尊重评价对象的人格、尊严和隐私"等观点。评价方法上提出了"构建性方法"等。

综上所述，顾巴和林肯的"第四代教育评价"向我们传递出：评价过程不仅是一种力求"协商"的过程，而且是评价双方一种不可分离的共构过程。这种评价思想强调将完整的有血有肉、有情感的有个性的人当做自己的对象，并努力通过评价促使受教育者个性的充分发展。这种评价注重质的分析，不是片面追求量化而排除知识之外的难以量化的其他一切人类成果。注重学生的自我评价，把学生看做评价主体，坚持评价的民主性，注重启发和提高学生的主体意识，增强学生对评价的参与感和自我体验，养成学生自我分析、自我评价、自我调节的习惯和能力。

二、美国课堂评价的主要特征

（1）注重评价的全员性

长期以来，美国教育界一直奉行"学生本位"的思想，美国无论是公立学校还是私立学校都十分注重学生的课堂感受。他们从未将自身看做"课堂裁判"，将课堂评价游离于学生发展之外，从而忽视课堂评价与学生发展之间的客观内在联系，尤其是将"评价的天平"向优等生倾斜，而将一些后进生排除在课堂评价之外。他们摒弃了传统的"看优等生一朵花，看差等生豆腐渣"的陈旧观念，相反秉承"金无足赤，人无完人"的理念，客观、公正、全面地看待各种学生的优缺点。在实际课堂上，美国教师能够深刻理解不同学生对知识的接受，对问题的理解，对现象的分析等能力存在着差异，更多的是在课堂上给予尊重、信任和宽容，一视同仁，消除每一位学生在课堂上怕出错的不安和恐惧，解除怕挨批评，受嘲讽的心理压力，进一步营造一个自由、和谐、安全的课堂氛围。

（2）注重评价的及时性

美国著名心理学家罗西和亨利做了一个心理学实验，结果表明：每日及时反馈学习结果，较之每周的反馈，效率更高；不知道自己的学习结果，缺乏学习的激励，则很少进步。由此可知，不管是表扬还是批评，都要"热炒热卖"，避免"秋后算账"和"算总账"，要做到及时奖惩，赏罚分明。① 当时这一反馈结果就引起美国教育界的高度重视，美国各大学校非常重视这一结果，将其广泛应用，要求教师对于学生应该不失时机地对学生在课堂上的表现给予鼓励和表扬，哪怕是一句简单的话语，一个赞许的目光，一个激动的拥抱等。比如：每一次正确的回答，每一次课堂作业、每一次课堂表现等。通过这种及时性的评价，不但能够对学生产生极大的鼓舞，有利于培养学生积极的自我接纳态度，感受成功的愉快，体验不断进取的乐趣，而且能够不断增强自信心，激发学习的内在动力。总之，教师在课堂上及时指出学生在学习中出现的错误和问题，学生是非常容易接受的，以积极的态度同教师一起分析问题，讨论问题，解决问题。这种方式必将有助于学生保持良好的学习状态。

（3）注重评价的多元性

美国心理学家加德纳所提出的多元智力理论已经告诉我们：人的智力包括语言、数量、空间、音乐、运动、社交、自知七种能力，但其发展并不平衡。因此，课堂评价必须尊重学生能力的差异性，坚持因人而异、因材施"评"。在美国，教师们都坚持"多一把衡量的尺子，就会多出一批好学生"的理念，对不同的学生，教师们采取的是不同的"尺子"来衡量学生们在课堂上的表现。下面来列举美国的一个课堂实例。

一位叫 Peter 的教师向学生问道："雪化了变成了什么？"。一个叫 Daniel 的学生回答道："雪化了变成春天"。当时，课堂上学生开始议论起来。Peter 教师立即呵斥学生不要胡言乱语。他立即解释道："一千个读者，就有一千

---

① 杨九俊. 小学语文课堂诊断. 北京：教育科学出版社，2005：36

个哈姆莱特。"同一个问题，站在不同的角度去认识，必然产生不同的解释，这个学生作出的回答是极富诗意的。只是学生思考这个问题的角度同教师不同，因此得到的答案与教师的"标准答案"大相径庭。

正是因为 Peter 教师的灵巧的解释，才稳定了整个课堂。如果教师不假思索，一棍子打死的评价不仅会挫伤学生的积极性，而且会扼杀学生进行创新思维的热情。总之，教师一定不能够思维僵化，唯我独尊，要容许百花齐放。采取多种方式，通过富有人情味的课堂评价，鼓励学生勇于挑战思维定势，促进自身思维拓展，不断提出新的方案，从而实现思维品质优化。同时，站在不同的角度，通过积极的评价，肯定学生的优点、特点、爱好和强项，帮助学生看到发展的自我，增强学生对学习的信心和兴趣，促进全体学生进步。

（4）注重评价的激励性

心理学家赫洛克、范德瑞特通过长时间的研究发现：得到奖励或者表扬的学生获得的激励作用最大，而且会产生长期的正效应。因此，美国教育界开始高度重视这一结果。美国教师在课堂上毫不吝啬地给学生以恰如其分的鼓励，让学生感受到教师的关爱，从而努力学习。通过这一过程，师生情感交融，学生亲其师，信其道，很容易使得教学活动取得最佳效益。完美的课堂效果也正是教师教学实践永恒的追求。这样就凸显出教师激励性评价的重要性。下面是一例激励性评价的案例：

某天，在一节艺术鉴赏课上，美术教师对学生提出了一个问题："我们这里没有原作，你们能否描绘出意大利著名画家达·芬奇的那幅蒙娜丽莎画像。"某一学生想了片刻，主动绘声绘色地讲起来，但是毕竟没有原作，这位同学描绘了很多，但是有些关键部位讲得不是很准确。之后，美术教师马上赞许道："说得不错，能再把它完善一些吗？"学生对某一问题回答错误时，教师："其他同学有不同的看法吗？"

这样，美术教师既巧妙地实施评价，更不失时机地对学生进行激励。教师站在欣赏学生、宽容学生的角度，对每一个学生寄予期望，给出的评价必然促使学生继续去思考、探索，努力争取新的收获。

（5）注重评价的艺术性

在美国，教师非常讲究评价语言的技巧和评价的方式方法。他们深知使用艺术化的语言是课堂评价不可忽略的一个重要原则，这将直接影响学生的自尊心和课堂参与的热情。课堂评价中维护学生的自尊，并不意味着对学生无原则的迁就，课堂评价不排斥对学生的表现进行否定和批评。即便如此，教师也应该注意保护学生的自尊与人格，尽量避免让学生下不了台，对学生的否定和批评要适可而止，既要实事求是，又要留有余地，要容许学生犯错误，用发展的眼光看待学生的失误，给机会让学生改正错误，不挫伤学生的学习积极性。对学生的言行，教师不要千篇一律地用对或错进行评价，而是讲究评价技巧，善于发掘学生言行中闪光的东西。下面是一个处理语言交际错误的案例[①]：

F：What did you do yesterday?

S：I goed to jack's party.

F：Did you? I went to Jack's party too. Diy Mary go to Jack's party?

S：Yes，she went to Jack's party，too.

这是美国一堂语言课的片段。教师 F 知道学生 S 在回答问题时出现一处错误 goed，但他并未告之此错误，而是通过自己的回答来提示这名学生不用 goed 而用 went。教师很巧妙却自然地设置下一个问题来检测学生是否意识到自己的错误，S 模仿教师的句子自己改正了错误，因此很有成就感，学习兴致更浓。教师在处理学生出现的错误时，避开直接点评，引导学生自己更正。

第六节　中国教师对课堂评价的理解

"雪融化了是什么"，某教师在课堂上问了这样一个问题。一个小学生近乎异想天开地回答道："春天！"然而，他的教师却一本正经告诉他错了，并把"标准答案"写在黑板上，叫学生们用心记住，答案是"水"。

雪融化后变成水，这是常识，但孩子的回答就错了吗？

至今，我们的记忆中还有"冰雪融化，种子发芽，果树开花"这样让人怦然心动的句子——这难道不是指美丽的春天吗？多么面目可憎而机械的"标

---

① 张红梅. 美国高校学生评价方法研究.［学位论文］. 上海：华东师范大学，2005：25

准答案"——想象的翅膀被"咔嚓"一声剪断了！

由此看来，并非所有的课堂评价都能达到预期目标，不良的课堂评价会使教师意识不到努力的方向，有时反而会阻碍教学目标的实现。那么，究竟目前中小学课堂评价存在哪些误区呢？我们对课堂评价的理解的应有方向是什么呢？

一、当前课堂评价误区的具体表现

课程改革之后，很多教师的教学理念发生了改变，其中，课堂教学中对学生的学习评价也在发生着变化。的确，恰当的评价可以让学生认识自我，启迪学生心智，激发学生的学习积极性，对课堂教学和学生的成长都起着积极的作用。然而，还有一部分教师的课堂教学评价理念的转变还仅仅停留在表面上，使课堂评价这一工具没有发挥它应有的作用。

1. 参照不当

下面是某一公开课《黄河的主人》的朗读指导过程：

师：谁能把这段话读一读？

生甲：他站在那小小的筏子上……

师：读得不错，同学们也把这段话自由读一读吧，我们再找位同学来读一读。

生乙：他站在那小小的筏子上……

师：读得有进步！

师：同学们，文中的艄公是一个什么样的人呢？你是从什么地方看出来的呢？

（交流感悟）

师：哦，他是这样一个勇敢镇定、细心机智的人，谁能再读一读呢？

生丙：他站在那小小的筏子上……（读得稍平淡）

师：（没作评价）你们班哪位同学读书最好呢？我们让他来试一试好吗？

生丁：他站在那小小的筏子上……

师：（兴奋的）读得更好了，真不逊于中央电视台的播音员，（生丁满面喜悦又有点疑惑）可见你上课很认真，理解得很透彻。同学们，你们可要向他学习呀！

从表面上看，这位教师善用评价，评价以"肯定为主""表扬为主"，体现了对学生的"人文关怀"。然而，这位教师的课堂评价却存在诸多问题。

不难看出，这位教师很想体现出朗读指导的层次性，所以几位同学的朗读"越来越好"，当然，教师的评价也越来越高。课堂教学是要体现出它的层次性，从中体现出课堂效果，但是，这种层次应发生在每一个个体身上，是他们课堂中的前后对照。这位教师是以个体与个体比，表面上是体现了层次性，其实是选错了参照，让人对课堂效果产生了怀疑。另外，教师对学生丙的朗读没作评价，也是因为这位同学和其他几个同学比没能体现出这种"层次"。其实，学生表现如何，应以其原有的水平为标准，不管他是否赶上其他同学，不管他是否达到预期的标准，只要他有进步，或者努力了，都应予以肯定。这样的评价才更有意义，才更能让学生认清自我，积极进取。

2. 语言笼统

课堂教学中，教师的评价不仅仅是对学生的一种激励，也是对学生学习的指导。好在哪里，不足在何处，也应是教师在评价中需要说明的。上述案例中，教师一直在对学生进行评价，但是，一直都很笼统，使得发言的学生弄不清自己何以受到表扬，其他的同学也不明白要学习些什么。这样的评价就过于流于形式，既没有说服力，也没有什么指导意义了。

3. 评价过高

"好""真好""了不起"这类语言固然可以经常运用，给学生以充分的肯定，让学生身心愉悦，但过高的评价会让学生认不清自我，失去前进的方向。上例中，也许这位同学读得不错，可是，这位教师评价学生"真不逊于中央电视台的播音员"，是不是过了些？我们现在是提倡评价的激励功能，但激励应该是实事求是的，否则，就是错误的导向，只能让学生自视过高。不仅仅是这位教师，在许多公开课中，我们耳中都频频传来这种过高的评价，孩子确实是高兴得"小脸通红"，只是当把赞扬用到极致，在学生听腻以后，我们还有什么语言来让他们"两眼放光"？我们将评价按其性质划分成激励性评价和批评性评价。从课堂观察的结果来看，教师在课堂教学基本上能以表扬、激励为主，但形式较单一。另外，很多教师以"激励为主"后，就没有评价不足了，尤其是在公开课上。这不仅仅影响了学生对知识的认识，更削弱了他们的耐挫力，对他们的学习和生活都造成了不良影响。对于知识性问题，不论学生回答正确还是错误，教师基本上能够恰当地进行引导、表扬和激励。但当学生不守纪律时，如注意力不集中，与同学讲话，坐姿不端正等，教师的评价则以批评为主。可见教师过于注重对基础知识的激励评价，忽视了对学生课堂组织管理、学习习惯、态度、情感和价值观的激励评价，其主要焦点仍集中于学生学习成绩上，没有站在素质教育的高度，多角度地去激励学生、评价学生，这种忽视非智力因素方面激励评价的现象必须尽快改变。

4. 盲目多元

近年来，我们的课堂教学有了很大的变化，教师能够鼓励学生有创新意识，鼓励学生思维的多元化，允许学生有自己的见解，并和教师同学交流自己的看法，教师对学生个性化的答案能给予充分的肯定。但是，这些都应建立在正确的基础上，如果是错误的，我们必须指出，并予以纠正。

让我们再看看另外一个例子：《狐狸和乌鸦》教学片段。

师：哪位小朋友能说一说这是一只什么样的狐狸呢？

生甲：这是一只很狡猾的狐狸。

师：是呀，它骗了乌鸦，吃到了乌鸦找到的肉，确实是一只狡猾的狐狸。

生乙：这是一只馋嘴的狐狸。

师：看到别人的肉就想吃还口水直流，真馋！回答得很好！

生丙：这是一只聪明的狐狸。

师：为什么这么说呢？

生丙：因为它肯动脑筋，骗了笨乌鸦，吃到了香香的肉。

师：这位小朋友的想法和别人不一样，也不错！看来文章中的这个狐狸还挺机灵的呢！下面老师请几位同学来读读狐狸的话，再来仔细体会体会。

（指读一）师：读得不错，你的语调中透出了狡猾。

（指读二）师：听了你的朗读我仿佛看到了那只狡猾的狐狸。

（指读三）师：真神气，读得活灵活现！

上述片段中，一个学生认为文中的狐狸是"聪明"的。试问，如果用不正当的手法骗得别人的东西满足自己的需要的狐狸是"聪明"的，那么，社会上那些怀着不可告人目的的骗子们不也同样很"聪明"吗？很明显，这个学生对狐狸的行为没有一个正确的认识，让"狡猾"摇身变成了"聪明"，对不正当的行为予以了肯定。而教师并没有指出这一点，反而对学生的答案予以了肯定，这是非常随意的。教师是知识的权威，教学中，一个答案的对与否，这个答案范围的界定，教师心中应有一把尺，一是一，二是二，应有明确的回复，不能含含糊糊，更不能为了答案的"多元化"而盲目地使错的答案也成了"发散思维"。如果他也对你也对，正着说对，反着说也对，那么，学生将会越学越糊涂。

5. 评价专权

当前，传统课堂评价模式还有一定的影响，过于注重评价信息的单向传递，课堂评价的主客体单一，忽视了评价的多向互动性，学生的评价主体地位还不够充分，学生自评、学生互评的形式较少，普遍缺乏学生评价教师的形式。随着年级的增高，课堂评价主客体单一的情况越普遍。从上一个片段中不难看出这位教师很注重评价，这有利于调动学生上课发言的积极性。不过，教师把评价的权利却牢牢地把握在自己的手里，没有一句是学生的评价话语。如果能够让学生实施互评，不仅给予了学生更多表达的机会，也会让教师进一步弄清自己教学的效果。教师不能把评价的"专权"牢牢地控制在自己的手里，应多一些"对于他的回答，你能发表一下自己的看法吗？""请你也做一做小教师，对这位同学的朗读进行点评"之类的话语。当然，教师对于课程改革的理解有一个接触、了解、吃透的过程。通过不断的实践，我们会不断地甄别出方式的恰当与否，从而更好地促进课堂教学，对课堂评价的思考也逐渐走向成熟。

二、课堂评价的应有理解

1. 评价应生动而富有特色

(1) 即时反馈

对于学生课堂中的表现应即时给予语言回应。例如："你读得很正确，若声音再大一点点就更好了。""老师同学又没追你，你何必读得那么快，要注意呀！""读得真好听，老师要感谢你的爸爸妈妈给了你一副好嗓子，不过要是加上表情就更加能传情达意了，不信，你试一试""读课文应大大方方，别缩头缩脑呀！""这个字念得不够好，跟老师再念一遍。"以上这些贴切的评价语客观地指出了学生的长处及存在的缺点，让学生一步步做到朗读的基本要求：快慢适度、富有节奏、态度大方、语言流畅。也正是这些准确得体的评价语加上教师明快生动的语言示范，学生们的回答或朗读才一次比一次好。

(2) 生动丰富

在课堂教学中，要求教师有着多样、灵活、生动、丰富的评价语言，使学生如沐春风，课堂内总是生机勃勃。就拿读完课文后来讲，教师以下评价语言就非常富有表现力和感召力。"读得真不错""大家听了都在佩服你念得好，这个句子你读得多好呀，请你再读一遍，大家仔细听听""教师都被你读得感动了""你念得比老师还要好""我发现，你是念得最出色的一个""老师觉得，你长大后肯定能当一个播音员"。如此生动、亲切、明朗的语言，学生听后肯定会被深深感染，肯定会受到激励。学生们跃跃欲试，一个个教学的高潮正是如此形成的。可以说，生动丰富的评价语言最大限度地调动了学生学习的主动性、积极性，活跃了课堂的气氛。

（3）机智巧妙

作为学生，他们在课堂上的回答不可能每次都完全正确，这时，大多数教师便以"错了，坐下""不对，谁再来"这些语言来否定学生的回答，并期盼其他学生的正确回答。负责任的教师则运用自己巧妙、机智的语言来纠正、鼓励学生的回答，注意情绪导向，做到引而不发。

（4）诙谐幽默

诙谐幽默的课堂教学评价能够活跃课堂气氛，激发学生的学习兴趣，可以达到事半功倍的效果。有时，一个研讨的问题通过几个学生以合作探究的方式加以解决完成，"三个臭皮匠，合成一个诸葛亮"是最好不过的评价。一个班级某个同学积累了很多的词汇，在课堂上教师以"你是我们班的活词典"，使得到表扬的学生更加信心百倍。

（5）独特创新

课堂教学当中教师要善于挖掘独特创新的评价机制。对学生优秀的表现给予高度的评价，并报以"下课后请为自己添上一朵小红花！"激发学生的自豪感和成就感。握手是友好和信任的最好表达方式，对取得进步的学生通过握手以达到鼓励的目的。

总之，口语表达对激励性评价情有独钟，相对于传统的评价体系来说，毕竟它带领学生走上了新的旅程。透过闪亮的星星背后，欢喜与忧虑接踵而来。我们在大力提倡发展性评价的同时，也要根据不同的学习个体、学习内容大胆运用有意义的激励性评价，把握评价的细节，避免随堂奖励性评价带来的负面影响。所以，只有一切从学生实际出发，科学地运用能真正提高实效的评价方式，才能提高课堂教学的效率，促进学生的全面发展。

2. 评价应"放开"而不"放任"

（1）放开而不放任学生的思维

"教师不应做学生思维的保姆"，我们的课堂应该是开放的、多元的。教师应积极激发学生的思维，不让他们拘泥于教师、课堂目标乃至文本，而应阐述自己独特的见解。例如，有位教师在一次观摩会上执教《水上飞机》一文。当教到小海鸥初识水上飞机时，教师指导朗读。根据教学目标，学生只要通过朗读体会小海鸥惊讶的心理就可以了。但是，这位教师联系生活及课文实际，觉得不止于此，又对学生进行启发：如果你是小海鸥你会用什么语气去读？有位同学用好奇的语气读了，并说明了原因。这位教师对此作出了这样的评价：你很独特，你是一只充满好奇心的小海鸥，你让我们明白了，遇到相同的问题，每个人的反应是不一样的。同学们，你们又是一只什么样的小海鸥呢？这样，学生的思维一下子被激活了。联系实际，他们有的用敬佩的语气读，有的用激动的语气读，还有的用羡慕的语气读，极大地充实了文本，活跃了课堂。是呀，"横看成岭侧成峰"，不同的孩子有不同的思维，这位教师正是通过肯定的课堂评价，激发了孩子的思维，张扬了他们的个性。

但是，我们的评价只是"放开"，并不意味着"放任"。在"要尊重学生，要珍视学生的独特的感受、体验和理解"等教学理念的冲击下，许多教师对理念理解不透，放任学生随心所欲地肢解、曲读文本，这不是"超越"教材，而是脱离或背离教材。如果像上文中提到的把"狡猾"认同为"聪明"，那就是放任了。放任的结果就是犯知识性错误，犯南辕北辙的毛病，这时，教师不能忘记自己的主导作用，通过明确的评价，分清正误，把学生的思维及时拉回来，在深入理解文本的基础上，再进行个性化的解读。

（2）放开而不放任课堂评价的权利

这点，在上文中已很清楚地阐述过。教师应该清楚，课堂是大家的，不是教师一个人的。对于课堂评价，教师确实站在了制高点上，但是，我们不妨把权利下放一点，让学生也来表达表达自己的观点，说不定他们比教师更有见解。不过，在实际操作中，由于受知识和能力的限制，学生的判断力毕竟是有限的，他们的评价往往不准确或不全面。这时，教师就不能仅以学生的判断为准，而应发挥自己的主导作用，对学生作出全面正确的评价，给予学生正确的引导。

3. 评价应"夸奖"而不"夸张"

（1）深入研究学生首先要研究学生心理

学生需要赞美，但需要的是一种适度的赞美。不赞美会影响学生学习的积极性，抑制思维的发展，但接受"夸张赞美"又会对他们起一种什么样的影响呢？事实上，有的孩子特别是低年级孩子在接受这样的赞美时往往会极度兴奋但很迷惘，正如第一个片段中的生丁。也有的孩子，尤其是高年级中被夸奖者往往不好意思地低下了头，其他孩子则窃窃嬉笑。所以，教师首先要研究透学生心理。适度的赞美，既让学生认清自我，又不至于让学生难堪。其次要研究学生基础，以学生自身作为参照，对其进行纵向的评价，促进学生健康发展。最后还要研究学生个性，对什么样的学生，夸奖的"度"也有所不同，对不够自信的孩子，评价可以适度提高些，使其"进之"，但不能过于夸张。

(2)深入研究大纲和教材

通过研究大纲和教材了解孩子应该达到什么水平，评价对象现在处于什么水平。教师只有掌握了这些，才会作出正确判断，评价才是真实可信的。这不仅仅给学生一个正确的信息，更增加了学生对教师评价的信度。如果上文中那位教师评价学生朗诵时不是说"真不逊于中央电视台的播音员"，而是"难怪大家推荐你来读，真是不负众望，通过你的朗读，我们体会到了艄公的沉着勇敢！"是不是更真实具体、更具信服度些呢？因此，我们要认真掌握好这种夸奖的度，实事求是地对学生进行赞美。

4. 评价应"含蓄"而不"含糊"

既然孩子不适宜极致赞扬，就应该"实事求是"地打击吗？也不是。这样不仅会破坏学生学习的积极性，还会影响他们的身心发展。如果学生确实存在不足，这就要求我们教师学会含蓄地否定。

当然，含蓄绝不是含含糊糊、不置可否的。如果是含含糊糊，那评价给谁听呢？听不明白，不是白说吗？如果你不置可否，学生又如何认识到自己，如何找到学习的方向？其实，这里的"含蓄"也可称为"委婉"，要做到"含蓄"是要有爱心和技巧的。

如一个教师刚上课时请一位学生来读课文，结果这位学生把课文读得支离破碎，还有几处读错的地方。其他的同学很是不屑，这位教师却轻轻地说"第一次读不够熟，也有点紧张，是吗？不要紧，认真学习了课文，你会读好的，那时老师还请你读，好吗？"这样的评价，既保护了学生的自尊心，又对学生提出了要求，使其正视自己。

对不足的地方不能含糊，对出色的地方也不能含糊。如上文中，教师对学生的朗读评价就一直很含糊。"读得不错""读得有进步""读得更好了"是教师对三位学生的评价，不错在哪儿，又为什么有了进步，又何以"更好了"，这都是教师不能含糊的地方。这就要求教师的评价语言准确清楚，富有指导性。

课堂评价作为教学活动的一个重要组成部分，对激发学生的学习兴趣，营建轻松和谐的学习气氛，全面提高课堂教学效益，提高学生的素养有着积极的促进作用。在课堂评价过程中，关注学生学习活动中的知识与能力、过程与方法、情感态度和价值观，适时、正确地运用评价手段，放开而不放任，夸奖而不夸张，含蓄而不含糊，营造民主、平等、接纳、支持、宽容的学习氛围，让学生在学习过程中敢说、敢想、敢问，无拘无束地表达，使课堂充满智慧，充满情趣，焕发生命。

第二章　课堂评价的基本方法

　　目前，我国课堂评价的方法非常多样，不同的文献对其描述有不同的侧重点，不同教师采取的课堂评价方法也有所区别。在这里，本章所讨论的课堂评价方法主要是针对中小学教师来说的，主要将其归纳为五种评价方法，即课堂观察、课堂测验、课堂师生对话、课堂问卷调查以及课堂表现性评价。

第一节　课堂观察

　　近些年来，越来越多的教师开始从事课堂观察，这种趋势引起了研究者们的关注。当然，这也与课堂观察本身所具有的优势息息相关，与其他一些方法相比，课堂观察更为简便，且具有很强的操作性与实用性，尤其是对于中小学教师来说，更是一种进行课堂评价的有效工具。但目前，很多人包括一些教师对课堂观察缺乏全面而深入的了解，因此也就不可避免地对其存在一定的忽视甚至误解。所以本章要明确以下几个问题，即何为课堂观察；课堂观察有何特点；课堂观察有哪些类型；谁是课堂观察者；以及怎样基于课堂观察进行课堂评价等问题。

一、何为课堂观察

　　课堂是学校教育的基本单位，也是最主要的教育场所，是进行评价的主要阵地，它蕴涵着丰富而有价值的信息。进行课堂评价，收集评价资料和信息最常用的方法就是课堂观察。

　　课堂观察不同于一般意义上的日常观察，它是一种科学的观察方法。前者是个体在实践中有意识或无意识地自然习得的一种能力，而课堂观察则是在一般日常观察基础之上发展起来的一种特殊的技术。"课堂情境的一些具体特点致使对课堂的观察不能像日常观察那样凭经验而为，这样的观察效率低下、意义微小，课堂观察应有特定的方法和技术。因此，对课堂情境的特殊性而言，课堂观察具有其特殊的意义。"[①]它有明确的观察目的，除了运用个体自身感官（如眼睛、耳）及心智之外，偶尔还要借助一些特制的工具（如观察表、录音录像设备等），直接（或间接）从课堂上收集评价资料，并依据评价资料做相应的分析、研究。由于观察前有明确的目的并经过精心的组织与设计，从而观察者可以获得一般观察所无法达到的对课堂中事物洞意的深度和广度。因此，这种基于课堂观察的课堂评价，就可以避免一般观察或者传统评价的随意性大、针对性小、情境性差的缺陷，走出范式化的框架，形成一种具体化、精细化、针对性强的评价。

由此，我们在这里将课堂观察定义为：观察者根据明确的评价目的，借助感官和相关辅助工具对课堂的运行状况以及课堂参与者的各种状态进行记录、分析和研究，获取评价信息，并借助最终的分析结果改进课堂教学，谋求学生课堂学习的提高、促进教师专业发展的一种评价方法。

二、课堂观察有何特点

课堂观察相对于其他的课堂评价方法来说，具有如下独特的特点。

1. 不可逆性

为了对学生平常学习生活的各个方面随时进行观察评价，一般情况下教师在课堂上都是直接运用个体感官对学生进行观察，只有偶尔有特殊需要的情况下才会使用外在的特制工具辅助观察。在这种运用个体感官进行观察的情况下，学生的行为都是不可逆的，因为这种行为不像一般测验、问卷一样会留下痕迹，一旦这种行为发生，教师没有及时观察到，那么也就错过了这个观察的时机，除非借助一定的工具将课堂上学生的行为记录下来，否则不会有第二次让老师再观察的机会。因此，教师在实施课堂观察时要注意，在进行教学过程中，要时刻关注被观察者的各种行为表现，不能将重要信息遗漏，否则很容易导致评价失真。

2. 选择性

选择性是课堂观察与生俱来的一个重要特性。

---

① Gary D. Borich, Observation Effective Teaching, Macmillan. 1994: 55

首先，确定观察目的就是一个选择的过程，从众多的教育现象和教育问题中确定观察目的使得课堂观察具有选择性。同时哪些人作为观察对象最能够达到所要观察的目的，什么样的观察工具最适合课堂观察，什么时间进行观察，在哪个位置进行观察，观察过程中被观察者的哪些行为应该成为评价的信息，哪些行为能成为有用的数据，在实施完观察之后要选择哪些方法对信息进行筛选，哪些工具对数据进行计算分析等，选择一直贯穿于整个观察过程当中，观察者要不断进行选择。

其次，课堂观察在观察过程中会根据目的判断评价信息的价值从而对其有选择性的使用，使得其描述的"事实"很难做到全面而真实。这是因为任何一个课堂观察的工具体系都不可能记录现实的所有方面，而且为了使观察更具针对性，以及解决问题时能更加精确和有效，就只能截取现实情境中有价值的某些方面，舍弃与评价目的无关或关系不大的方面。正是由于这种选择性因素的存在，才使得课堂观察具有特定的意义，也使得对选定的具体问题的观察更为细致和精确。

3. 伴随性

课堂观察与其他评价方法的差别之一就是，它是在教师进行教学的过程中伴随进行的，而不像其他评价方法那样单独进行，它要求教师在实施观察的同时不能影响正常的教学。教师需要用非常饱满的热情上课，保证教学的正常进度；同时，要有意识地对学生实施观察，并记录学生在课堂上的行为表现。由于课堂观察所具有的这个特点，这就对实施观察的教师提出了比较高的要求。

4. 情境性

课堂观察，很显然从字面上来简单理解就是需要在课堂中现场进行的一种观察活动，这个课堂就是所要进行观察的具体情境，只有在这种具体的情境中，课堂观察才具有了意义和进行详细观察的可能性。在实施课堂观察过程中，观察者需要在具体情境中记录下被观察者当时在现场所发生的具有评价价值的一言一行，以及观察者相关的一些体会和感受。这些都是非常宝贵的第一手资料，也只有在课堂这个具体的情境中才能够获得。对观察到的评价信息进行筛选的过程中，也需要将被观察者的种种言语以及行为置于情境中进行分析，考虑其所处的具体环境和背景因素，再进行具体的解释和总结。

"观察与观察的情境在空间和时间上都不可分割。从空间的维度来看，较小的背景应置于较大的背景之中考虑，比如，阅读小组置于教室情境中，教室置于学校情境中。从时间的维度来看，应当充分考虑情境中的历史背景，比如，学校的传统、运作模式、班级的特点等很可能决定了事件为什么发生以及在哪儿和什么时候发生的问题。另外具体时间发生也应考查其历史背景，比如，应考虑这类行为是不是有其具体的情况、具体的内容和具体的时间，也就是说，是不是有其特定的背景。如果不考虑这些方面，而将观察与情境分割，那么评价者就会在对学生或班级的归纳概括中受到限制，作出不确切的解释，从而影响观察效度。"①

三、课堂观察有哪些类型

依据不同的分类标准可将课堂观察进行不同的分类。

1. 定量观察和定性观察

这是最常见的一种分类方法，是按照课堂观察中收集资料的方式和资料本身的属性来划分。定量观察法是指预先对课堂中的要素进行解构和分类，然后以按照这种分类的方式来收集资料，并且以数字化的方式呈现资料的课堂观察，它主要有等计量表和分类体系等记录方式；而定性观察法是指观察者依据观察计划在课堂现场对被观察者做详尽的多方面的记录，并在观察后根据回忆加以必要的追溯性的补充与完善，观察结果的呈现形式是非数字化的（如文字等），分析手段是质化的，并且资料分析在观察的周期中就可以开始进行，有时所收集的定性资料有些也可以转化为量化的形式。它主要有描述体系、叙述体系、图式记录和技术记录几种方式。

2. 集中观察和分散观察

是根据对观察内容和对象的选择来分。前者指观察者在实施观察时预先选定一个或几个特定的具有代表性的对象主要实施观察，而忽略其他被观察者；后者指的是根据评价目的随机选取课堂中的任意对象实施观察，没有固定的目标，有时可以是一两个对象，有时候整个课堂的参与者都可以是观察对象。

3. 参与性观察与非参与性观察

这是从观察者在观察活动中所扮演的角色来划分。前者指的是观察者以一个参与者的身份加入到被观察者当中去，与被观察者一起进行活动与长时间的大量接触，能深入了解被观察者内部的真实情况的一种观察方法；后者

---

① 陈瑶. 课堂观察指导. 北京：教育科学出版社，2002：7~8

指的是观察者以一个旁观者的身份置于观察情境之外，能够公正客观地得出观察结果的一种方法。

此外，还有英国霍普金斯的《课堂观察指南》(*A Teacher's Guide to Classroom Research*)[①]中所进行的一种分类，将课堂观察划分为：开放式观察、聚焦式观察、结构观察和系统观察四种。

四、谁是课堂观察者

1. 课堂观察者的概念

从评价的角度来说，课堂观察者就是运用课堂观察实施评价活动的主体。在这里，观察者可以是单独的个体，也可以是一个观察的团队。

服务于不同评价目的的课堂观察，就有不同的观察者。如，学校管理者或教育督导要对教师的课堂教学进行评估和鉴定以促进学校的教学和管理活动，管理者或督导者就是课堂观察者；研究者要对教师的教育教学方法进行研究和评价时，研究者就是观察者；学生要评价教师的教学效果时，学生就是观察者；教师之间要相互观摩借鉴教学经验时，教师就是观察者。不过在我国，目前一般情况下进行课堂观察活动的以学校管理者、教育督导以及教师为多数。在这里，本节所讨论的内容主要是教师作为观察者在自身的课堂教学中实施的观察活动。

要成为课堂观察者，在正式实施观察活动之前相关训练是非常必要的，这样才能保证观察达到预期的目的，否则便失去了观察的意义。如果是学生评价教师，学校往往有预先设计好的评价体系，向学生详细介绍评价体系的操作规则，并作一些举例示范。这些活动都是培训，但教育研究者研究教师或学生的课堂行为，或教师作为观察者时，培训活动就相对复杂一些，有些培训活动由研究的组织者来实施，有些可由观察者在对课堂观察方法的研究学习中进行自我培训等。

2. 对课堂观察者的一般要求

一般来说，观察者应达到以下几个方面的要求。

（1）应熟悉观察目的

课堂观察是作为评价方法，是以观察目的为导向来进行的一系列观察活动，这样才能保证观察活动的有效性和针对性。具有明确的观察目的是进行

---

① David Hopkins. A Teacher's Guide to Classroom Research. Open University Press，1993：90～114

观察的起点，也是前提，观察者应对观察目的有清晰的认识，同时观察者实施所有的观察活动都要以这个目的为中心来展开，并贯穿于整个评价活动的始终。

（2）要掌握观察的方法和工具的使用

要成为观察者，必须能够熟练掌握观察手段和工具的使用，如对观察量表进行的记录的方法和注意事项，每一个观察点要记录哪些内容，录音录像设备的正确使用等。只有掌握这一系列的观察手段和工具的使用之后才能够成为观察者，才能够获取相应的评价信息，达到服务于评价目的的要求。

（3）要保证观察的真实性

只有保证了课堂观察的真实性，才能在课堂上收集到真实的数据和对评价有价值的信息。否则，观察便会失去意义。

要保证观察的真实性，观察者就要注意摒除自身的主观情绪，保证用客观的视角和中立的心态去观察记录课堂上的所有现象，尽量减少误差，客观真实地呈现课堂的本来面貌，而不是观察者眼中课堂所应该有的面貌。虽然由于每个观察者的教育程度、个人经历、价值取向等的不同会使每个观察者眼中的课堂有所区别，但观察者应该具备排除这些干扰因素的能力，使其所记录到的信息是尽量客观真实的。

要做到保持客观，要避免以下几种效应对观察者所可能造成的消极影响："期待效应，指根据自己的结论期待事实的发生。例如，对好学生有正向期待，一般不做消极分析；对差生有反向期待，一般也不做积极分析。平均效应，即有些教师习惯于对学生做班级整体评论，也就是往往把学生群体看得都比较好，或都比较差，这样容易造成对学生个体评价的不公正。中心论倾向，即遵守一贯的正态分布原则，中间大两头小，对学生行为表现的观察有过强的固定性。光环效应，一好百好。例如，教师往往好取学生成绩这个光环，一般认为只要成绩好其他方面也都好，成绩差其他方面也不怎么样，等等。'标签'效应，指教师一旦发现某个学生身上不好的东西，就下结论，贴出'标签'。这个'标签'在很长一段时间都难以改变，并可能传递给其他教师而影响他们的观察（尤以班主任的'标签'往往影响力较大）。"①

---

① 黄姝. 课堂观察与课堂控制. 卫生职业教育，2005(4)：90

五、怎样基于课堂观察进行课堂评价

1. 确定评价目的

评价的目的是实施整个观察活动的先导，也是贯穿于所有环节的一根主线，所有的活动都要围绕这个评价目的来展开。所以，确定评价目的是实施课堂观察的首要环节，目的的不同就决定接下来一系列活动的不同走向。如确定评价的目的为评价小学低年级学生的提问技能高低，以此来制订更加详细的教学计划，以提高学生对知识的掌握度，这就是一个非常明确的评价目的。

2. 根据评价目的制订观察计划

观察计划的制订，要在评价目的的指导下对整个观察活动的各个方面作出一个整体规划。这个规划中当然就包括了众多的要素，如观察对象、内容、时间、地点、方法、工具等。

（1）确定观察的对象

根据课堂评价目的，选择相应的课堂观察对象对其进行观察。如确定评价目的为评价小学低年级学生的提问技能水平高低后，就可以确定观察的对象为小学低年级学生，还可以更进一步细化观察对象为小学一年级和二年级中随机抽取的某两个班级的其中一部分学生等。

（2）确定观察的内容

由于某一个观察目的所涉及的内容可能包括很多方面，而观察时间、地点以及观察人员所能观察到的情况又是有限的，那么在观察时就不可能将目的所涉及的所有方面都囊括进去，所以就要选择几个核心内容，再围绕着几个核心内容来记录一系列的信息和数据。如观察目的是为了评价小学低年级学生的提问技能高低，那么观察的中心就要集中在部分事先确定的学生身上，对这些学生在课堂上的一系列表现，如动作、语言尤其是回答问题与提问情况等加以记录。

（3）确定观察时间和地点

（4）确定观察的方法以及工具

在确定了以上一系列问题之后，再确定一个合适的方法和工具进行具体的观察记录，这个工具可以是已经经过多次实验或者充分论证的工具，也可以是自己根据具体情况而编制的表格等。如评价的目的是检验学生课堂上的精神集中度，那么就可以选择一系列表格对学生在上课时的表现进行记录，如表 2-1① 就是一个对学生不当行为进行观察的记录表。

表 2-1　学生不当行为记录表(节选)

不当行为的类型	时间				
	1	2	3	4	5
吵闹或违纪说话	/				
不适宜地运动	/				
不适宜地使用材料					
损坏学习材料或设备					
不经允许拿别人的东西	/				
动作侵扰其他同学					
违抗教师					
拒绝活动	/				

3. 实施观察

实施观察是整个课堂观察的主体部分,也是最关键的环节。在观察时教师要注意,在实施观察的时候要同时保证课堂的正常进行,不能让学生察觉到教师的观察行为,要使这种行为贯穿在整个课堂进行当中,不能因为观察而打断课堂的正常秩序;观察时注意所选择方法与工具的记录方式与标准,排除各种主观倾向,进行客观观察。注意全面观察与重点观察相结合,即要眼观六路,耳听八方,对课堂中的全面情况加以监控,同时尽量不干扰学生的正常学习活动与教师的教学。在记录被观察者的一系列行为的过程中,也可以将自身的切身感受以及想法做一些补充记录或者备注。

如果有必要,还可以运用一些辅助设备如录音机、摄影机、照相机等对课堂的情况进行记录,以便在观察完之后对一些被观察者现场记录时忽视的信息进行补充和丰富。

4. 观察结果的分析、整理与成果呈现

课堂现场观察结束之后,一个非常重要的工作就是对观察的信息和资料进行整理和分析,它关系到对第一手资料的利用度和对结果解释的准确性。观察结果的分析有两种方式,即时分析与延时分析。即时分析是指教师在课

---

① Wragg, E. C., An Introduction to Classroom Observation, Routledge, 1994: 49

堂中迅速对获取的评价信息作出判断，并转化为评价行为。延时分析是指在课堂之后进行的分析、整理工作。无论是否达到了最初预期的评价目的，教师都需要从整个观察中归纳出自己所得出的有意义的结论，并最终形成成果，这个成果一般用文字形式表现出来。但"应当明确一点，课堂观察的最终目的不是为了写成研究报告或论文并发表，也不只是为了证明、填补或构建某种理论，更重要的是为了促进教学、改善实践"①。所以教师在得出了相关结论之后，可以向学生反馈其成果，一方面促进课堂教学；另一方面可以优化学生的学习。

至此，整个基于课堂观察的评价活动就可以说基本完成，但这并不是一个终点，而是下一次实施课堂评价的开始，这是一个长期而周而复始的过程，这种评价也会因不同对象的要求而伴随着课堂活动的持续而一直继续下去。

第二节　课堂测验

课堂测验在我国一直备受青睐，在课堂评价中扮演着极其重要的角色，也是目前学校中使用最多、最经常、最便捷的一种评价方法。尽管一度受到很多的批评，但这种方法在学校课堂评价当中仍然占据着非常重要的地位，尤其是在评价学生掌握相关知识的基础理论（包括概念、属性、规则等）和基本用法等方面。要了解课堂测验，首先要弄清楚的问题是何为课堂测验。

一、何为课堂测验

1. 课堂测验的含义

测验是最常见的一种对学生学业成就进行评价的方法。课堂测验是指在课堂学习时间进行的，对学生在该堂课中所学习的效果进行的测量与评价。这种方法所评价的内容是相对较明确的，有利于教师及时发现自身教学和学

---

① 陈瑶. 课堂观察指导. 北京：教育科学出版社，2002：38

生学习中存在的问题，以改进教师教学质量、提高学生学习效果。这种评价方法是目前我国中小学校中衡量教师教得如何与学生学得如何的一个非常重要的指标。

在日常课堂教学中，常通过教师自编的成就测验对学生的课堂学习进行测评，测验的结果是否能够有效地反映学生的课堂学习情况，有赖于测验的信度、效度与精确性，这是对教师编制测验的基本要求。

2. 课堂测验的特点

（1）阶段性

课堂测验一般都是在课堂学习时间进行，且一般以阶段性的学习时间为准，所评价的内容也是这一阶段内学生所学习的知识，具有一定的阶段性。

（2）规范性

在评价过程中，对每个学生进行测验的材料都是相同的，有一定的时间要求，且教师很少能凭借主观意愿来对学生随意进行评价，具有统一规范的评价标准，这就使得这种评价方法具有一定的规范性，有利于评价的客观公正。

（3）代表性

评价的内容可反映学生对该内容的掌握程度，具有一定的代表性。

二、课堂测验有哪些类型

课堂测验按照不同的标准有很多种分类方法，如按题目特性可划分为客观式测验和主观式测验；按用途可划分为形成性测验与终结性测验；按测验形式可划分为操作性测验与书面性测验等。一般对课堂测验进行划分是按照测验的标准化程度分为标准化测验（正式测验）和自制测验（非正式测验）两种。

1. 标准化测验

标准化测验是指由相关专家以及专业机构根据统计规律，严格按照科学程序设计、编制、实施与评价，并且有统一标准的测验。编制标准化测验，首先要有非常正规的测验大纲，并在大纲基础上编制出详细的"命题细目表"，其次进行各项计算和考查，保证学生测验成绩的正态分布，最后就是建立参照量表，提供常模将测验的分数转换成标准分数，使测验结果具有一定的统计学意义。在整个实施过程中要统一规范、统一时间、统一环境，测验后要统一阅卷步骤和要求，严格规定评分标准，使测验更加规范化与标准化。

但是，在教师的日常教学与评价活动中，一般不会运用到这种评价方法，因为标准化测验的试题编制与实施的相关要求非常高，参照量表的建立比较麻烦，成本较高，且题型过于"客观化"，忽略了主观性试题的作用，对于教师个体来说完成设计与实施是比较困难的。常见的标准化测验有标准化考试、智力测验、学力测验、人格测验和性向测验等。

2. 自制测验

自制测验即教师根据实际教学需要，为了对学生的学习结果进行考查，凭借自己的经验设计和编制的测验，是一种非标准化的测验。它的编制比较简单、灵活，适用范围广，针对性和适应性较强，可以针对不同情况的学生使用，贴近教学实际，有利于教师正确评价学生的学业成就。但同时它也存在一些缺点，如"评分不客观，随意性较大，同一份试卷由不同的教师评阅会得出差异很大的分数；试题的取样缺乏代表性，不能有效反映全部教学内容，学生成绩受机遇影响较大；缺乏可比性，不同的试卷因测验的内容不同，难度不同，导致分数的价值不同；在组织实施等方面也缺乏严格的控制。"常见的自制测验有单元测验、期中考试、期末考试和毕业考试等。

自制测验和标准化测验相比较，各自有各自适用的情况和各自的优缺点，表 2-2 就对它们之间进行了一个简单的比较。

表 2-2　自制测验与标准化测验的比较

项目	自制测验	标准化测验
测验内容	根据实际使用的教材编写	根据统一大纲和教材编写，不反映地方教材特点
试题质量	未经测验和筛选，质量一般比较低	经过预测、题目分析和筛选等步骤，质量较高
测验信度	测验未知，一般在测验后用分半法求得	在 0.89 以上
施测与评分	可以统一要求，但不完全标准化	按指导语施测，用机器或计分器评分
分数的解释	按照某种标准或用被试在团体内的相对位置解释测验分数	与常模相比较，解释考生的测验分数

自制测验因其灵活性，所以形式比较多样，但一般来说有三种形式：论

文式测验、客观式测验和问题情境测验。在现代考试和测验中，这三种测验形式往往是整合在一份试卷中的。

(1)客观式测验

所谓客观式测验是指答案唯一、评分不受主观影响的测验。客观式测验又分为再认式测验和再生式测验。再认式测验主要包括：是非题(即判断题)、匹配题(即配对题)、选择题。再生式测验主要包括：填空题与简答题。在现代考试中，客观式测验作为测验学生基础知识点掌握情况、识记能力和较低层次理解力、判断力的一种主要方法，其优势主要表现在：

a. 能有效检验学生对知识点的掌握情况；

b. 解题时间相对较短，因此题量较大，覆盖面较广；

c. 答案唯一、确定，因此评分客观，加上题量较大，减少了得分的偶然性；

d. 问卷方面迅速，便于对试题进行分析和调整；

e. 便于储存和交流。

但是，客观式测验也存在着不足，主要表现在：

a. 答案固定，所以考查不出学生的高级能力，如组织材料能力、文字表达能力、创造力、理解推理能力，看不出学生解决问题的具体思路和过程；

b. 对于单一的试题，学生有猜测出正确答案的可能性；

c. 命题的难度较大，对命题者的专业技术要求较高。

(2)主观式测验

主观式测验就是根据既定的目的提出一定的问题，要求学生运用自己的知识、能力和经验，针对题目自由作答的一种测验。主观式测验包括两种题型：其一是回答问题，如论述题和说明题；其二是作文，如命题作文和根据材料作文，如下面两个题目所示：

"细雨湿衣看不见，闲花落地听无声"是唐朝诗人刘长卿在《别严士元》中的诗句。曾经有人这样理解这句诗：这是歌颂春天的美好意境；闲花、细雨表达了不为人知的寂寞；看不见、听不见不等于无所作为，是一种恬淡的处世之道；这种意境已经不适合当今的世界……根据你的看法写一篇作文。题目自拟，体裁不限。字数800以上。

教师节前，黄校长到商店买了6盒同样的营养品送给退休教师。这种营养品纸盒的长、宽、高分别是48厘米、36厘米、8厘米，现在要把它们包装好，想一想，共有几种不同的包装方法？你认为哪种包装方法比较好，为什么?

这两个题目分别是一道作文题和一道数学测试题。第一个主要是要考查学生对诗句的熟悉程度,同时对诗句的理解,以及在此基础上对其解释能力、语言表达能力以及一定的创造能力。第二个测试的目的主要是检验学生对长方形体积知识的掌握情况。但是命题形式却一改传统的做法,把实体和学生的生活实践联系了起来,要求学生对问题进行建构性的思考,这是对学生综合能力的评价,不是套用现成的计算公式能完成的。另外,命题中黄校长面临的问题是每个学生在现实生活中都可能遇到的,因此,学生的积极性、主动性、探求欲、创造性,甚至责任感也很容易被激发出来。假如案例中的问题还是以传统的形式呈现:"一个纸盒的长、宽、高分别是48厘米、36厘米、8厘米,它的体积是多少呢?"相信这样的命题能检测到的仅仅是学生掌握数学公式的情况,评价的功能将很难实现。

主观式测验从古代的科举到现在历经千年而不衰,说明这种测验有其自身的优势。首先是主观式测验的题型相对简单,容易编制。其次是能够有效考查学生的综合能力(理解能力、分析能力、判断能力、评价能力和书面表达能力)和知识结构(不仅是本学科的知识结构,往往涉及其他学科)的完整性;再次是学生回答的猜测因素较小。

然而,主观式测验也有其自身的不足。首先,主观式测验取材范围有限,代表性不强,覆盖面小。由于回答主观式测验题所用的时间较长,对学生所学的知识点涉及相对较少,成绩的偶然性较大;其次,学生对主观式测验题强调的中心不容易把握,即容易"跑题";最后,没有统一、标准的答案,评分易受主观因素的影响,客观性不足且费时。"有人做过这样的实验,从北京市随机抽出五份语文试卷,复印后发给全国28个省市自治区,请各地高考评阅组评分,结果最大差异依次是:33分、32分、29分、28分、19分。"①作文题的满分为60分,如此巨大的得分差异说明评分的主观性很强。

(3)问题情境测验

"问题情境测验是创设一个被测者未曾经历的有一定难度的问题情境,让他们对问题作出反应,以考查他们利用所学的知识技能、掌握的原理观点

---

① 刘本固. 教育评价的理论与实践. 杭州:浙江教育出版社,2000:306

分析问题、解决问题的能力的测验。"①问题情境测验分为主观题问题情境测验和客观题问题情境测验。这种测验要求是学生不能仅利用学到的已有知识，而要灵活运用已掌握的知识创造性地解决问题。这种测验对命题技术要求比较高，这也正是这种测验设计的困难之处。因此要用这种测验来进行评价的教师必须具备足够的知识经验，才能够娴熟地运用这种方法。

三、什么样的课堂测验是有效的

前面提到了课堂测验的两种方法：标准测验和自制测验。但是由于这里主要讨论的中小学教师进行课堂评价的方法，而标准测验的有一系列严格要求，不适用于日常的课堂测验，所以我们在这里主要介绍和讨论的对象是平时课堂中比较常用的自制测验。自制测验要达到有效通常要满足以下条件。

1. 效度(validity)

效度通常指测量结果的有效性或正确性，传统上被定义为一个测验能测出所要测量对象的程度。一次测验是否具有效度，主要看其是否准确测量了它所要测量的东西，是否准确表达了所测量对象的特征与功能。效度是测评工具最重要的必备条件，一个缺乏效度的测评工具是没有什么使用价值的。

2. 信度(reliability)

信度是指测验结果的可靠性或一致性的程度，也就是说，该测验测量其所意图测量的东西，个体几次参加测试后，得分等级具有一致性，这涉及测验是否准确可靠的问题。信度和效度是相互关联的。一个测验对于某个目的具有一定的信度，但它不一定有效度；而一个测验对于某个目的是有效的，那么它一定是可靠的。在课堂评价中，必须保持测验的准确性与可靠性。

3. 难度(hardness)

难度指测题的难易程度。在课堂教学测验中，通常用答对或通过测验的人数比例作为难度值。

$$难度值(P) = 答对人数(R)/被试总人数(N) \times 100\%$$

P值越大，难度越低；P值越小，难度越高。一般来说，难度值平均在0.5最佳，难度值过高或过低，都会降低测验的有效程度。不过，在实际的测评过程中，测验的难度水平多高才合适，要取决于测验的目的。如果教师

---

① 万伟，秦德林，吴永军. 新课程教学评价方法与设计. 北京：教育科学出版社，2004：75

要对学生的知识准备状况进行一次诊断性测验，为了真实、准确地了解学生的知识掌握情况，测验难度可以稍高一些。

4. 区分度(discrediting power)

也称为辨别力。区分度是指测验对于不同水平的学生加以区分的能力。它反映着测验与学生实际水平的相符合程度，而且辨别力与难度紧密相关。测验的难度过大或过小，都不利于正确地评价学生。如果说测验过于简单，该集体里多数中等程度的学生也能得到高分，就不能将学得好与学得不好的学生区别开来，这样也就无辨别力可言。

四、怎样进行课堂测验

1. 明确测验目的

在编制测验时，编制者首先要明确此次测验的目的及用途，不同的测验目的决定了不同的测验方式、内容及难度。在课堂教学前进行的用于检测学生学习准备状态的诊断性测验，一般来说检测的范围较小，测验的难度相对较低；在教学过程中进行的旨在检测学生的学习进步、学习中的错误的形成性测验，则有着不同的检测范围和内容，测验的难度水平随教学内容的变化有所不同；在教学结束时进行的用于评价学生学习成就的终结性测验，是针对某阶段或某时期的教学内容进行的测验，通常测验试题的难度水平范围广泛。表 2-3 是对各种不同类型测验的一个对比。

表 2-3　各种测验对比表

	诊断性测验	形成性测验	终结性测验
测试重点	学习必备的知识与技能	课堂教学内容	单元或课程目标
测试内容	必要的预备性知识、技能的特定样本	学习任务的有限范围样本	单元或课程所有教学目标的大范围样本
题目难度	难度水平较低	随不同教学内容而变化	难度范围广
施测时间	教学前	教学过程中	教学结束时

2. 确定命题规范

在确定了测验目的之后，就需要根据这个目的来确定一系列的命题规范，为后面的命题工作起到一个总的指导与限制作用。确定命题规范时，可以将在命题时所要涉及的各个方面进行一个全面的规定，如卷面设计要求、命题覆盖性、语言表达、题目难度、测验时间等。如下面这一案例就是一个比较完整的命题规范：

某市实验学校语文命题规范(中段)

本教研组通过集体讨论研究，根据学校目前教育教学水平及各年级学生特点，拟订了《小学语文笔试命题规范(中段)》，对命题对象、范围、难度系数、分值设置及时间安排的等方面做了较具体的要求。现说明如下。

(1)卷面设计要人性化

新课程倡导以生为本，让学生在宽松、和谐、愉悦的氛围中学习。考试当然也需要这样的氛围，让学生感受关爱，增强自信心。教师在命题中要渗透人文关怀，在卷面的适当地方要附上温情提示。如可在卷首附上教师的寄语："同学们，这个学期又过去一半了，你又学会了很多本领吧？考考自己，展示一下吧!""同学们，让我们一起来享受丰收的喜悦、迎接新年的到来吧！不过，可要细心审题，认真作答噢!"还可在卷末写上"做完可别忘了检查哟!"的提示语。再比如，可用"小小调音师"代替过去的"给多音字选读音"，用"我是小法官"代替以往的"判断题"。温情不仅可以用语言来表达，还可以用一些特殊的符号来传递。如在题尾加上一只高高竖起的大拇指，或画上一张和蔼可亲的笑脸等。

(2)命题要注意覆盖面

纸笔考试是评估学生一段时间内知识掌握情况的重要手段之一。一份试卷要全面地、客观地反映出学生的知识水平，体现信度，在命题内容上注意覆盖面要广，要涵盖本学段所学各部分内容，避免以偏赅全。

a. 语言的积累

字：生字、多音字、形近字、同音字、易读错写错的字、查字典。

词：新词、近义词、反义词、成语、关联词语、结构特殊的词语。

句：扩写句子、照样子写句子、造句。

段：课文中要求背诵的段落。

古诗：应背诵、默写的古诗。

b. 语言的理解

考查理解能力：主要考查学生对短文中的某一句话、某一段落的理解，一般以选择正确的答案、回答简单的问题或让学生谈自己的体会等形式进行考查。

c. 语言的运用

主要考查学生写一段话和写一篇短文的能力。写一段话属于开放类试题，题型一般有续写、按提示写等，主要考查学生的想象能力和书面表达能力；写一篇短文是按要求写一篇规定字数的文章，主要考查学生的语文综合能力。

（3）试卷补充生活化试题

语文应是"应用之学"，语文的学习应是生活化的，这就决定了对语文学习的评价也应倾向于学生的生活实际。纸币测验作为评价方式的一种，也要顺应本次课程改革的要求，即在命题的内容上要加强与社会实际和学生生活实际的联系，重视考查学生分析问题、解决问题的能力。比如，下面的题目：

a.（三年级试题）请你设计一条爱护校园花草的标语。相信你准行。

b.（四年级试题）作为题目：我最爱看（大风车、芝麻开门、动画城、幸运52……）

要求：选一个最爱看的电视节目，把题目补充完整。要写清楚为什么爱看和怎么爱看，重点写怎么爱看。

第一道题学生答题的内容必须符合校园实际情况，第二道题学生必须根据自己的实际喜好选材。这样的试题与学生的生活联系紧密，而且迎合学生的兴趣，使他们有话可说，便于他们自主发挥。开放的语文学习是以学生的生活经验和成长需要为基础的。语文试卷要增设一些生活化的试题，将教材"这本小书"与生活"这本大书"融为一体，让学生体验到语文来源于生活，服务于生活。

（4）难度系数和时间安排

本段难度系数为 0.7~0.85，题目的基本比例为 7∶2∶1，即较容易的题目占 70%、中等题占 20%、较难题占 10%。总题量控制在 10 道左右（其中阅读短文和习作题必须有），考试时间为 70 分钟。

3. 编制测验细目表

在确定了命题规范之后，需要在此基础上设计一个操作细目表。测验细目表包括教学目标、教学内容要点和双向表。在设计测验试题时需要把欲检测范围内的教学目标、教学内容要点罗列出来，再编制一个含有教学目标与教学内容两个维度的细目表。以该检测范围内各教学目标与内容的重要性及教师课堂教学过程中的重点为依据，在表中详细地填写出每一目标与知识要点应设计的题目数与题目百分数。表 2-4 是一个小学数学某单元的测验细目表，表 2-5 是小学数学四则运算测验双向细目表。

表 2-4　小学数学某单元测验细目表

内容项目	知识	理解	应用	合计(百分比)
1. 学生把加法符号和减法符号区分开	1			4
2. 学生能正确区分加法问题和减法问题	2			8
3. 学生将区分正确解答的减法问题和错误解答的减法问题		4		16
4. 学生将正确解答一位数的减法问题			6	24
5. 学生将正确解答两位数分子和一位数分母分数的减法问题			6	24
6. 学生将正确地解答两位数的减法问题			6	24
合计(百分比)	12	16	72	100

表 2-5　小学数学四则运算测验双向细目表

教材内容	教学目标	知识	理解	应用	分析	综合	评价	总计	百分比
加法	选择	1	2					8	20
	填空			1	1				
	计算		1	1					
	应用						1		
减法	选择	1	1					8	20
	填空			1	1	1			
	计算	1	1				1		
	应用								
乘法	选择	2	1	1				12	30
	填空		1			1			
	计算	2		1			1		
	应用			1	1				
除法	选择	2	1	1				12	30
	填空		1		1				
	计算	1	1				1		
	应用			1		1			
总计		10	10	8	4	4	4	40	100
百分比		25	25	20	10	10	10		

4. 确定题型

教师自制测验通常采用两种最常用的题型：客观性试题和主观性试题。

客观性试题有一套客观评分系统，无论是人工评分还是计算机评分，其结果都是一样的。一般来说，它以下列形式出现：是非题、选择题、填空题、匹配题等。客观性试题的编制标准化，评分更具客观性，评分具有一定的信度与公正性，可以对更多的知识点进行检测，使得试题覆盖面增大。但是客观性试题不能很好地考核学生的文字表达能力、创造能力和组织材料的能力等高级能力，也可能给学生以猜测的机会。

主观性试题即问答式测验题，学生可以根据测验提出的问题自由作答，不受格式的限制。它一般包括论述题、问答题、说明题和作文题等基本形式。主观性试题的优点是题量较少，出题容易，学生在回答问题时必须用自己的语言进行组织与表达，可以有效地测量学生在转述、组织、表达、应用和分析综合等多方面的能力，并能一定程度上减少学生纯粹猜测答题的可能性。最大的缺点是题量少使其所能囊括的内容总量有限，试题覆盖面小，取样缺乏代表性。同时，阅卷费时费力，并难以对其进行可靠、公正的评分。

教师在编制测验题目时可根据主观性试题、客观性试题的优缺点，针对检测目的进行选择。如果是考查学生对知识的分析、理解能力的学习内容，主观性试题是最好的选择，学生可以充分发挥自己的见解。如果是要求学生再认学习内容或简单地复述学习内容，则最好使用客观性试题。在决定该用哪种客观性试题时，如果选择题能胜任，通常优先考虑选择题，选择题是客观性试题中最受人青睐的，因为题目中提供的四五个备选答案减小了学生猜测的可能性，还可通过改变选项中错误答案的迷惑性来调整题目的难度，并从中诊断学生的不同错误，了解他们的学习困难。并且，选择题能较好地考核各个层次的教学目标，适用于文字、数字和图形等不同性质的材料，可考核学生的记忆、分析、鉴别、推理和应用知识的能力。当只有两种选择的情况下，则可选用是非题。匹配题适用于将一系列同质的事物相联系，要考核学生对这样一些平行关系的掌握。

一般情况下，教师自行编制的测验都会融合客观性试题与主观性试题，将两者有效结合起来，互相发挥优点，弥补缺点共同来对学生进行考核。这样可以对学生多方面的能力进行有效地考核，也能给学生更多的答题空间。

5. 提供测验的评定标准

在测验编制过程中，应同时制订测验的答案和评分标准，具体包括客观性试题的标准答案、主观性试题的答案要点、评定的记分规则。容易出现误差的是主观性试题的评定，在给出主观性试题的答案要点时，应尽可能对得分标准进行详细说明，以缩小不同教师评定时产生的误差。

6. 实施测验

在做好了以上工作之后，就可以正式开始实施课堂测验了。一般课堂测验都是在课堂中进行，其难度适中，是对学生一段时间学习成果进行检验的一种非常好的方法。但是在实施测验过程中，要尽量保证学生测验结果的真实性，这样才能如实地反映学生的真实学习情况和水平。

7. 对测验结果进行评定、分析

测验结束后的工作就是由教师对学生进行测验的结果按照之前所制订的评分标准来进行评定以及分析。测验评定这个工作比较烦琐，也需要教师有一定的耐心。同时评定之后的分析工作也非常重要，可以由测验结果分析出学生掌握知识的情况，找出不足，有助于教师改进日后的教学工作，促进学生的学习与自身的发展。

第三节 课堂师生对话

"对话"已成为当今社会的一个非常常用的词汇，无论是国际交流还是个人之间的交往，"对话"都成为一种非常理想的状态，因为"在对话中，可以发现所思之物的逻辑及存在的意义"[①]。而运用到教育教学领域，作为学校教育中心的课堂必然是"对话"发生的一个非常重要的场所，从而生成一种新的教学形态。而在这种新的教学形态中，课堂师生对话便成为课堂评价的一种非常重要的方式，也是很多教师都在追求的一种理想的课堂互动方式。即便如此，很多教师仍然对课堂师生对话一知半解，那么本节将从何为师生对话、课堂师生有哪些类型、课堂师生对话有何特点、评价课堂师生对话指标和标准有哪些来对课堂师生对话进行分析。

---

① ［德］雅斯贝尔斯. 什么是教育. 邹进译. 上海；上海三联书店，1991：10

一、何为师生对话

1."对话"的含义

一般"对话"从狭义上可理解为两个或两个以上的人之间的谈话，或者双方和多方之间的会谈等。无论是谈话还是会谈，这种狭义的理解主要是将"对话"界定于人与人之间的一种言语交流，也就是一般人所理解的"对话"的含义。

而从广义上来理解，"对话"有着非常丰富的内涵。这里的"对话"除了表达一般的人之间的言语交流之外，还隐含着人与众多人类精神产品之间的一种沟通，一种思维火花的迸发，如人与文学作品之间的"对话"等。除此之外，现在人们已经习惯将"对话"与民主、平等、自由、理解、宽容等精神联系在一起，表达的是一种"对话"精神。

2.课堂师生对话的含义

从"对话"的一般含义，我们可以由此引申到课堂师生对话的含义。课堂师生对话，首先指的是教师在进行课堂教学过程中，师生、生生之间的言语交流和沟通，同时引导学生与文本和自身进行交流，这些都是实行课堂师生对话所表现出来的形式。而最本质的就是在课堂上师生教学过程中所体现的一种师生、生生平等、民主地交流的环境，体现出一种"对话"精神。这种对话是"一种教学精神，一种教学理念。对话是教师和学生之间基于教学内容的心灵的交流，精神的契合，它包括知识内容的传授，生命内涵的领悟，意志行为的规范，性格品质的形成。因此，对话并不仅仅局限于言语的交流，它可以是一个眼神，一个手势，一个微笑，每个动作和神情都代表着不同的情感、不同的思想，它们是师生之间知识的汇聚、思维的碰撞、思想的交锋、情感的融合，是在交流过程中自然而然达成的'共识'，而不是计划好的，讲好的，或有某种意志的。"[①]这种对话也是一种彼此之间的"倾听"，是双方共同生长的过程。它不仅发挥着传递知识的作用，同时也在一定程度上创造并生成一定的知识。因为"对话性沟通超越了单纯意义的传递，具有重新建构意义、生成意义的功能。来自他人的信息为自己所吸收，自己的既有知识被他人的视点唤起了，这样就可能产生新的思想。在同他人的对话中，

---

① 赵雪莲. 新课程背景下师生"对话"关系探析. 教育研究与实验(新课程研究)，2006(4)：3

正是出现了同自己完全不同的见解，才会促成新的意义的创造。"①

"由此，'师生对话'一般是指在课堂教学过程中，通过师生之间民主、平等、互动的对话，通过各种不同视界的碰撞，给学生以新的启迪，引发学生的深入思考，从而完成知识意义的建构，是师生之间全方位的、跨时空的交流。"②

3. 师生对话的内涵

(1)师生对话不是简单的师生问答，而是多主体、多维的互动；

(2)师生对话不是纯粹的言语交流，而是一种民主、平等、合作的课堂学习情境；

(3)师生对话不是无意义地接受，而是新知识的建构和创造。

二、课堂师生对话有哪些类型

1. 按对话主体来分

前面我们讨论过，课堂师生对话是一个多主体的互动过程，那么在这里我们从不同的对话主体来看，可以把师生对话分为以下几种：

(1)师生间的对话

传统的教学几乎是教师一人独揽了整个课堂的话语权，偶尔与学生之间的言语交流就是传统意义上的课堂提问，这种课堂也就是教师向学生灌输思想和知识的一种"死课堂"，它剥夺了学生的话语权，削弱了学生思考能力和学习积极性，使得学生被完全客体化了，这是对学生的一种变相的摧残。而在新的这种师生对话课堂中，"对话"构成了师生间的这种复合的主体关系，正如弗莱雷所说的那样："这种对话不能被简化为一个人向另一个人'灌输'思想的行为，也不能变成有待对话者'消费'的简单的思想交流……对话不能出现一些人代表另一些人命名世界的情况。"③在这种课堂中，师生间不再是主客体的关系，课堂也不再是教师压制、约束、控制学生的武器，而是一种教师和学生间的人格和地位上的平等关系。通过对话，教师在教学的过程中与学生共同学习，而学生也在学习中教教师，构建一种教师与学生的"教学相长""共生""共存"的平等和谐关系。

---

① 钟启泉. 社会建构主义：在对话与合作中学习. 上海教育，2001(7)：48

② 李燕. 浅谈对话教学的有效性. 小学时代(教师版)，2009(10)：44

③ [巴西]弗莱雷·保罗. 被压迫者的教育学. 顾建新等译. 上海：华东师范大学出版社，2002：97

这种师生间的对话是在课堂师生对话的几种类型中我们最常研究和讨论的类型，也是最关键的一种类型。

（2）学生间的对话

在传统的课堂上学生之间很少能有交流的机会，他们只有极其有限的"说话"（揣摩和回答教师的问题等）机会。学生在课堂上无动力积极思考，无空间主动交流，使得课堂死气沉沉。

而新的师生对话式课堂，十分重视学生间的交流互动，倡导建立一种生动活泼的课堂互动环境。它鼓励学生畅所欲言，各抒己见，彼此对话，相互交流。通过学生个体之间、学生个体与群体之间思维的碰撞和交融，共享知识、经验和智慧。正如爱尔兰著名的语言大师萧伯纳所说："你有一个苹果，我有一个苹果，我们彼此交换，每人还是一个苹果；你有一种思想，我有一种思想，我们彼此交换，每人可拥有两种思想。"通过对话，学生之间会碰撞出思维的火花并形成一个活泼开放的课堂环境。

（3）学生与文本的对话

传统课堂上，教材就是课堂教学的唯一文本，而且"曾经是教师课堂教学的'圣经'，无论是教师的教还是学生的学，都不能越'雷池'半步。事实上，教材只是教学的凭借和媒介，是学生在一定程度上选择学习和处理的素材"[①]。学生的思维是非常活跃的，也是发散型的，他们可以通过与教材对话而创造出新的知识，这是仅凭教师完全照搬教材的教很难培养出来的。某小学四年级一个 10 岁的孩子在一堂数学课上就对一道数学题的解法提出他的不同见解："老师，这一题我觉得不止一种解法，还有更简单的解答方法……我这样解，对吗？"先暂且不论学生的解法是否正确，学生这种主动与教材进行"对话"的精神是十分难能可贵的，也是我们的师生对话课堂所要培养的一种能力。我们积极创造条件要使学生面对教材时，除了接受与记忆，更重要的是理解与创造。

（4）自我对话

这里的自我对话有两个方面的内容，一方面是指教师对自己教学方法以及整个教学过程的一个自我审视；另一方面则是指教师所引导的学生的自我对话，也就是学生的自省的能力的培养。这种对话是一种高级的形态，无论是教师还是学生的自我对话都需要教师起到重要的作用。教师要善于在教学

---

① 吴永军. 小学品德与生活（品德与社会）课堂诊断. 北京：教育科学出版社，2005：133

的同时经常进行自我对话以时时提高教育水平，同时引导学生进行自省以激发学生的潜能，培养其能力。

2. 按对话内容来分

我们还可以从师生对话的不同内容来看，可以将其分为以下几种：

（1）微观的对话方式，也可以叫做"显性对话"，指的是作为一种教学手段运用于课堂教学过程中。主要包括以下几种方式：课堂提问；师生讨论；论题辩论；朗读等。

（2）宏观的对话关系，也可以叫做"隐性对话"，指的是师生在课堂的教学过程中彼此之间教学相长的一种良性状态。主要包括以下几种：互相学习；互相影响；互相促进；互相鼓励；共同参与等。

三、课堂师生对话有何特点

从某种意义上说，师生对话应该贯穿于整个课堂的教学活动过程当中，那么这时教学过程也就是师生对话的过程。课堂师生对话的特点主要表现在以下几个方面：

1. 语言性

"现代教学本质上是一种师生之间的特殊交往活动。"[①]在课堂中师生对话的过程，也就是教师进行教学的过程，师生对话与教学是不可分离的，它是教学交往的基本形式。从一般意义上来说，只有拥有了语言，对话才成为一种可能。语言性是人的根本特性，在一定意义上，"人的本质可以定义为语言的"[②]。在课堂教学中，虽然师生对话也包括双方的眼神对话、肢体对话或者自身与文本之间的对话等，但一般还是以语言作为师生对话和交流的一种主要方式和媒介。在这种语言交流的过程中实现知识的传递、情感的交流、经验的传授、文化的传播、价值观点的形成等，也正是语言这个中介系统构筑起了师生之间交往与对话的世界。

2. 民主性

教学交往过程中，只有在民主、自由和平等的氛围中才有可能实现真正意义上的对话，否则这种交往便沦为灌输、控制和操纵。这种氛围需要师生之间能够以彼此平等的身份相交往，构建一个民主的环境，使每个人能够自由地表达见解、交流经验、传递知识，同时将这些内化为自己的精神力量，

---

① 李森. 教学交往观的确立与基础教育课程改革. 教育研究，2002(9)：70
② Josef blecher. Contempory tlermeneutics. Landon，1980：144

并最终完成个体对话意识的形成、对话精神的塑造、对话能力的培养和提高。总之，只有建立起民主的氛围、自由的环境和平等的人际关系才能实现真正意义上的"对话"。例如：在教《我要的是葫芦》时，一位学生开小差，在课本上画起了各种小葫芦。当教师发现时，这位学生用手捂着满是葫芦的课本，惊恐地望着教师，教师微笑着对他说："你把课文好好读读，好好琢磨文中写的那个人，为课文插幅图，怎么样？相信你一定能画好！"教师真诚的、善解人意的、充满信赖的赏识让学生感动，学生因为这赏识而自主地、积极地投入了学习。

3. 开放性

师生对话的开放性主要表现在以下两个方面的开放：

对话形式的开放，可以是课堂提问、学生讨论、辩论赛形式等；

对话内容的开放，可以是对教材规定的内容进行开放式的对话，也可以是学生对课堂内容的个人想法等。比如：

一位特级教师在教学《田忌赛马》一课，当总结到"还是原来的马，孙膑只调换一下马的出场顺序，就轻松地转败为胜，可见孙膑的足智多谋"时，一位学生提出："如果齐威王提出进行第三场比赛呢？孙膑还一定能赢吗？"一石激起千层浪，此时，教师让学生画出"示意图"，讨论、交流第三次赛马的计划，并让学生拿出自己课前带的"马"和同桌的"马"进行一场模拟比赛，再请学生上台演示第三次赛马的经过，课堂出现了自由而开放的状态。"画、赛、演"这些开放的教学形式，使学生们的智慧得以尽情展现，他们对文本的认识也有了升华：要想在竞争中使自己立于不败之地，除了要像孙膑那样以智取胜之外，更重要的是要依靠实力取胜。

4. 创造性

对话是一种双向的交流，而不是一味被动地接受他人的观点，这种交流建立在各自经验和知识的基础之上，是在各自不断地展示自我的基础上发现自我和发现他人的过程，也就是在这个过程中不断地丰富自己的认识，接受他人的体验和体认的过程。师生对话的意义就体现在学生在对话的过程中不断对旧知识的整合、批判、认可、内化，同时对知识产生出新的理解，又在这个基础之上创造出新的知识。例如：

在教学《麻雀》一课时，有学生提出：一种强大的力量使它飞了下来的"强大"用在这里不够准确，因为老麻雀再大的力量也是有限的。教师亲切地说："对，你们有大胆向权威挑战的勇气，我由衷地表示敬佩！但请大家再仔细读读课文，相信你们一定会有新的发现。"

案例中，教师敏锐地抓住教学中生成的问题，以疑促思，让学生在自我体味、自我表达中揣摩和感悟语言，达到自我感悟，自动内化，课堂真正成了师生智慧飞扬的天地，成了师生共同创造的舞台。课堂教学不是简单的知识学习的过程，它是师生之间共同成长的生命历程。

四、课堂师生对话的评价指标和标准

1. 学生参与师生对话的评价指标和标准

在课堂师生对话过程中，学生的参与对话是一个非常重要的评价指标，其参与的程度直接会影响到师生对话的效率。"对话教学主张教师和学生具有对话心态，坚持对话原则，变教师传授知识、学生接受知识为师生、生生互动交流，在对话与合作中学习。"①当然在这个过程中教师要起到非常重要的引导作用，同时学生也要给予积极的思考与配合。那么评价学生参与对话的程度，主要可以从以下几方面来进行(见表2-6)：

(1)参与状态。主要指学生参与对话教学的兴趣和情感投入程度。

(2)参与时间。评价内容包括学生参与言语对话的时间和非言语对话的时间。

(3)参与广度。评价内容主要包括参与对话的学生总数以及个别学习有困难的学生参与对话的情况。

(4)参与方式。评价内容主要包括参与方式的多样性和灵活性。

(5)参与质量。主要考查对话教学是否体现对话的精神和原则，在对话过程中是否有新的资源生成。

表 2-6　学生参与对话教学评价表

(本表参照唐晓杰等编著的《课堂教学与学习成效评价》：76～77)

评价指标	评价标准	评价等级			
		优	良	中	差
参与状态	1. 学习兴趣浓厚，热情高涨				
	2. 师生之间民主、平等，情感双向交流				
	3. 生生之间积极合作，主动交流				

① 刘庆昌. 对话教学初论. 教育研究，2001(11)：69

续表

评价指标	评价标准	评价等级			
		优	良	中	差
参与时间	1. 学生参与对话时间不少于1/3				
	2. 师生有进行情感和思维对话的时间和空间				
参与广度	1. 参与对话的学生达2/3				
	2. 学习有困难的学生能参与对话				
	3. 学生在小组活动中的参与率达95％以上				
参与方式	1. 参与对话方式多样				
	2. 参与对话方式灵活，与教学内容有机整合				
参与质量	1. 师生、生生就教学内容进行平等交流、真诚沟通				
	2. 教师积极倾听学生，对学生的反馈及时有效				
	3. 学生善于倾听、理解他人发言，并能及时抓住要点				
	4. 师生、生生在互动过程中有资源生成				

2. 师生的对话互动评价指标和标准

在教师制订了详细的对话教学方案、开展课堂师生对话并引导学生积极参与到对话过程中，双方的这种互动便展开了，这种互动是影响对话的最终效果的关键因素。那么在这里，我们就可以参照类似于弗兰德斯的师生互动分类表（见表2-7）来进行评价：

表 2-7 弗兰德斯师生对话互动分类表（FICA）

教师讲	间接影响	①接纳学生的感受	回应
		②表扬或鼓励学生行为	
		③接受学生的主张和观点	
		④向学生提问	中立
	直接影响	⑤讲解	自主
		⑥给予指导或指令	
		⑦批评或维护权威性	
学生讲		⑧学生被动说话（如回答教师提问）	回应
		⑨学生主动发言或向教师提问	自主
静 止		⑩沉默、怀疑或暂时停顿	中立

弗兰德斯师生对话互动分类表将师生课堂对话活动分为十类，每类都有一个代码（即表示这类行为的数字）。利用弗兰德斯师生对话互动分类表可以分析课堂上师生对话的频次，依据代码分类进一步分析教师的教学态度、教学方式等，从而将课堂上师生的对话互动进行比较详细的记录。某学校的某位研究者就在一堂课中记录了某位教师关于北师大版8年级上4.5梯形（第二课时），师生课堂的对话互动，并整理如表2-8[①]：

表 2-8　课堂对话分类频次统计表（总观察时段：1200″）

项目	体现学生自主取向的教学					中立		体现教师主导取向的教学				
	⑨	③	①	②	合计	⑩	④	⑤	⑥	⑦	⑧	合计
频次	2	32	21	12	67	72	365	201	86	4	405	696
百分比	0.17	2.67	1.75	1.0	5.58	36.42		16.75	7.17	0.33	33.75	58

从表2-8中，我们可以看出在课堂师生对话过程中，教师占主导地位（体现教师主导取消的教学项目⑤、⑥、⑦、⑧类合计占58%），而这中间又以教师引导、学生回应为主的对话（第⑧类）占主导地位；学生自主的对话教学方式相对较少（①、②、③类合计仅占5.58%）；体现教师中立取向的项目在所有项目中所占比例较大（④、⑩类合计占36.42%），但其中还是以向学生提问为主，还是能体现出教师一定的互动意识；可以看到教师一定程度上体现了教学民主（⑦类仅占4.33%）等。

第四节　课堂问卷调查

问卷调查在日常社会调查中起着非常重要的作用，英国著名社会学家莫泽（C. A. Moser）就曾经指出："社会调查十有八九是采用问卷方法进行的。"[②]可见问卷调查的重要性，而在我国学校教育领域中，问卷调查作为一种快

---

① 张惠英. 浅谈课堂观察. 教育实践与研究（中学版），2008（5）：40
② Earl Babbie. The Practice of Social Research. 5th ed. Belmont，CA：Wadsworth，p. 254

捷、有效地获取教育信息与资料的方式，也成为教师们经常运用的一种评价方法。

一、何为课堂问卷调查

问卷是一种应用很广泛的书面调查工具，它通过被调查者对问卷问题的回答来反映出某些现象以及被调查者的某些特征。它因其不受时间与空间的限制、样本可根据需要灵活调整、信息量大、结果真实而被广泛应用于各个领域，在教育教学领域这也是一种非常常用的评价方法。课堂问卷调查是指教师根据课堂评价目的，将评价问题设计成若干具体问题，按一定规则排列，编制成书面的问题试卷并交由课堂参与者填写，然后收回整理分析，从而得出结论的一种评价方法。例如：

请如实回答以下问题。

（1）一般什么情况下你会主动与教师进行沟通交流吗？

（2）你与教师进行交流的最主要内容是什么？

（3）你除了在课堂上之外，是否还会在其他情况下主动与教师交流，如果有，请写出几种具体情况。

上例就是调查问卷中一种典型的自由表述式问题，没有严格的格式要求，受调查者可以根据自己的实际情况自由作答。这种形式的问题往往让受调查者感到亲切自然，不受拘束，且有时能够获得一些意想不到的答案，能获得大量的信息。但是获得的信息往往又是杂乱无章的，需要再经过分析整理。

课堂问卷调查一般根据调查对象的不同分为对教师的问卷调查（教师问卷）和对学生进行的问卷调查（学生问卷）。这种问卷调查的方法，一般都是设计一个书面的调查问卷，由教师或学生根据他们对课堂教学过程和效果的主观感受和印象来作答。在本节，主要讨论的是对学生进行问卷调查以考查其对教师课堂教学效果的评价和收集学生对教师上课的反馈。其内容可设置为：这节课你印象最深的是什么内容？这节课的内容你都听懂了吗？有哪些内容是你原来不懂，听了课之后才懂的？以此来评价教师上课重点是否突出、难点是否解决、学生掌握的效果如何等。下面这一案例[①]就是一份学生问卷的样卷。

---

① 唐晓杰. 课堂教学与学习成效评价. 南宁：广西教育出版社，2000：59

课堂教学学生问卷

为了改进教学、提高教学质量并取得客观的评价，请你根据任课教师的教学和你自己的学习情况认真回答下列问题：

教师的讲解你都听懂，完全明白吗？

教师所讲的内容能使你举一反三，具有启发性吗？

教师的讲课很有趣味吗？

上课时教师让你参加了一些有趣的活动吗？

上课时教师让同学们去解决一些比较复杂的问题吗？

在课堂上，你和其他同学认真讨论、交流过意见吗？你是否从同学的观点中得到启发？

下课后，你还有兴趣思考教师在这节课中讲到的内容或题目吗？

你能独立完成教师这节课布置的作业吗？

你能说出这节课的内容与实际生活的联系吗？

二、课堂调查问卷应注意哪些问题

课堂调查问卷在运用时非常简便易行，但我们在设计问卷以及运用其进行教学评价时有几个要注意的问题。

1. 设计调查问卷时要注意的问题

(1)问卷中的问题必须与调查目标紧密相关；

(2)整个问卷的设计要有整体感，具有一定的逻辑性，且便于最后的整理分析，使整个问卷形成一个相对完善的小系统；

(3)问题的设置：要具有一般意义，不能太难也不能太生僻；要具有非诱导性，不能掺杂设计者的主观臆断；表达要准确无歧义等。

2. 运用问卷进行调查时应注意的问题

(1)要使学生在一个不受约束以及没有顾虑的环境下进行问卷的填写，否则学生填写的答案可能并不是其真实感受，从而导致问卷失真；

(2)在学生填写之前有必要告知学生正确的填写方法，不能任他们信马由缰，这样会给后期的统计工作带来不便等。

三、问卷的格式

1. 问卷的一般格式

调查问卷的基本格式包括五个部分：

(1)标题：标题是整个调查问卷的浓缩，出现在问卷的最开始。一般标题包括调查目的、调查对象、调查内容等方面，如"××市中小学学生适应新课改的现状调查"。标题一般要求用中性词简要概述调查目的，尽量避免用主观性和敏感性词语。

（2）指导语：顾名思义就是对被调查者起到一个指导性的作用。指导语要能引起被调查者的兴趣，要给出一定的填写说明和对被调查者的希望和要求，凸显被调查者真实作答的重要性。它一般位于标题之下较突出、易见之处，必要时可用不同的字体或方框标出，以示与问题的区别。

（3）被调查者基本信息：这一部分主要是为后期做材料分析、分类统计时服务的。这部分应包括被调查者的民族、性别、年龄、年级等内容，要注意的是，如无特别需要，一般不应包括被调查者姓名这一信息项，以免被调查者在填写问卷时有顾虑而使问卷失真。

（4）正文：正文是整个调查问卷的中心部分，是被调查者所要填写的主要部分，也是获得可用信息的最主要来源。正文一般由调查者所设计的所有问题及可供选择答案所构成。这个部分问题的设置非常的关键，是决定整个信息价值的关键。

（5）结语：一般是对被调查者的合作表示感谢。

2. 问题的表述形式

我们可以把问卷中问题的表述形式分为三种：

（1）封闭式：提出的问题包含若干相应的选项，即备选答案，并限定回答的方向和数量，由被调查者根据其自身的实际情况或主观感受选择他认为合适的答案。这种问题形式在问卷调查中是一种最常见的形式。主要是因为其具有一系列的优点，比如：易于被调查者所接受，且回答简便快捷；信息资料的收集比较集中，易于数据和资料的整理与统计分析等。封闭式问题常见的有以下几种：

调查对象回答简便快捷，无需花费过多时间和精力，容易配合调查，问卷回收率高；资料整理和数据易于精确处理，方便进行定量和定性相结合的分析；适用于不同文化水平的调查对象。因此，采用以封闭式问题为主的问卷调查，非常适合我们一线教师的小专题研究。

a. 选择式：提供问题的答案若干项供被调查者进行选择。根据具体题目的要求只能选择一个答案的，称为多项单选题；有的问题不作限制，可以同时选答案中的任意几项，称为多项多选题。如下面这个问题：

你对教师的教学态度满意吗？

A. 满意　　　B. 比较满意　　　C. 不满意

b. 判断式：即答案只有肯定和否定两种，如"是"或"否"、"对"或"错"、"喜欢"或"不喜欢"等，被调查者只能根据其具体情况两者择其一。如下面这个问题：

你有不喜欢的科任教师吗？

A. 有　　　　B. 没有

c. 排序式：提供问题的答案若干项，无需选择，要求被调查者按照某种标准，重新排列答案的顺序。如下面这个问题：

请按照你的喜好程度由高到低对下列科目进行排序：

A. 语文　　B. 数学　　C. 英语　　D. 音乐　　E. 美术　　F. 体育

G. 思想品德

（2）半封闭式：这种问题方式的主体还是封闭式问题，只是将其选项进行适当的改进或说明，给调查对象一定的回答空间，一般的表达方式就是在最后的一个备选答案中增加一个选项"其他"。增加这个选项，主要是因为有的问题，我们能够根据自己的教学经验提供足够的答案供学生选择，但有的问题，即使我们列举很多答案，也不能穷尽，为了了解被调查者在调查者制订答案范围之外的其他可能存在的状态，同时避免漏掉重要的信息，就需要使用这种问题形式。但是这种问题会增加数据分类整理的难度。如下面的问题：

你主要通过何种途径阅读课外资料：

A. 书　　B. 杂志　　C. 报纸　　D. 网络　　E. 其他

（3）开放式：这种问题形式不为问题设置任何可供选择的答案，而是由被调查者自拟答案，不受约束地自由回答问题，可以畅所欲言。这种问题形式便于了解调查对象的各种心理活动和真实想法，收集到的信息资料较全面和多样化。如下列问题：

你认为你喜欢学习或讨厌学习的直接原因是什么？

你认为称职教师的标准是什么？

开放式问题相对于前两种形式来说一般运用得较少。主要是因为它虽然可以让调查对象畅所欲言，了解到很多真实的甚至是意想不到的信息。但是，这种形式的问题填写起来比较费脑、费力、费时，会使回收率受到一定影响；同时它要求调查对象有较好的语言表达能力，能准确表达自己的观点与看法；开放式问题的整理也比较困难，不便于统计分析；最后被调查者在填写时很可能包含很多与调查目标无关的无效信息。

因此问卷设计一般是以封闭式和半封闭式问题为主体，以便于在最短时间内收集到最多的信息。同时根据需要在问卷的后部使用较少的开放式问题，以拓展整个问卷的视野，或者让调查对象表达对所调查问题的看法，和提出他所希望得到的真实的意见或建议。

四、怎样实施问卷调查

问卷调查的具体可以分为四个步骤：编制；投放；回收；统计分析。

1. 问卷编制

问卷的编制是整个问卷调查工作的最核心工作，它是整个问卷调查工作的基础，也是最费时费力的一项工作。

（1）明确调查目标

制订调查目标，即明确要通过调查得到哪些观点以及收集哪些资料。这是整个问卷编制工作的起点以及核心，所有接下来的一系列活动过程以及环节将由调查目标来决定。当然这里的明确调查目标除了要确定整个活动的总目标之外，还要根据目标，在经过一定的样本分析之后进行相关概念的界定，同时确定实现这一目标所需要的问卷类型和形式，以及最后对结果的统计方式。根据总目标确定正确的问卷类型、方式以及统计方式是整个调查活动的关键，这将决定着调查是否有效以及能否达到调查的目标。

（2）问题预测试

在确定了明确的调查目标之后，就需要在此基础上尝试编制问卷的题目，并根据题目收集相关资料，进行问题的预测试。这个工作也就是将调查者已经想到的相关问题向被调查者做初步探索调查，以及与相关的专家和同行进行沟通、交流、征询意见，从中可发现问题是否合理以及不足或者不全面之处，以便及时进行修改和补充。这是问卷设计的一个基础工作，可以避免问卷因调查者的主观愿望而造成问卷的低效度，这也是收集问卷编制必要资料的一个很重要的阶段。

（3）编制问卷初稿

在经过了问题的预测试之后，调查者对问卷中的问题已有了一个初步的轮廓，再根据这个轮廓拟定问卷的框架和确定具体的问题与选项，形成初步完整的问卷。在编制问卷初稿时要注意，为了使接下来工作更加便利，要尽量使问卷中多预留一些题目，这样在后面对问卷进行修订与删减之后才不会影响问卷的整体结构。

（4）问卷试用与修订

在问卷初稿编制完成之后，必须要先经过小范围的试用和修订才能够大面积投入正式调查使用。经过初步地使用，可以从中发现很多问题，从而进行相应修改以避免正式开始实施调查之后加大修订的难度，是问卷正式定稿的前提。

进行问卷试用主要有两种方法：专家评价法；预调查法。专家评价法是邀请相关领域的资深专家对该问卷的各方面进行全方位评价，这样可增加问卷的权威性。预调查法是指从总体中随机抽取一定数量（数量视总体的大小而定，但为了减少抽样误差一般应在30人以上）的被调查者对问卷进行预调查，以发现问卷中的缺陷与不足，从而及时修订。在预调查之后要在调查结果基础上对问卷的各个方面进行详细分析、修改。

（5）问卷定稿

在经过了以上一系列工作之后就可以开始问卷的正式定稿工作。这个工作包括对问卷内容的检查，问卷结构、版面以及实施方案进行调整等。在定稿时涉及一个关键问题，即问卷题目的数量。"一般情况下，调查或测量简单或单一概念的问卷题数在20～30题之间（如对学生学习压力的问卷调查），其中每个概念维度的题目数量以7～10题居多，每个概念维度中的观测变量以3～7题为适宜。调查或测量含有多个概念维度的综合性概念的问卷（如对学生心理健康状况的调查问卷）题数可在几十个或上百个。此外，回答问卷的时间也可以作为衡量问卷题目数量的一个参考因素。简单或单一概念的问卷应该在10～20分钟内完成，综合性问卷应该在30～50分钟内完成。回答问卷时间太长会影响到被调查者的心态，不利于提高问卷的真实性和有效性。"[1]

2. 问卷投放

问卷编制完成之后就要开始进入到问卷的投放工作之中了，这个工作也至关重要。问卷投放一般最常用的有五种形式：当面投放；专门投放；邮寄投放；报刊投放和网上投放。这五种问卷投放形式各自有不同的优缺点，也适用于不同的情况。在课堂评价中，可根据问卷内容、调查对象、样本大小等的不同而选择不同的投放方式。表2-9[2]列出了这几种方式的特点和不足。

---

① 赵世明，王君. 问卷编制指导. 北京：教育科学出版社，2006：23

② 同上，28～29

表 2-9

特点＼发送方式	当面发送	邮寄发送	专门发送	报刊发送	网上发送
调查范围	比较窄	比较广	比较窄	比较广	比较广
影响力	很大	比较小	比较大	很小	很小
样本代表性	很高	比较高	比较高	比较低	比较低
控制力	很大	比较小	比较大	很小	很小
回收率	很高	比较低	比较高	很低	比较高
有效性	很高	比较高	比较高	比较低	比较低
反馈时间	很快	比较慢	比较快	比较慢	很快
经济成本	很高	比较高	比较高	比较低	很低
人力成本	很高	比较低	比较高	很低	很低

3. 问卷回收

"问卷的回收率和有效性是问卷调查的两条生命线，这是任何问卷调查都必须考虑的两个重要因素。"[1]回收率即问卷回收的数量占投放问卷数量的比率；有效率即有效问卷占回收问卷的比率，它体现了问卷的填写质量。所以在进行问卷的回收工作时，要围绕这两条生命线来做文章。一般情况下，问卷调查的回收率和有效性很难达到100％，但要实施正确的课堂评价，则有一定的问卷回收率和有效性的要求，所以要做好问卷的回收工作，对问卷回收率和有效问卷的统计工作，以保证问卷调查的有效性。一般只有当有效回收率达到70％以上，问卷才能够作为研究结论的依据。

4. 问卷统计与分析

将问卷回收之后，要对回收问卷的答案以及数据进行相关的统计、整理和分析，以得到最终的调查结果。并对结果进行总结，为问题提出相应的建议以及解决办法，为实施评价提供依据。下面的案例就是对一份问卷进行调查之后进行的分析与总结。

为了更好地以人的发展为本，调查者们选择小学五年级为试点，尝试分层考试。根据学生掌握知识的程度，安排不同试卷有针对性地进行测试，旨

---

① 赵世明，王君. 问卷编制指导. 北京：教育科学出版社，2006：29

在让学生在考试中树立起再前进一步的信心，让学生把考试看成一次快乐的学习活动。调查者们力图通过较为简单的 C 卷，对学习基础薄弱的学生进行鼓励；通过难度较高的 A 卷，使学习较好的学生挑战自我。在考前一个星期，他们对五年级 308 名学生和他们的家长进行了问卷调查，以充分尊重学生自己的选择，积极听取学生家长的建议，然后再给出建议。调查结果显示，78％的学生家长非常赞同这种做法，22％的学生家长持赞同意见，但有疑虑，并将他们的想法如实地告诉了调查者们。调查情况如下表 2-10 所示。

表 2-10

	学生	百分比	学生家长	百分比
选 A 卷	61	19.8	68	22
选 B 卷	209	67.9	211	68.5
选 C 卷	38	12.3	29	9.4

从调查情况看，选择 A 卷的学生主要有以下几种心理：(1)A 卷是有一定难度和挑战性的卷子，人生一定要勇于挑战自我，分数并不是最重要的，敢于挑战自我，能战胜自我才是最重要的。(2)我对自己有信心，我相信考 A 卷我能行。(3)我选择 A 卷，因为可以开阔眼界，可以学到更多的知识，但又担心万一考砸了怎么办，父母会伤心，也会挫伤自己的自信心，但不试一试，又怎么知道自己的能力到底怎样呢？再说，吃一堑，长一智嘛！所以我还是选择 A 卷。

选 B 卷的心理主要有：(1)我觉得自己没有考 A 卷的信心，主要是怕考不好，无法面对家长和教师，所以选 B 卷，稳一点。(2)因为爸爸妈妈把成绩看得很重，每次看到我的练习卷总是问得了多少分，虽然卷上教师已打等级，我也把考试成绩看得很重，所以我选 B 卷。(3)我选 B 卷，因为我觉得基础知识我学得还可以，其实我最想选的是 C 卷，可是那样的话，同学们都要笑我，连教师也会笑我的，再问问爸爸妈妈吧！

从这些情况来看，大部分学生都能正视自己，以正常的心态迎接期末考试，但也反映出一部分学生的自信心不足。"分层考试"真是既让人欢喜(喜的是能挑战自我，充分发挥自己的优势)，又让人担忧(忧的是考砸了怎么办)。

部分学生家长的几种心理和建议：(1)把试卷分成 A、B、C 三类，会不会使孩子自身压力加大，比如，考 B 卷、C 卷的孩子会不会产生贬低自己的心理(自卑心理)，因此，建议还是把 A、B、C 三类混合在一起考。(2)希望这次考试能尽量发挥孩子的特长，考出好成绩，更上一层楼。(3)比较赞同这种考核方式，希望我的孩子考 A 卷。(4)我想让孩子尝试一下挑战的滋味和成功的喜悦，希望教师能给他多一些指导。(5)孩子想考 A 卷又有些不敢，唯恐失败，无奈选了 B 卷。建议先让孩子们考 B 卷，再考 A 卷，看看孩子们到底学得怎么样，有多大的能力……

面对学生及其家长的疑虑，调查者的态度是，首先要充分相信自己（孩子）的能力，如果 A 卷考得不好的可以再考 B 卷，B 卷没考好，可以再考 C 卷，成绩册上可以记录考得最好的一次成绩。反过来，基础稍差的学生如果 C 卷考好了，还可以考 B 卷，如果选择 B 卷的学生考得好，还可以尝试考 A 卷，看看自己到底学得怎么样，让每个同学有多次考查自己的机会，最大限度地满足每个学生的愿望。本次考试充分体现出对学生的尊重，让每个学生都能在考试中体会到成功的喜悦，得到师长的鼓励！

考试结束后，我们随机问了几个学生对这次考试的想法，结果显示：(1)真高兴，我能自己选择试卷，而且考得很好，我很满意，虽然我考的是 B 卷，但我考到了"优秀"，说明我的学习还是可以的，要求掌握的基本掌握了，我还做对了两道挑战题呢，我争取下次考 A 卷。(2)我选的是 A 卷，虽然很难，但培养了我独立思考的能力，虽然我没有考到"优秀"，但通过考试我知道自己在课外阅读方面比较欠缺，跟真正的"优秀"还有一段距离，以后我会加倍努力！(3)通过这次考试，现在才知道我所学的知识是多么不够用啊！(4)我考的是 C 卷，我还得了"优秀"！教师说我还可以挑战 B 卷，妈妈也说我进步了……

通过问卷调查可以看出，分层测试照顾到了学生存在的个别差异，调动了学生的积极性，激发了学生积极上进、使成绩更上一层楼的信心和勇气，给学生提供了挑战自我、充分发挥自身优势的机会和空间，同时使学生发现了自己存在的不足和问题。总体来说，分层测试的效果是比较好的。

但同时，我们也不能忽视分层测试中存在的问题。比如，学生家长对分层测试的担心和疑虑，学生选择试卷时的复杂心理，尤其是学习基础不太好的学生，既想根据实际情况选 C 卷，但又怕教师和同学笑话，说明分层测试给一部分学生带来了心理压力。统一试题测试，即使考砸了，对学习基础不好的学生来说，还可以以"试题难"为借口，而分层测试，一旦考砸了，则可能会给学生带来更严重的心理伤害。可见，分层测试在实施的过程中，还有许多地方需要完善，这样才能确保分层评价实现正面效应。

第五节 课堂表现性评价

目前，传统测验作为一种主要的评价方式有存在的必要性，它能有效地评价解决复杂问题时必备的基础知识中的信息、概念和规则等，但同时也有其缺陷，表现在使学生所学知识与实际生活相脱节，沦为"考试机器"。而于二十世纪四十年代在教育界开始兴起的表现性评价能够测量复杂的问题解决技能，克服了传统测验的这一缺陷而被广泛应用于学校的评价活动当中。为了进一步了解表现性评价，本节将从何为课堂表现性评价、课堂表现性评价有何优缺点、怎样实施课堂表现性评价三方面对其加以介绍。

一、何为课堂表现性评价

1. 课堂表现性评价的含义

表现性评价最早并不是在教育领域中提出的，而是运用于企业管理以及心理学领域，直到二十世纪四十年代在教育领域引进表现性评价，并因为其优势而在六十年代以后得到迅猛发展并成为当今一种非常重要的评价方式。

目前对于表现性评价的概念有很多种说法，但可以统一的就是表现性评价不像传统的测验那样专注于知识和不连贯的技能，而是用来测验"学生在各种真实的情境中使用知识和技能的能力"[1]。美国国会技术评价办公室1992 年提出了一个描述性的定义，即表现性评价是要求学生创造出答案或产品以展示其知识或技能的测验。这一定义目前被较多的人所认可。

据此，我们将课堂表现性评价定义为，在课堂上设定一个真实情境或实际任务，通过让学生运用之前所学知识完成这一任务来评价学生的学习状况的一种评价方式，包括表现性任务和对表现的评价。课堂表现性评价方式有别于传统的课堂纸笔测验评价，是对学生能力行为进行直接的评价，但通常会与书面考试以及课堂纸笔测验等评价方式结合起来使用各自发挥其优势。

---

① ［美］Diane Hart. 真实性评价. 国家基础教育课程改革"促进教师发展与学生成长的评价研究"项目组译. 北京：中国轻工业出版社，2004：68

例如，在进行课堂表现性评价前要求学生提出一个关于双子星运行的假设，这时可通过书面考试来确定学生关于引力、质量和地心引力方面的概念和规则知识的掌握情况。

2. 课堂表现性评价的内涵

课堂表现性评价的内涵可以从以下几方面加以概括：

（1）在真实性情境中实施评价。首先这种评价是在课堂设定的一个真实情境中进行，或要求学生完成一项实际任务，这种真实情境一般都是一种虚拟真实的，而不是虚假或虚构的。

（2）评价结果的同时也关注过程表现。因为课堂表现性评价作为一个评价工具的同时也是一项围绕实际任务展开的实践活动，除了要完成任务，活动过程中的表现也是进行评价的重要指标。注重对结果进行考查的如完成一篇论文、美术作品等，注重过程中表现的如演讲等。

（3）"表现性评价任务本身应该是具体的、实际的，而非抽象的、理想的。它强调学生对研究主题的理解和相关知识的综合运用。"[①]

二、课堂表现性评价有何优缺点

和传统测验相比，课堂表现性评价具有其独特的优势。如它既可以测量结果，又可以测量获得结果的整个过程；它既可以在自然的课堂状态下进行，也可以在预设的真实性情境下进行；它不但可以测量知识点的掌握，更可以测量书面考试不能测量的技能的掌握。但同时课堂表现性评价也有严重的缺点。

1. 优点

（1）有利于测量综合能力

课堂表现性评价与传统测验相比较最大的优势就在于，它强调培养在模拟真实性情境中运用所学的知识解决实际问题的能力，它考查的是学生运用已有知识，分析现有情境中的各因素，并结合经验解决所遇到的各种问题的一种综合能力。这是一种高级思维能力，也是与学生实际生活紧密相连的，有利于学生掌握知识的同时习得生活经验。

（2）有利于学生多元智能的发展

在当前的课堂教学中，其实表现性评价运用得是比较广泛的，它已经成为了课堂教学的一个非常重要的组成部分。在完成任务过程中，学生拥有充

---

① 邹丽华. 表现性评价探析. 大连教育学院学报，2007（4）：75

分展示自己的时间与空间，可以运用多种能力来解决问题，说明自己对于知识技能的掌握与运用情况，潜力得到充分的发掘，有利于培养学生的多元智能。

（3）有利于增强学生的学习动机

当学生在完成任务时，能从"自己能做什么"中体会到成长与收获的喜悦，而从"自己做到了什么"中则能使自己收获一种成就感，也能不断增强其自信心，那么学习的兴趣也随之增加，从而增强学习的动机。

2. 缺点

课堂表现性评价的缺点主要表现在：首先实施情境有所限制，一般都只能是在课堂这个环境下的某个情境中，或是模拟的真实性情境中进行；其次其每一个环节进行测量的过程中没有非常严格的指标来限定表现的优劣，由此也使得评分具有主观性，如果不加以调控和规范，实际测量的结果就有可能不一致甚至出现错误；再次每个环节都需要耗费大量的时间等。

三、怎样实施课堂表现性评价

1. 确定评价的目标

课堂表现性评价一般都是为了诊断学生的学习情况和检验学生的各方面能力。一般课堂表现性评价目标的设定要注意的是这个目标应该是清晰、适当且有价值的。确定评价的目标一般包括：（1）要根据目标确定一个合适的表现性任务，并列出学生完成该任务所应有的行为表现。设计表现任务要注意：任务要明确具体且能充分体现评价目标，具有一定的可操作性和趣味性；（2）要根据目标确定能够反映学生知识储备以及能力水平的标准；（3）要根据目标创设一个表现性情境，使学生置身其中并且乐于表现。

为了便于更好地描述评价的目标，我们可以首先确定课堂表现性评价的总目标，再在总目标的要求之下列出行为表现的每个细节，也就是细节性目标，以助于教师更精确地实施观察和判断。具体可以参照下面这一案例：

总任务目标的提出：

为杂志撰稿：艾滋病是人们普遍关注的一个话题。假如你现在应一家杂志社之邀，要写一篇文章来表现现在和 10 年前我们对艾滋病的了解情况。你要按以下要求完成任务。

本次活动旨在培养学生的探究精神、创新意识、团结协作精神以及收集整理资料等综合能力。尊重学生学习的自主性和积极性，鼓励学生运用多种方法，从不同角度对艾滋病的了解情况进行描述和综合，对艾滋病有自己独到的见解与全面的认识，形成健康积极的情感态度和价值观。具体目标的提出：

（1）找到最新的有关艾滋病病因、危险因素及治疗方法的文章或其他资料。列出所有的资料来源，并附上所有资料的摘要。

（2）从去年的出版物中选出 5 篇最好的文章或其他资料。

（3）依照同样的程序选出过去 10 年中出版的 5 篇最好的文章。

（4）写文章比较这两组文章和（或）资料。叙述过去 10 年中人们对艾滋病的认识及治疗方法的改变。

（5）把你的文章给此杂志的读者看。

（6）把你的文章长度限制在 4 页打印纸内。

（7）你可以按需要加入插图和图表。把参考资料列在文章的末尾。

我们将从以下几个方面对你的文章进行评价：资料的数量、种类、质量，文章所用表达方式的多样性，文章内容的丰富性和恰当性，叙述的清晰性和效果。

这一目标的提出，内容要贴近学生的生活，能够充分调动学生的参与热情，能够促使学生在"知识与能力、过程与方法、情感态度与价值观"三个方面都有收获。

2. 确定评分方法与评价工具

通过对表现性任务的分析，要选择合适的评分方法和评价工具。表现性任务的评分方法一般可以分为两大类：总体评分法与细节评分法，两种评分方法分别适用于不同的表现任务。总体评分法适用于注重是否完成了一件作品或者形成某个成果的表现任务，它是在对作品或成果做一个整体评价之后再给出等级或得分的一种评分法，它极少考虑个别的细节部分，因为表现不可能总是能被分解为一系列独立的特征，且整体评分能很快获得全面印象。如课程论文的评分，一般只会对论文的整体水平给出一个最终的等级，而很少会去关注整个课程论文的写作过程；而细节评分法显然与总体评分法是相对的，它适用于注重细节和过程的表现性任务，需要对构成作品或成果的每个环节以及每个细节部分进行判断以及评分，当然它也会考虑最终成果是否完成，如对演讲技能的评分，并不是仅仅注重是否最终完成了演讲，而更多的是倾向于在演讲过程中，演讲者的肢体语言、面部表情、演讲音量、声音起伏、是否吸引听众注意力等细节方面的考查。

确定评价工具时，也可以从注重过程和注重最终成果两方面来进行。注重表现过程评价时，一般常用的工具有很多，依据不同的评价目标可选择不同的工具，在这里主要介绍两种工具：检核表和评定量表。

（1）检核表

检核表是观察一系列动作或表现是否出现，并用"是"或"否"来加以记录的资料表。评价者按照检核表上的项目来核对观察到的特殊表现行为或结果是否出现，并在表前的空格中打"√"号来加以记录作为评定的依据。若要评价的表现行为未曾出现，则不需要做任何记录。一般检核表侧重于将评价的注意力引导到所要评价的向度上，这种工具一般在表现性评价中都可以用来对学生进行观察评价。表 2-11 是评价学生演讲时表现行为的检核表样例，这个检核表就是用来观察学生关于演讲各方面技能的掌握情况，此时评价者需要对每个项目作出满意、不满意或未观察到的判断。

表 2-11[①]　评价学生演讲的检核表样例

说明：学生在演讲时，若已表现出下列行为，请在每个观察项目前打个"√"号；若无，则不做任何记号。
（一）肢体表达方面： ——1. 站立姿势自然，面对听众。 ——2. 随着说话音调的高低而变化面部的表情。 ——3. 保持与听众目光接触。
（二）声音表达方面： ——4. 说话声调稳定、清晰。 ——5. 变化音调，以强调说话的重点。 ——6. 说话的音量能使听众听清楚。 ——7. 每一个字都能正确发音。
（三）语言表达方面： ——8. 使用能清楚表达意思的精确词语。 ——9. 避免不必要的重述。 ——10. 用完整的语句表达思想。 ——11. 表达信息的组织有逻辑性。 ——12. 下结论时，能扼要重复重点。

（2）等级量表

---

①　唐晓杰. 课堂教学与学习成效评价. 南宁：广西教育出版社，2000：121

　　等级量表与检核表相似，只是等级量表为每个项目提供的是关于演讲水平的等级或范围。表 2-12 就用图表说明了等级量表的一系列等级，在这个表中教师根据学生发表演说的不同质量对学生评出 1～5 之间的分数。

表 2-12[①]　　评价学生演讲的等级量表样例

5＝特别优秀，在这一点上能达到这个水平很不一般
4＝非常好，在这一点上通常能达到较高水平
3＝好，在这一点上能达到普通水平
2＝达标，能达到班级标准
1＝不达标，低于班级标准
1 2 3 4 5　　　　所有的评分等级
1 2 3 4 5　　　　1. 能激发内在兴趣
1 2 3 4 5　　　　2. 保持兴趣
1 2 3 4 5　　　　3. 组织
1 2 3 4 5　　　　4. 说服别人
1 2 3 4 5　　　　5. 依靠注释
1 2 3 4 5　　　　6. 阐释
1 2 3 4 5　　　　7. 语法
1 2 3 4 5　　　　8. 状态
1 2 3 4 5　　　　9. 手势

　　除了以上这种量表之外，等级量表还可以采用多种形式呈现。比如，图 2-1、2-2 中的 1～4 四个等级用来评价学生演讲内容的切题程度和流畅程度，其中 1 是最低的一个层次，依次到 4 是最高的层次，这种点状式等级量表上的点还能说明特殊行为，它能判定学生会做什么和不会做什么。

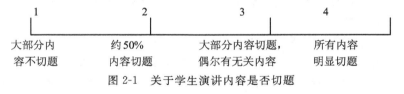

图 2-1　关于学生演讲内容是否切题

---

　　①　［美］奥斯特霍夫. 开发和运用课堂评估. 谭文明，罗兴娟译. 北京：中国轻工业出版社，2006：245

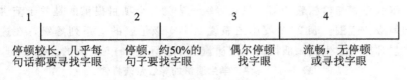

图 2-2　关于学生演讲是否流畅

在编制这种等级量表时要注意，我们应该用词语清楚地界定出每个项目的两个极端，且中间每个点的划分要比较清晰，便于判断和记录。同时在记录时要注意，为了提高等级的信度，避免某些行为造成的记录偏差或者判断失误，评价者可以将这些行为用描述性语言备注在整个量表后面以便于进一步的评价。

在注重最终成果的评价方面，主要运用的是作品分析法。

（3）作品分析法

作品分析法，顾名思义就是对学生根据教师所设定的任务而形成的作品或者成果进行分析，从而形成一定的信息以供对学生进行评价的一种工具。一般这种工具运用于当作品的品质很难用一组细节特征来进行判断，但使用整体的判断法却可行时，这种方法便特别有用。如一篇课程论文，一幅书法作品、一幅美术作品等。如下面这一案例。[1] 这种方法跟前面两种评价方法相比优点在于有可考的事实材料为依据，且具有可逆性，如果评价错误可以有材料为依据来进行重新判断和修改；而前两种方法所记录的行为一旦发生，评价一旦生成，如果无特别记录，便不能修改，因为课堂上所发生的行为不能够重复发生。但在运用作品分析法时要注意尽量用客观的态度来进行评价，而不能受主观因素的影响。

一位教师上完情感教学课《我要读懂你，凡·高》后，通过分析学生对凡·高艺术风格的理解，以再现（如诗、散文、画等）的方式了解学生审美能力的内化情况。

一位学生在他的作品中写到：

我看到/一片又一片天空/在我头上/不停地/旋转　　旋转/忽然之间/世界在我眼中/颠倒过来/遥远的声音从远古走来/如果人们能真诚相爱/生命将是永恒的/……

---

① 万伟，秦德林，吴永军. 新课程教学评价方法与设计. 北京：教育科学出版社，2004：78～79

我听见／一颗又一颗向日葵／在我耳边／快乐地／微笑　　微笑／恍惚中／你抱歉地说／对不起／我原谅你／也请你原谅我

上帝疼爱这颗向日葵／他决不会让我／彻底地痛苦／……

通过作品分析，这位教师发现："很多学生在这堂课中所得到的东西比他想象得要多。他们不但完成了'感知作品形式''理解作品主题'的学习目标，而且还将艺术家的艺术风格、审美态度内化为了自身素质。并且他们写下了这样的句子'对不起，我原谅你，也请你原谅我。'从句子中可以读出学生宽容的胸怀，这正是教师期望的教学效果。"

作品分析是一件不容易的事。作品就是作者的心灵的反映，如何把握作品中折射出的心灵之光，需要技术，更需要灵感和经验。以上的作品分析是一种比较简单的形式。这些作品是学生模仿凡·高风格而作的，虽加入了自己的理解，但作为分析者的教师却可以从中发现更多的东西。

这是对主要侧重于对最终结果进行评价的作品分析法，当然这种分析法在对最终的作品进行分析评价的时候，也是可以穿插对过程的评价的。

济宁市实验中学卢小涣教师根据《语文课程标准（实验稿）》的要求，将学生作文评价内容设计如下。

知识与能力的评价

评数量速度。《语文课程标准（实验稿）》中对第三学段（五年级至六年级）的学生明确提出："40分钟能完成不少于400字的习作。"作为参照，其他学段可以制订出相应的速度和数量要求。当然，为了凑字数而写的与题目内容无关的是要删掉不计的。因此，在一些作文课上，教师向学生提出明确的速度要求，记录学生完成写作的时间和速度，给予评价，以此促进学生提高写作速度。

评写作表达。写出来的习作要设法让读者明白作者的写作意图，清楚作者想表达的是什么。所以，要引导学生这样评价：一篇文章的内容有没有意思，写高兴的事能不能引起读者发笑，写气愤的事能不能使读者生气，写美景能不能让读者也盼望实地一游，写人物能不能让不认识的人凭着作者写的人物特征找到作者所写的这个人，等等。总之，文章要通过自己的表达，让别人读得懂并且愿意读、喜欢读。

评出优点和不足。作文评价不必面面俱到。学生不可能较全面地对一篇文章提出评价意见，但如果让学生评价一篇文章的一个优点或一处不足，学生不难办到，而且这样评价也利于被评价者有针对性修改。

过程和方法的评价

评习作的准备。由学生汇报或自我反思：习作前的准备是否充分；有事先思考还是临场准备；平时的阅读、思考是否充分；等等。

评习作方法是否掌握。结合年级要求，引导学生根据以下方法进行评价：是否能按一定的顺序进行观察和记叙，是否能突出自己重点想表达的内容，是否会用比喻、拟人、数据、对比等手法使自己的文章更生动、更吸引人，是否能正确使用学过的标点符号。

评习作的修改。引导学生关注以下方面进行评价：习作前有无起稿，自行修改后才誊写到作文本上，有无主动与他人交换修改，有没有认真阅读教师、家长或小组成员给你的评语；每次习作前后几稿，是否有明显改进的地方；别人提出的合理性意见是否采纳。

情感态度与价值观的评价

评写作态度。学生是否做到写作态度认真、积极，按时完成习作，书写工整。

评写作诚信。主要评价内容是：学生是否诚实写作，感情真实，说真话、实话、心里话，不说假话、空话、套话，不摘抄或改编作文选里的文章。

评写作情感。主要评价学生是否体验到写作的快乐，乐意写作，写完后乐意将自己的习作读给别人听，与他人分享感受，沟通见解。

很显然，这种方法比纯粹以最终作品为评价标准而不考虑其他过程中表现（如习作准备、习作修改、写作态度、写作诚信、写作情感等）更加全面与科学，更能反映出学生从该次活动中所取得的进步和得到的收获，更利于学生认识到自身的优缺点从而有针对性地改进不足，更有利于学生的发展。

3. 实施活动，记录信息

这个阶段，首先前提是教师要让学生清楚知道自己所要完成的表现性任务，然后采取哪些行为能够有助于完成这个任务。在了解了这些之后学生进入情境，并开始表现性活动。在这个过程中，教师要提供有利于师生交流的条件，并创造一种有利于学生表现自我的环境，给予学生充分表现自我的机会，并且积极引导学生发挥出自己的能力，充分展示个体或小组学习所获得的知识、技能、方法、情感等完成任务。

在学生开始活动之后，教师就要根据事先所选定的评价方法，运用评价工具来进行观察与记录，将学生一系列语言、行为等信息与资料加以科学、合理、全面、系统地记录和保存。一旦学生开始活动，教师的这种有意识的观察与记录，以及对信息的筛选就要一直持续，将学生每个环节中不同表现的质量、次数等进行详细观察和统计，同时必要时对某些在工具中未提及但有价值的特殊行为加以备注或者备案，以便事后加以分析和补充。

4. 在信息基础上进行评价、反思

在这一阶段，教师首先要对之前所记录的信息加以整理和统计，然后据此进行评价，再将评价结果展示给学生本人和其他学生，以供他们评价他人的活动以及进行自评。最后再将所有的评价结果进行整理，形成一个多方的动态评价表，如表 2-13 所示。

表 2-13 表现性演讲活动动态评价表

评价项目		评价内容	权重	自评			互评			师评		
				优秀	良好	加油	优秀	良好	加油	优秀	良好	加油
表现意愿	兴趣程度	对演讲活动表现出极高的参与热情，好于表现，乐于表现	10									
	参与热情	能积极主动参与到演讲活动中，并对活动有非常充分的准备	10									
	信心胆量	对自己的表现有信心，勇于表现，并能听取别人提出的意见和建议	10									
	克服困难的精神	遇到困难不退缩，有战胜困难的精神和毅力，始终坚持到最后	10									
表现能力	信息能力	能从其演讲中获得大量的信息，信息收集得丰富多样，且来源渠道广泛	10									
	合作交流	演讲时能充分与同学、教师进行交流、互动，共享信息，共同探讨疑难问题	10									
	方式方法	演讲过程中能运用多种方式表现主题，吸引听众注意力	10									
	语言能力	语言流畅、生动、有感染力，能根据需要调整语言表述方式	10									
	创新能力	善于从一般的主题中发掘其独特含义，并有自己的创新观点和独到见解	10									
表现绩效		能顺利且高质量地完成演讲任务	5									
		能吸取其他人的意见改进自己的缺点	5									

　　这一动态评价表，体现了过程评价与结果评价相统一；知识技能评价与兴趣特长评价相结合；群体评价与个体评价相融合。这样也形成了一个自评、互评、师评相结合的多元评价形式。在评价时，要注意对学生的缺点一一指出来以认识到自身的不足以便他们改进，同时也要对其优点加以表扬，增强他们的兴趣和自信心，尤其要对其勇于表现的精神加以鼓励和表扬，在促进学生本人的表现欲望的同时，也能增进其他同学参与表现性活动的兴趣，使学生更善于表现和乐于表现。

　　最后在评价信息的基础之上进行反思，以使得学生在这种活动中不断进步，并得到更好的发展和成长，这就是评价的最终目标。"表现性评价作为一种价值判断和价值获得的过程，离不开主体对自己的意识和行为的元认知，这种元认知就是反思。为了指导未来的表现评价，让学生在评价中反思自己的得失，在反思中不断学会学习，了解自己在哪一方面的不足，需要在哪一方面再作努力等，并且能及时调整自己的学习行为，促进自己的有效学习。所以表现活动的最后一个内容就是引导学生对评价结果进行反思，以此更好地使学生'学以致表'达到学习者自主内化和外化，促进学生综合素质的有效提高。"[1]如表 2-14 所示：

表 2-14　表现性演讲活动反思评价表

表现性活动：课堂演讲			
反思内容	自我总结		
在演讲活动中最大的收获是什么			
在演讲活动中表现出来的不足是什么			
在这次活动中表现得最突出的地方是什么			
在这次活动中我最需要改进的是什么			
对这次活动感受最深的事情是什么			
这次活动使哪些方面能力得到了较大提高			
我从同学那里学到了什么			
年级	班别	姓名	日期

---

① 李娥兰. 表现性课堂学习评价的方法. 广西教育，2006(Z2)：26

第三章　如何评价学生的课堂学习行为

　　课堂学习行为评价，是一种重要的即时性评价方式，"课堂学习行为评价在整个学生评价中是极其重要的"[①]，它是学生评价的重要组成部分，发挥着导向、激励和改进的功能。然而，这也是广大教师长期以来容易忽视的一种评价行为。从课堂教学来说，忽视了对课堂学习行为的评价，会影响课堂教学的顺利实施，影响教师的课堂教学方法和手段的适时调整；从学生发展来说，会影响学生知识的掌握和对知识的运用。教师忽视了对学生的课堂学习行为进行评价的原因是多方面的，除了教师课堂评价意识的薄弱外，一个重要的因素就是教师评价方法的运用，无从找到对学生课堂学习行为进行评价的契机，使得教师"有心无力"。在上一章，我们介绍了课堂评价的五种基本方法：课堂观察，课堂测验，课堂师生对话，课堂问卷调查和课堂表现性评价。对学生课堂学习行为进行评价是必要的，也是重要的，本章将会深入介绍如何对学生的具体课堂学习行为进行评价，提供一些评价策略。

　　学生在课堂上的行为是多种多样的，主要可以分为学习行为和非学习行为。学习行为包括听课、小组讨论、合作学习、记笔记等；而非学习行为则表现为走神发呆、说小话、做小动作等。本章主要论述学生在课堂上的主要学习行为，即对听课、小组讨论、合作学习和记笔记的评价策略。

---

　　① 钟启泉，崔允漷，吴刚平. 普通高中新课程方案导读. 上海：华东师范大学出版社. 2003：169～170

第一节　对学生听课行为的评价

一、听课及其重要性

听课是相对于教师的讲授而言的，是学生在课堂上进行的主要活动，学生在课堂上主要是通过听课和教师进行交流的，因此，学生听课是学生接受知识的重要途径之一。课堂教学是师生双方的共同活动，教学效果主要取决于两个方面：一方面是教师讲课的水平；另一方面取决于学生听课的效果。任何其他的学习方式都不能取代学生的听课行为，听课是连接教学内容与学生的桥梁，只有通过学生的听课，教师所教授的内容才能传递到学生身上，才能对学生的知识技能、过程与方法、情感态度和价值观产生影响。

在课堂上，学生作为教育对象，大多数时间都在进行着听课活动。然而，学生有没有在听课？他是在全神贯注地听还是心里在想别的事情？在听课时，他的思维是否在跟着教师的思路走？学生有没有理解教师讲授的内容……这些问题都是影响学生听课效果的重要问题，也影响着教师课堂实施的效果。因此，对这些行为进行评价是教师需要考虑的，只有弄清楚了这些问题，教师才能够正确地评估学生的听课质量，才能正确地评估学生的学习过程，为教师科学客观地评价学生提供依据。因此，教师对学生听课行为的评价就显得很重要了。

二、有效听课的表现

学生听课不只是一种纯粹的行为活动，更重要的是一种心理活动。从心理学的角度看，可以将学生的有效听课活动划分到注意分类中的随意注意。随意注意是指有预定的目的，需要一定意志努力的注意。[①] 例如：当我们阅读一篇理论性较强的文章的时候，由于认识到这篇文章的意义，我们便自觉、自动地将心理活动过程集中指向这篇文章的内容，积极选择文章提供的

---

① 彭聃龄. 普通心理学. 北京：北京师范大学出版社，2004：189

各种信息。在有效听课活动中，学生的注意指向和集中于教室、黑板、教学内容等和教学相关的事物和对象，对周围的一切，比如：教室外面走廊上的行人、教室墙壁上的挂画，甚至自己同桌的小声说话，都可能"视而不见，听而不闻"了。虽然听课活动是一种内部心理活动，但是仍然可以通过学生的外部行为表现出来。我们可以从学生所表现出来的外部行为来评价学生听课是否认真。就有效听课来说，学生听课过程中的心理活动在行为上的表现主要体现在以下三个方面。

1. 动作神态方面的表现

（1）无关动作的消失

我们大致可以将学生的课堂学习行为分为相关动作和无关动作。课堂上学生的相关动作是指与教师和教学内容相关的动作，包括：与教师的眼神交流、记录笔记、在书本上进行标示等；学生在课堂上的无关动作主要包括：和同伴讲小话、东张西望、传纸条、玩弄文具等。学生在认真听课的时候，他的注意是一种持续性的注意，即注意在一定时间内保持在某个认识的物体和活动上。在课堂上，学生的持续性注意就是指学生的注意紧紧集中在与课堂相关的活动和事物上，对其他无关的事物不会去关注，也就是无关动作的停止或消失。例如，一个学生在听课的时候不认真、在搞小动作时，当教师一个幽默的笑话将班上同学逗得哈哈大笑的时候，他被同学的笑声吸引了，心里可能在想，同学们在笑什么呢？于是，他的注意转向教师所讲的内容，手头上的小动作也就自然而然地停止了。课堂上的无关动作是影响学生听课效果的一个因素，学生无关动作的停止或消失是学生注意力集中的表现，学生注意力集中于与教学活动有关对象上的听课就是有效听课。

（2）视觉集中

眼睛不仅能观察事物，更重要的还在于传达感情，交流思想。学生在认真听课的时候，视觉总是集中于一定的客体，如教师、黑板、教材。学生的眼神时而集中于教师，并随着教师在课堂上的走动而转移；时而集中于黑板，注视着教师的板书；当学生看教材或记笔记的时候，其眼神又聚焦于教科书或者笔记本了；当学生在思考的时候，眼神可能会短时间里注视着教室的天花板。因此，学生的这种视觉集中性是学生听课的重要表现。

在课堂上，必须区分学生的两种视觉表现，其一，表现为"东张西望"，这种东张西望与前面所提到的学生视觉对象的转换有一定的区别，视觉对象的转换是基于学生注意力集中的基础上的，而"东张西望"则表现为视觉对象的转换过于频繁，是视觉不集中的表现，表现为目光游离，时而看着窗外，时而看着其他同学，偶尔看看教师。当教师在强调一个重要的教学内容的时候，他们可能正在望着窗外的事物。其二，表现为学生的眼神长时间地集中在某一个物体上，如天花板上的吊灯，墙壁上的一幅画，或者教材上的某一页。眼神显得呆滞，没有精神。其实，学生的心中也许是在思索其他的事情，但他的注意力并没有集中到与课堂相关的事物上，教师的讲授，提问也许都不能引起他的注意，他完全沉浸在自己的世界中。这样的学生或许什么也没有想，即处于一种我们经常所说的"发呆"的状态。这两种视觉表现都是学生听课效率不高的表现。

2. 学生的情绪表现

情绪和情感是人对客观事物的态度体验，是一种内部的主观体验。但是在情绪发生时，总是伴随着某种外部表现，即表情。学生在课堂上的情绪反应也是通过一定的表情表现出来的。表情主要分为面部表情、姿态表情和语调表情。[①] 下面就学生在课堂上的这三种表情进行分析。

（1）面部表情

面部表情是指通过眼部肌肉、颜面肌肉和口部肌肉的变化来表现各种情绪状态。[②] 主要表现有：高兴、恐惧、愤怒、悲伤、惊奇、厌恶等。学生在课堂上的面部表情的变化主要是与教学内容相联系的，是受教师表现力和感染力影响的。当学生在认真听课时，他的情绪会随着教学内容、故事情节中人物命运的变化而变化，或者随着教师的情绪变化而变化，从而表现出不同的面部表情，或喜、或怒、或哀、或惧……

例如，在小学课堂上讲授《刘胡兰》的课文时，如果学生正认真地听课，那么他（她）的情绪就会随着英雄刘胡兰命运的变化而变化，当刘胡兰遇到敌人的时候，他会焦急、紧张；当刘胡兰英勇就义的时候，学生会感到悲伤甚至流泪，脸上表现出对敌人的愤怒和厌恶之情。当然，学生的情绪还会随着教师情绪的变化而变化，当教师充满激情地上课时，学生的情绪也会很高涨。

（2）姿态表情

姿态表情可以分为身体表情和手势表情两种。学生在听课时，在姿态表情方面所表现出来的主要是坐姿，当学生精神饱满地听课的时候，他可能会

---

① ② 彭聃龄. 普通心理学. 北京：北京师范大学出版社，2004：382

坐得很端正，很有精神；而精神不振的时候，他就可能会趴在桌子上，无精打采的样子。但是，不同的学生爱好或习惯不同的坐姿，坐姿和听课的效果没有必然的联系，但是能从一定程度上反映学生的精神状态，从而判断出学生听课是否认真，精神是否集中，并作为评价的重要信息来源。

（3）语调表情

语言、语调表情也是表达情绪的重要形式。在课堂上最能反映出学生语调表情的就是学生的课堂朗诵，其语言的高低、强弱、抑扬顿挫都能很好地反映出学生是否投入到朗诵中去了。如果学生以同样的语调读完了某一篇文章，那么，他很可能只是在进行机械的"念字"活动，这篇文章所描绘的事实，传达的感情并没有进入学生的内心世界。当然，通过学生的朗诵所表现出来的语调表情来判断学生听课的表现仅仅只限于像英语、语文这样一些有利于朗诵的课堂上。另外，学生在课堂上表现出来的其他重要语调表情反映在学生的提问和回答问题中，这在本章后面的内容中将会谈到。

3. 学生的语言反馈

课堂不是教师一个人的表演，而是教师和学生之间的信息、思想传递和沟通的活动。当教师在讲授完某一教学内容时，为了解学生理解和接受的状况，就必须得到学生的反馈。学生在课堂上最常用的信息反馈方式就是通过语言来表达，主要表现在以下几个方面。

（1）自言自语

当学生在阅读一份材料或者沉浸在思考中的时候，伴随着他的阅读或者思维活动有可能同时产生"自言自语"的行为。"自言自语"是一种内部语言，是一种自问自答的语言。例如，当学生在解几何题目——求三角形的面积时，他看着题目，可能会轻声地说："三角形的面积公式是底乘以高再除以二，那么，底找哪条边最好呢？如何确定三角形的高呢？"学生的自言自语有时是学生进行思考时的言语表现，有时候仅仅只是作为一种简单的记忆策略，比如，重复阅读某段文字以求记忆下来。

（2）课堂提问

课堂提问是学生在课堂进行的过程中就自己不懂的地方向教师发问，是一种即时性的反馈活动，不同于课后学生向教师请教的问题，学生的课堂提问是一个重要的课堂评价指标。学生要能够在课堂上向教师提问，首先，必须要有"疑"，为此，学生就必须在听课的时候进行思考；其次，学生要敢于发问，即当学生认为教师讲的内容是错误的时候，能够敢于向教师提出。

（3）课堂答问

课堂答问是指学生在课堂上就教师提出的问题作出回答，根据参与对象的不同可以将学生的回答分为一齐回答和个别回答，例如，对于教师设计的一些简单的、吸引学生注意的问题，教师可以不点名而是让学生一齐回答。

从学生参与的积极性来说，可以将学生的回答分为主动回答和被动回答。对于教师要求学生个别回答的问题，学生如果有回答问题的愿望，他会举手向教师示意，表示自己愿意回答这个问题，这是主动回答；而由教师要求回答的，就是被动回答。学生在主动回答问题和被动回答问题时，会有不同的语言表现。学生主动回答问题时会表现出语言流畅，回答问题有逻辑性，语言组织得当；而学生被动回答问题时，则可能支支吾吾，语言含糊不清。

三、学生听课行为的评价策略

1. 听课前的评价策略

学生在听课之前，总是需要一定的先验知识来帮助理解课堂上要学习的内容。一般而言，中小学生的学习内容是一个连贯的体系，前后知识之间具有很强的关联性，如果学生对上节课所学习的内容不理解或者不熟悉，那么对学习新知识就会产生很大的影响，从而影响教师的教学效果和学生的学习效果。因此，在一堂课之前，教师就很有必要检测一下学生对上节课的学习内容（即先验知识）掌握情况。根据检验的反馈信息，教师及时调整自己的教学策略，或组织课前的复习，或继续讲授新课。学生听课前的评价的主要目的在于帮助教师的教和学生的学，最大限度地提高教学效果，可以使用以下几种评价策略。

（1）背景知识调查策略

背景知识调查策略也可以称为前概念检查策略，一般是通过一种背景知识调查表来进行，背景知识调查表是一种简单的问题调查表。教师在新学习计划、某一单元或某一节课之初，或者在教学中引入一个重要的主题之前，把这种调查表发给学生，让学生完成。[①] 背景知识调查表的主要功能在于收集学生在先验知识方面详细而有用的反馈信息，这主要包括：学生是否掌握传授新课所必须具备的基本概念和事实，学生的原有知识中是否存在有碍于

---

① 钟启泉，崔允漷，吴刚平. 普通高中新课程方案导读. 上海：华东师范大学出版社，2003：164～165

进一步学习的错误概念。通过对学生的背景知识进行调查，不仅能帮助教师了解学生在新学期、某一新单元、某堂新课前的准备情况如何，促使自己及时调整自己的教学计划，而且能帮助学生将已经学过的知识同接下来将要学习的知识联系起来，帮助学生发现和改正学习中存在的认知偏差，为学生在新旧知识之间架设"桥梁"。

在课堂上，教师可以使用背景知识调查表来评价学生在听课之前的知识准备情况，也可运用于组织小组合作学习前，调查学生是否具备进行合作学习所需的知识和技能。教师在运用背景知识调查表时，应注意：a. 要在课前编制出科学、全面的调查表；b. 调查表的使用时机要合适，必须在学习行为进行之前进行调查；c. 对反馈数据进行分析时，要避免形成对学生的第一印象，尤其是在新学期的第一堂课上，要明确使用背景知识调查表的主要目的是在于改进教学，促进学生发展，如下面这一案例[①]：

张老师是新来的教师，这学期学校安排他教初二班的数学课。在简单了解了班里情况之后，张老师很快投入了备课、上课的紧张工作。然而，不久他就发现，他的课出了问题，上课提问无人回答，学生作业错误百出。张老师陷入了深深的苦恼中，该讲的自己都讲了，重点、难点也反复强调过了，教学方法也没有什么不得当，可就是教学效果不好。一番思索之后，张老师突然意识到，问题就出在自己并不了解学生上。自己既不了解整个班级的数学学习情况，又不了解每个学生的学习情况，只是想当然地备课、上课，犯了无的放矢的错误。接下来，张老师马上组织了一次数学测验，不测不知道，一测吓一跳，自己讲过的知识，学生掌握得很少。再仔细分析，问题出在不少学生对初一学的知识就没有完全理解和掌握，所以影响了现在的学习。了解了这个情况，张老师既惊又喜。惊的是班里学生的情况和自己想象的完全不一样，上初二了，初一的知识还没有掌握；喜的是幸亏发现得早。针对班里学生学习的实际情况，张老师及时调整了教学计划，改变了教学策略，充实了教学内容，通过查漏补缺，适时补充了初一应掌握的知识。一段时间之后，张老师发现，课上自愿回答问题的人多了，学生作业中的错误也减少了很多，数学课的整体效果有了很大的改观。

"诊断"是一个医学术语，指医生在对病人进行治疗之前，必须先对其病情和病因进行了解，然后再对症下药，以增强治疗效果。同样，我们在进行

---

①　李玉芳. 多彩的学生评价. 北京：教育科学出版社，2009：25

教学活动之前，也必须发挥评价的诊断作用，对学生的整体状况进行"诊断"，找出学生发展的起点，了解学生的发展状况、存在的问题及原因，使教学计划更有效地实施，更好地做到因材施教。案例中张教师对学生进行的数学测验，作用就在于对学生学习情况进行摸底、诊断。

评价的诊断作用又可以分为两种：诊断症状和诊断原因。前者着重找出存在的问题，后者则在明确问题的基础上找出原因，以加强解决问题的针对性和实效性。案例中的张教师通过测验，想了解学生对于讲过的知识到底掌握了多少，这属于诊断症状，即看一下学生目前的学习到底处于什么状况。后来通过对测验结果进行分析，张教师发现学生没掌握好所讲知识的原因是初一时学习的内容没有真正学会，这属于原因诊断。

（2）最难理解点列举策略

背景知识调查表主要用于检验学生在接受新的学习内容前是否具有相关的背景知识，是一种前瞻性的评价，检查的知识是比较普遍的知识。最难理解点列举，顾名思义，就是学生列举出上节课在学习某篇课文或者某个主题中自己感觉最不清楚或者是最困惑的知识，[①] 这些最难理解点很容易成为学生后续学习的最大障碍。举出这些最难理解点，可以帮助教师收集到评价信息，教师利用学生的反馈信息了解其最难理解的知识点有哪些，指导自己的教学策略，并决定接下来在讲解与学生所列举的最难理解点相关联知识的时候该花多长时间，比如，增长讲授时间或由学生自主探索。

最难理解点列举可以算做是课前评价策略中较为简单的一种，效率也是非常高的，该策略不需要教师花费很多的时间和精力去编制调查表或者测验试卷就可以获得大量的反馈信息。该策略的操作方式是让学生就某一个问题快速地作出回答："在上节课_____方面，你感到最难理解的知识点是什么？"[②]限于课堂时间有限，教师在提问的时候"_____方面"最好是与接下来学习内容相关联的，只有这样，才能从重点着手，发现难点，为接下来的学习扫除障碍，铺平道路。

在不同学科的课堂上，最难理解点可能会有很大区别，例如：在英语课上的最难理解点可能是某一个句型或者一个短语的运用，而物理、化学课上

---

① ［美］托马斯·A.安吉洛，K.帕特丽夏·克罗斯.课堂评价技巧.唐艳芳译.浙江：浙江大学出版社，2006：140

② 同上，139

的最难理解点则可能是一个概念的理解。因此，不同学科的教师在设计问题时要有针对性，问题要具体，而不应该太大、太泛。

（3）课前观察策略

经过一节课紧张的学习，学生绷紧的神经在课间休息中得到了暂时放松，但课间休息时间毕竟有限，学生往往在下一节课开始以后，还很难从课间的游戏、玩耍中回过神来转而投入到新的课堂学习中。这种情况在低年级学生中表现得更为突出，因为低年级学生注意转移的能力发展还不完善。所谓注意转移，是指根据新任务，主动地把注意从一个对象转移到另一个对象或者由一种活动转移到另外一种活动中去的现象。[①] 低年级学生的意志力较弱，再加上课间休息的活动太吸引人，而有些课堂对他们来说则显得不是那么有趣。因此，我们经常可以看到这样的现象：上课铃响后，高年级的学生已经开始上课而低年级学生的教室还是乱哄哄的，即使安静下来了，学生的注意力也不一定是集中在课堂上的。教师如何判断学生是否已经进入学习状态，是课前评价的重点，这可以使用课前观察策略。

课前观察发生在课堂开始后的最初几分钟时间里，是一种随意的、非结构式的观察，该策略的灵活运用与教师个人的知识和经验有很大关系。有着一定的心理学知识，并有多年教学经验的教师一眼扫过整个教室，心里就很清楚哪些学生已经进入课堂情境了，还有哪些学生的注意力没有集中在课堂上，评价依据在于，已经进入课堂情境的学生已经准备好教材、笔记本和相关的文具了，而没有进入课堂情境的学生的内心活动是丰富的，并通过行动、语言和面部表情表现出来，如东张西望，与同桌交头接耳，表现得很兴奋，仍然沉浸在课前还没尽兴的游戏中。

课前观察是教师评价学生是否进入课堂听课准备的重要策略。因此，教师在开始新课前，要留一定的时间进行课前观察，了解学生的准备状况，并适时地采取一定的调节措施，帮助学生进入课堂情境，以保证听课的效率。

2. 听课过程的评价策略

虽然学生在课堂上的活动还包括记笔记，讨论，提问等，但听课是学生在课堂上的主要活动，是学生获取知识的主要途径。教师对学生听课过程的评价也就是对自己教学过程的监控，是课堂管理的一部分。对学生的听课过程进行评价，教师可以使用以下几种策略。

---

① 叶奕乾，何存道，梁宁建. 普通心理学. 上海：华东师范大学出版社，1997：118

(1)间歇性反馈策略

学生的听课过程贯穿整个课堂，由于学生人数多，教学内容复杂多样，教师要在一节课结束后对学生的听课过程进行评价的难度很大，因此，将一节课分为几个阶段分别进行评价实为一种很好的策略。

顾名思义，间歇式反馈法就是教师在课堂上通过多次收集学生反馈信息进行评价的方法。间歇式反馈法要求教师和学生在课堂上分五步走：听课、停顿、反思、记录和反馈。[①] 教师讲完一部分内容后，不急于继续接下来的内容，而是由学生反思教师在讲课的时候，他们在做什么，在想什么，以及他们哪些行为有助于或有碍于对接下来要学习内容的理解。学生记下瞬间在大脑中闪现的念头，并以不记名的方式交给教师，这种方式可以培养学生集中注意力的能力，提高听课能力，培养学生恰当的学习技能、策略和学习习惯，如下面这一案例[②]。

本案例是一位大学教师开设的一门教师教育方面的课程，虽然此课是大学所开设，但是我们还是可以从这位教师的做法中学习间歇性反馈策略的具体实施。

教师在讲授《中等教育教学方法与教材》这门课程的过程中，在对课程研究下了一个基本定义并进行一番描述后，他停止讲课，让学生回忆一下前面10分钟他讲课时他们在做什么。它引导学生再现那段时间里自己的身心行为，给了学生两分钟回忆自己的身心行为，然后要求学生思考这些行为是如何促进或阻碍他们理解和掌握所讲内容的。为使这一范围太大的问题更容易把握，他要求学生思考以下几个子问题：

a. 这10分钟里你是如何做到全神贯注地听课的？注意力有没有分散过？如果有，你又是怎样重新集中注意力的呢？

b. 你是怎样记录课堂所讲知识的？成效如何？

c. 你是如何将"新"知识和原有知识联系起来的？

d. 本堂课接下来的内容，你希望是什么？为什么？

课堂上再次安静了大约一两分钟的时间，接着教师提示学生对上述问题进行简答，描述自己是如何处理所讲内容的，并评价自己的学习策略有什么

---

① 钟启泉，崔允漷，吴刚平. 普通高中新课程方案导读. 上海：华东师范大学出版社，2003：169

② [美]托马斯·A. 安吉洛，K. 帕特丽夏·克罗斯. 课堂评价技巧. 唐艳芳译. 浙江：浙江大学出版社，2006：253～254

功效。他给了学生几分钟的时间作答，但并没有立刻收上来。

教师接着讲课，20分钟后再一次停顿下来，快速地重复了一遍该课技巧的五个步骤，这一次他把学生的书面自我评价收了上来。

具体程序

a. 选择一堂讲解新内容的课，授课内容应该能轻易地划分为若干部分，每部分用时10分钟或20分钟。事先要确定讲课过程中的两个停顿点，并预留充足的时间保证课堂上能利用该技巧完成评价任务。

b. 不要告诉学生第一处停顿在哪里，但一旦停了下来就要向学生说明，此处停下来是为了给他们一个机会对自己的学习行为进行反思。

c. 引导学生完成接下来的两步，即反思和记录。每一步都要限定时间，可以给学生一两分钟反思，再用差不多的时间记录。

d. 经过第一次的演练，然后就要回收学生的反馈信息了。

（2）班干部记录

教师在课堂上要花大量的时间和精力在教学上，这就导致教师没有太多的时间和精力收集学生听课行为的评价信息，尤其是对于刚刚走上讲台的青年教师来说，还很难做到在上课的同时关注到全班同学的听课情况。当教师在黑板上板书的时候，当教师在操作教具的时候，学生很可能利用这些机会做一些与课堂无关的事情，例如：传纸条，看课外书，和同桌打闹……这时候，教师就需要一位帮助其收集评价学生听课过程所需信息的助手，而这位助手通常情况下可由班级干部担任。目前，很多中小学对学生进行综合素质评价的时候，关于学生课堂表现的记录通常都是由班干部负责记载的。班干部记载同学上课时的表现，听课是否认真、回答问题是否积极、课堂上是否有违纪行为……在每节课下课后，班干部将记录的信息交给教师，教师据此对课堂进行总结，获得评价学生听课行为的信息，对学生的听课行为进行反馈。

虽然教师通过该策略能有效地减轻收集评价学生听课行为所需信息的负担，也可以很容易地得到大量、全面的评价信息，但是该策略也存在一定的不足之处。第一，某种程度上会影响负责记录的班干部的学习。班干部在观察课堂，收集学生信息的时候，会分散自身精力，致使其不能专心致志地听课。第二，某种程度上会影响同学间的关系。由于学生上课的情况是由班干部负责记录，如果某一同学发现自己被班干部记录违纪，他就会认为是班干部故意和自己过不去，故意找茬。对于中小学生来说，他们在对一件事情进行归因的时候，通常很少进行内部归因，而是容易归因于外部、他人。第三，该策略易流于形式，班干部之间由于碍于情面，其记录可能会不真实，对于和自己关系较好同学的记录也可能会不真实。鉴于以上三点，教师在评价学生的听课行为时，应该慎用此策略。

表3-1　班干部记录表

姓名	讲小话	回答问题	睡觉	东张西望	教师表扬	教师批评	……
学生A							
学生B							
学生C							
学生D							
学生E							
……							

　　教师通过班干部将课堂中每位同学的表现用表格记录下来，能够获得比较客观的评价信息，从而对其听课行为进行评价。

3. 听课效果的评价策略

　　按照基础教育课程改革的要求，课程的设置与实施应注重学生知识与技能、过程与方法、情感态度和价值观的发展。因而，在每一堂课上，教师也应该促使自己的教学让学生得到这三个方面的发展。因此，在评价学生的听课效果时，应注重从以下三个方面着手。

　　(1)对学生知识和技能的评价策略

　　a. 知识点列举策略

　　作为课堂评价中诊断性评价法的一种，知识点列举法可以应用在一堂课之中，用于检查学生的听课效果，主要是指知识的掌握情况和学生的归纳总结能力。知识点列举法可用纸笔测验的形式进行，要求学生总结出本课堂中所学的知识，本课堂的重点和难点是什么，还有哪些地方没有理解……也可以使用口头测验的方式进行，即教师提问学生回答的方式。在教师对所学知识点提问的时候，宜要求学生一起回答；在关于重难点总结的提问时，则宜让学生总结重难点，对于学生个人的总结，教师先不做评价，要其他的学生来判断该同学总结的是不是该堂课的重点和难点。最后由教师根据教学目标进行总结。这样，就将教师对学生的评价转化为学生的互评和教师的评价相结合。对于通过纸笔测验收集的测验结果，教师了解学生的掌握知识的情况后，应交还学生，由学生自行保管，教师可要求学生将其贴在课堂所学内容相关的地方，方便以后复习和总结。

b. 空缺概念提纲策略

教师在课堂上提供一份空白或者已部分完成的提纲，让学生在规定时间内完成。[①] 空缺提纲主要运用于一堂课快结束时对学生听课效果的评价。教师进行课堂效果检测，可以帮助教师了解学生听课的效果，检验学生对重点信息的"抓取"能力，还可以帮助学生归纳总结课堂所学的主要知识点，帮助学生更好地理解所学知识，使对知识的记忆更加持久。

教师在课堂上使用空缺提纲法收集信息后，需要对学生的信息进行反馈，对知识掌握牢固的学生进行表扬，帮助还没有掌握知识或者知识掌握不牢固的学生分析原因，确定课后复习的重点，并进行及时的鼓励。

空缺概念提纲法不仅可以运用于检验学生的听课效果，也可以将同一份空缺提纲运用于下一节课的开始，作为前面所提到的背景知识调查。将用同一份空缺提纲进行检测得到的两份结果进行比较分析，可以对学生的课后复习情况进行评价，对于课后检测成绩差而课前检测成绩好的同学应在学习习惯方面进行表扬；对于那些在课后检测成绩好而课前测验成绩差的同学，则应提醒其课后复习的重要性，促使其养成良好的复习习惯。

但是，重复运用同一份空缺提纲进行课后和课前的检测的方法不应常用，以避免学生为应付课前的检测而只关注课后检测的空缺提纲上的知识点，而忽略了其他的知识。

（2）对过程与方法的评价策略

a. 课堂模仿或课本剧策略

在课堂上，学生通过编导或者表演的方式，以"逼真"的场景或模拟过程来展示自己所掌握的知识、技能。[②]

例如：在思想品德课上，教师为了了解学生对自信和自负的理解，可以要求学生自行设计一个情境表演，要求在表演中要体现出自信和自负的区

---

① 钟启泉，崔允漷，吴刚平. 普通高中新课程方案导读. 上海：华东师范大学出版社，2003：165

② [美]托马斯·A. 安吉洛，K. 帕特丽夏·克罗斯. 课堂评价技巧. 唐艳芳译. 浙江：浙江大学出版社，2006：207

别，学生通过自行设计和表演自强的人和自负的人的不同表现，从而加深了对自强和自负的区别的了解。

教师不仅可以通过学生的表演来评价学生所学的知识，而且可以评价学生将所学知识运用于新问题、新情境中的能力，以及学生的团结合作的意识和能力。教师在观看学生表演前，应清楚学生表演的内容应该包括哪些知识技能，并确定一定的标准，将知识技能列出一个清单发给学生。在观看学生表演的过程中，教师应仔细观察学生是否积极参与，哪些场景表现了哪些知识技能。表演结束后，应由表演的学生对自己的表演进行自我评价，指出所列出的知识点是怎样通过表演表现出来的，最后由教师总结，给予反馈。

学生情境表演的效果与学生的表演能力有一定的关系，因此，教师不能仅凭学生的课堂情境表演就给学生一个定性的评价，课堂情境表演知识是表现性评价策略之一，而不是唯一。

E. 韦伯谈到他的这样一个教学经历[1]：

在我的课中没有正式的考试。相反，我要求我的学生在瑞弗·斯科特的佩吉小湾附近建造一个模拟的咖啡馆，通过时光倒流，让我们回到那个古老的咖啡店去感受一下渔村的生活。穿上渔夫的服装，我们仿佛成了来自四乡八里的村民，大家围坐在盖着蓝白桌布的粗木桌子旁，互相交流着海的故事。在微弱的油灯旁边，我们讲述过去的时光，演示怎样编织一张结实的渔网，回顾环境的复杂险恶。雨敲打着教室/咖啡屋的窗户，而教室里，玛萨正在绘声绘色地描述着她所经营的渔场，她正是凭借着这个渔场来维持全家人的生计。丹尼尔指着他破乱的上衣和鞋子上的破洞，悲伤地向我们讲述他的渔场在 10 年之间由兴转衰的故事。学生们通过自己所选择的角色来互相探讨经济萧条的故事。

这种在真实或模拟真实情境中所进行的评价，已经越来越受到推崇。以外语和语文课为例，试想，能利用外语这一工具与外国人进行有效的交流，难道不比纸笔测验能力强但却无法利用外语进行实际交流要好得多吗？同样，一个人的语文能力高低，例如，语言材料是贫瘠或丰富，语锋是犀利或委婉、隐晦，口语表达是敏捷、生动或逻辑严密、切中要害，这些都很容易在其日常生活、学习和工作交流中表现出来。

---

① ［美］Ellen Weber. 有效的学生评价. 国家基础教育课程改革"促进教师发展与学生成长的评价研究"项目组译. 北京：中国轻工业出版社，2003：28

b. 任务完成记录策略

在教师布置一项任务后，学生在完成这项任务的过程中，会经历以下几个阶段：分析、准备、实施、获得反馈和反思。在这一系列活动中，每一阶段都伴随着学生的价值判断，知识的运用，操作能力的展现。教师要求学生在完成任务的过程中，详细地记录下完成任务过程中的每一个步骤及其心理活动，比如：在完成任务的过程中遇到了哪些困惑？学生自己是如何解决的？还存在哪些现在都还没有解决的困惑。教师通过这些记录，可以了解学生在问题解决过程中的思维过程，这可以用来评价学生解决问题的有效性和风格。同时，学生可以就自己在完成任务过程中的解决问题方式进行自我评价，还能让教师明了在解决问题的过程中，哪些过程是学生认为最难的，以便在今后的教学中作为一个重点。

教师在对学生的任务完成记录进行评价时，往往只是关注最后的结果，即任务是否完成，而很少关注任务完成的过程，这是不利于学生发展的。有的学生为了应付教师的检查而去抄袭别人的答案，根本就没有自己的思考过程，更谈不上在完成任务的过程中去发现问题和解决问题了。因此，教师如果能很好地运用任务完成记录法，对于学生发展是有利的。但是，任务完成记录法也存在一定的缺陷：耗时，容易使学生分心。因此，教师应该指导学生如何去高效科学地记录下自己的任务完成记录。

c. 动作、言语再现策略

上面谈到了通过学生的自我记录任务完成过程来作为教师评价学生的标准，在这里，学生是记录的主体。同时，在对学生任务完成的过程进行评价时候，也可以由教师利用录音机、摄像机将学生在完成任务过程中的言语、行为记录下来，特别是学生在完成复杂任务的过程中，因为学生自行记录不仅会耗费大量的时间，还会使学生分心。由教师来记录就避免了这种情况。更重要的是，通过录音机、摄像机记录下来的记录材料具有重现性，可以通过重新播放声音和录像来再现任务完成的过程，也避免了纸笔记录容易遗漏一些信息的缺陷。通过动作、言语的再现，可组织学生自评和互评，最后由教师总结。表现得好的印象记录还可以作为以后学习的素材，供其他同学观摩、鉴赏和学习。动作言语再现法尤其适用于科学、工艺和研究性学习等相关课程中。

但是，记录学生的动作和言语对教学设施是有一定要求的，对于一些硬件条件相对比较差的学校来说，就不适宜采取这种方法，而且，这种方法颇为复杂且耗时较多，因此只适合在学生人数较少的情况下进行。[①] 教师在录音或者录像之前，需要征得被录同学的同意，在将记录下来的音像材料播放给其他同学观看时，也应征得学生的同意。对于学生的互评，还应该给予一定的指导，使评价具有客观性和公正性。

(3)对学生的情感态度和价值观的评价策略

a. 榜样人物档案袋策略

档案袋不仅可以用来收集学生个人的作品，也可以用来收集学生崇拜的榜样人物的相关信息，以此来评价学生的情感态度和价值观。学生针对课程相关领域的人物，写一份短小精悍而重点突出的简介材料，其中可包括该榜样人物的生平简介、突出贡献、榜样人物的价值观，然后将这份简介材料收进档案袋中，并且在档案袋中注明崇拜该人物的哪些方面及崇拜的原因，自己可以从榜样人物身上学到些什么，自身是否还存在哪些不足以及自己今后努力的方向，这些都促使着学生对自身进行剖析，对自己的价值观进行评价。档案袋制作完成后，可开展小组讨论或档案袋展示，通过小组讨论和档案袋展示，学生彼此交流自己的崇拜人物的相关突出事迹和价值观，并针对其他同学的崇拜人物进行交流评价。榜样人物档案袋法要求学生就自己所崇拜的榜样人物撰写简介材料，学生必须先考虑自己的价值观，并以此来为基础选择崇拜人物，这就能帮助教师清楚地了解，对学生产生影响的行为榜样有哪些，属于什么类别的。

但是，在针对榜样人物讨论、交流自身价值观的时候，学生可能因不愿意公开自身价值观而不愿意参与，教师应该尊重学生的隐私，不可强求。另外，由于价值观比较抽象，学生对自身的价值观也许不大清楚。因此，此策略适用于较高年级学生使用，对低年级学生使用此策略时，应该在教师的指导下制作榜样人物档案袋，在对价值观进行讨论交流时，要贴近学生的生活。

b. 两难问题策略

两难问题策略来源于"两难故事法"，它是当代美国著名的心理学家科尔伯格研究儿童道德发展的一种经典方法。所谓"两难故事法"，是指根据所要研究的道德主题设计并编写出一些包括道德价值内容的两难故事，组成不同

---

① [美]托马斯·A. 安吉洛，K. 帕特丽夏·克罗斯. 课堂评价技巧. 唐艳芳译. 浙江：浙江大学出版社，2006：194

的结构形式，要求个体辨别是非对错并说出自己的理由，从他们对特定行为情境的评价中去推断他们的道德发展水平。[①]"两难故事法"虽然是一种心理学的研究方法，但运用得当，可将其作为评价学生道德水平、价值观等内隐品质的重要的、有效评价策略。教师提供给学生一个简短案例，然后提出一些与当前学习学科相关的两难道德问题，要求学生在不记名的情况下对问题进行回答，包括表明自己的态度观点及支持自己的理由。在回答中，学生先对问题进行辨别、澄清，并和自己已有的价值观进行比较。通过两难故事，帮助学生识别、阐明自己的价值观，并清楚这样的价值观是如何影响学生的日常决策的，从中，教师则可以清楚了解班级学生最普遍的价值观是什么了。

　　芭芭拉和安妮是好朋友，在一次考试中，芭芭拉发现安妮舞弊，偷看教材。考试结束后，芭芭拉批评安妮不诚实，考试舞弊，但安妮说她考试之前没有准备好，担心考不好会被父母责罚。并央求芭芭拉不要把这件事情告诉教师，还说，如果芭芭拉告诉教师了，教师、父母肯定会责罚她的，安妮也再也不会和芭芭拉做朋友了。芭芭拉困惑了，她知道如果自己不将这件事情告诉教师，就是包容朋友的过错，这是不诚实的行为；但是她又不想安妮被她父母责罚，更不想失去这个好朋友。假如你是芭芭拉，请问你会怎么去做，你的理由是什么？

　　教师通过浏览学生交上来的答案，将学生的答案分为几个类型，然后，教师可针对各个问题组织一次讨论，讨论以后，然后再进行一次讨论，并将两次评价的结果进行比较，可以了解学生的价值观是否发生了变化，发生了哪些变化。

第二节　对学生记笔记
行为的评价

　　学生的课堂学习行为是多样化的，在学生认真听课的同时，教师时常可以看到有很多学生听了一会儿，低下头来写写记记，他们就是在记课堂笔

---

① 汪凤炎，燕良轼. 教育心理学新编. 广东：暨南大学出版社，2006：122

记，学生根据自己的实际情况，有选择性地将教师所讲的重点和难点知识以及自己尚存在疑问的知识点集中记录下来，便于以后继续学习和请教教师。记笔记的过程其实就是学生的大脑中对知识进行重新建构的过程，课堂笔记作为元认知的一种具体形式，是对学习重点的提炼，可以起到提纲挈领的作用，能够帮助学生更快、更牢固地掌握学习要点。记课堂笔记也是一种不容忽视的学习行为。

一、课堂笔记的重要性

课堂笔记作为学生课堂学习的有益补充，对学生知识的掌握和全面发展有着重要意义。

1. 课堂笔记是对教材的必要补充

中小学生使用的教材是根据国家课程标准来编写的，这些教材虽然能够考虑到全国大多数学生的共同需要，但不可能满足全国各个地区和学校的特殊情况和特殊要求。各地教师应根据本地实际情况对教材作出适当的调整，对教材进行"再加工"。有时候教师要从其他版本的教科书中汲取"智慧"，有时候要根据学生特点和教师自身的特点对教材内容作出拓展和发挥。教材的编写，是专家们智慧的结晶，因而，专家们的主观性决定了教材的适用局限性。无法否认的是，在教材的某些具体环节上，基层教师完全可以灵活地根据相关的课程标准来处理：或增、或减、或修改、或替代。[①]

科技飞速发展，而教科书的更新速度是难以跟上时代发展步伐的，所以，教科书的一些内容材料往往是相对滞后的。教师有义务将科学发展的一些最新成果以及相关的国家大事适当地介绍给学生，从而丰富和发展原教材的内容。这样，教学内容往往超出了学生手头教材的内容，课堂笔记就成为教材的必要补充。指导学生记笔记，对这些"增补"内容加以学习与掌握，有益于学生思维的拓展和学习的深入。同时，整个过程中，学生也可以从教师的行为中获得一些隐形的思维品质，比如："不迷信书本，找寻书本中可能存在错误的地方""随时了解科技动态与国家大事""理论联系实际"等。

2. 有利于学生集中注意力，维持班级整体的课堂纪律

对于大多数学生而言，记课堂笔记有利于他们集中注意力。尤其是对于

---

① 朱志刚，课堂笔记：一种不容忽视的学习行为——浅谈初中地理课堂笔记的意义与基本方法. http://www.pep.com.cn/czdl/jsxz/jxyd/jxyj/200601/t20060117_240572.htm

那些有不良学习习惯的个别学生来说，课堂笔记更能有效地发挥其集中学生注意力的作用，学生们边听课边记笔记，那些上课不太遵守课堂纪律的学生感到手头上有事情要完成，就会相应减少其"破坏性"行为，客观上就起到了维持班级整体课堂纪律的功效。

同时，课堂笔记是学生亲手书写的，而记笔记的过程不仅仅是机械的记录过程，其中还或多或少地包含了学生的思维活动，因而，记笔记的过程中总是能够让学生们思考，渐渐的，还存在转化个别后进生的可能性。而教师要求学生所记的笔记，绝不仅仅是教师在黑板上的板书，还有其他一些需要学生主动发挥的内容，例如，学生记下自己在课堂中产生的疑惑，以便以后向教师请教；又比如，学生觉得教师讲的某个知识还有欠缺，就可以将其记录在笔记本上，以便以后和教师讨论。如果学生不专心，就往往会跟不上教师和班级整体的节拍。同时，对学生的笔记和课堂学习行为作出严格的规定，并且严格地执行，那么习惯成自然，学生也不会认为这是"辛苦"或"麻烦"的额外负担。当然，笔记仅仅是集中学生注意力、维持纪律的手段之一，还需要其他措施加以配合。

3. 易化记忆，促进理解，提高学习效率

当学生在做笔记时，除了记录教师的重点、难点和自己的疑惑外，还常常用画线、摘记、眉注等方法显示知识的重点、难点，从而能更好地帮助学生的理解和记忆。学生学习知识，离不开理解和记忆，二者是相辅相成、缺一不可的。没有理解，学生的记忆就不会牢固，而没有记忆就没有知识的积累，缺乏积累，理解也往往是一句空话；即使是最浅层次的内容可以不需要记忆就能够理解的话，那么这种理解也是浅层次的、浮于表面的和不彻底的，这种理解很难深入，很难达到较高层次。因此，记忆是理解（尤其是深度理解）的基石，理解更深化记忆。与此同时，没有理解就不可能长久记忆，暂时记住了将来也很容易忘掉。课堂笔记恰好具有增强记忆和加深理解的双重作用。

学生在课堂上遇到一些难于理解的内容，需要教师有效地运用教学策略，进行耐心细致的讲解。然而，课堂时间有限，课堂45分钟内，部分学生可能并不能完全理解教学内容，此时，清晰的课堂笔记可以帮助学生有效地再现教师的思维方法和思维过程，再现学生当时产生困惑的具体细节，有利于课后学生花时间通过各种途径理解新知，从而有利于学生对于知识的回顾和掌握。

4. 促使学生监控和调节自己的学习，提高自学能力

学生在记课堂笔记时注意力要集中才能跟上教师的进度，要明确自己的知识掌握水平和学习进度，同时还要对自己的学习过程进行无意识的自我监控和调节，这实际上是元认知的发展。

在课堂学习中，课堂笔记是学习过程中一种重要的活动，它是学生在教师指导下发现问题、分析问题、解决问题的思维过程和思维结果的重要载体。学生思维方式的更新和调整、思维成果的巩固与应用，都可借助课堂笔记来完成。良好的课堂笔记可以促使学生在短时间内将头脑中混沌无序的思路变得清晰有序，同时将正确的分析问题、解决问题的方法和策略潜移默化地传授给学生，如此带来学生认识能力的成长。同时，记笔记也是学生自学能力的一种体现方式。学生养成良好的记录课堂笔记的习惯，能够为学生进一步深造及其终身学习打下坚实的基础。

二、好的课堂笔记的特点

课堂上记笔记对学生很有价值，是对认真听课的必要补充，但如果为了忙于记笔记而影响了听课的效果，这就本末倒置了，所以记笔记要针对不同内容和不同的学生采用不同的方式，这样才能记出好的笔记。好的笔记的特点大概可以总结为八个字：要点、难点、疑点、特点。

好的笔记的具体特点如下：

1. 笔记的内容是本堂课的知识要点，条理明晰，结构完整，详略得当；

2. 根据自身实际水平选择笔记内容，记下自己认为的学习难点、重点和自己的思考。同时可以使用自己设计的符号，使课堂笔记具有独特的风格和个人特点；

3. 能发现学习中的问题、疑点，记录下困惑之处，避免知识死角；

4. 能对所学内容有所反思，有自己的见解；

5. 字迹清晰整洁，便于交流沟通，复习回顾。

三、学生记笔记行为的评价策略

俗话说"好记性不如烂笔头"，学生的课堂笔记是非常重要的。我们可以发现，一般成绩好的学生做的课堂笔记也相对完善些，相应的，那些认真做了笔记的学生在考试测验中的成绩，会比那些做笔记不认真或者根本不做笔记的学生的成绩要好一些。因此教师和学生都要重视笔记的作用，而对于学生的笔记，教师也必须实施一定的评价，这样才能在最大限度上发挥课堂笔记的作用。

当教师翻开学生的课本或笔记本时，可能会惊讶地发现：有的学生在笔记本上记的东西比书本上的内容还多，密密麻麻；有的学生没有专门的笔记本，又因书本的空白地方小，则到处牵线，钓鱼似的，学生笔记记得非常冗长，复习的时候也不知道重点详略了；还有的学生，没有专门的笔记本，书本上也是干干净净的，根本就没有记录课堂笔记。而在课堂教学中，教师可能会注意到有的学生一上课就忙着记录教师的话，似乎在追求"一字不漏"；有的学生则在听课而很少动笔……学生不同的笔记和不同的记笔记行为应当如何评价呢？下面探讨对学生课堂记笔记行为的评价策略。

1. 课堂观察指导策略

在课堂上，学生是学习的主体，而教师则是课堂的引导者和组织者。教师在讲课的同时能观察到全班学生的课堂学习行为表现。在讲课的过程中，教师可以适时地走到学生身边，只需"随意一瞥"，就可以留意到学生课堂笔记的内容和记笔记的习惯，如果发现了问题，就可以对学生进行即时的评价和指导。譬如，教师可能会看到学生笔记的内容过细，力求记下教师所讲的所有内容，而导致学生跟不上教师的讲课进度时，就可以对学生说，"你笔记记得很认真，不过，你觉得选择更重要的内容记录是不是会更有效率呢？"简单的一句话，既包含了对学生的笔记和记笔记行为的评价，也有对学生的指导，更可以使学生感受到教师的尊重、重视和关心，可谓"一箭三雕"。

课堂观察指导策略是许多教师在课堂上最经常使用的方式，不新奇但简单易行，不需要量表、测验，很具有实效性。此方法使用的关键是教师要有关爱学生的爱心和热心，同时掌握一些和学生良好沟通的语言。

2. 学生间互评策略

"独学而无友，孤陋而寡闻"，课堂笔记可以在学生之间进行互评，从而达到相互交流的目的，促进共同成长。学生学习知识是个人建构的过程，即使在同一个教室聆听同一位教师讲授的同样课程，不同学生获得的知识也有很大差异。在课堂笔记中，他们选择记录的重点和难点也是不一样的，他们在学习过程中的思考各异，这一切，在学生的课堂笔记中都能表现出来。因此，学生相互评价课堂笔记，可以互相取长补短，也可以减轻教师的工作量。

学生间互评课堂笔记可以是两个人之间相互评价，也可以是多个学生之间的评价。当然，学生之间相互评价课堂笔记并不等于教师就完全不需要参与了，教师在评价体系中依然扮演着重要的角色，在整个评价过程中发挥指导和帮助的作用。由于学生之间的相互评价往往带有自己的主观色彩，导致评价不客观，针对这种情况，教师就需要预先制订评价表格（见表3-2），学生之间通过填写这种评价表格来对各自的课堂笔记进行相互评价。

表 3-2　课堂笔记互评表格

评价人 评价内容	学生 1 △☆	学生 2 △☆	学生 3 △☆
1. 笔记的内容			
2. 重点、难点是否突出			
3. 笔记的字迹			
4. 笔记的问题性			
5. 学习中的自我反思			
6. 笔记的个人适用性			
7. 记笔记的认真度			

3. 探究性评价策略

教师要尊重学生的主体地位和个性特征，要改变过去那种要求学生一味被动接受知识的学习模式，这就要求教师精心设计一些教学环节，让课堂笔记成为评价学生学习自主性、创造性、探究性的有力工具。

如对于某一节课堂教学内容，可由学生自行阅读思考后设计笔记内容，而不是教师记学生抄写；同时，在教师讲授的时候，可以适当地设计一些空白的内容，由学生课后查阅资料补充新的证据；或者，教师在板书或做结论的时候故意出错，创设一定的情境，激发学生的想象力；还可以对某一问题不直接给出唯一答案，而是引导学生自己探究，得出各式各样的答案，将所有答案记录下来，供以后进一步思考。对学生在此种情境下的笔记进行评价，能够考查学生的领悟能力和批判精神，从而不断培养学生的探究能力。

4. 记录卡评价策略

记录卡是要求学生对自己的课堂笔记进行自我评价的一种评价策略，由于课堂笔记具有个人独特性，体现了每个学生不同的学习风格和需要。因此，在对课堂笔记进行评价中要充分发挥学生的主体性和积极性，可以由学生自行进行评价。为了自我评价的有效实施，教师需要制订关于评价课堂笔记的具体指标，将这些具体指标印在卡片上，要求学生填写。

教师要求学生每次课后如实填写记录卡，而教师则根据学生填写的记录卡对学生的课堂笔记情况进一步了解、对其学习行为进行有效评价。

表 3-3　记录卡评价

记录卡评价
学生姓名：　　　　　　　　　　　填表日期：
我认真地回顾了从　　月　　日到　　月　　日期间所做的课堂笔记，发现我总共记录了（　）课堂笔记，合计（　）字左右，我的收获还真不少。 　1. 在记录课堂笔记的习惯方面，我的成绩和进步主要体现在： 　2. 我之所以会有上述的成绩和进步，我认为是因为： 　3. 在记笔记的过程中，我还有一些需要改进或克服的问题，他们是： 　4. 我对教师、家长或同学的希望和建议还有： 　5. 最后，我想告诉大家：

5. 档案袋评价策略

档案袋评价法是新课程改革后被许多一线教师广泛采用的一种评价方法，尤其在对学生的表现性活动进行评价时有很大优势。学生记课堂笔记的行为是学生的一种表现性活动，具有过程性，因此，教师不能将学生记课堂笔记的过程简单划一地要求每个学生都思想深刻、条理清晰，要充分考虑到学生的原有水平、个性特点，从而真正体现"以学生为本"教学观和价值观。

学生的课堂笔记实际上见证了学生的每一次进步，是学生学习和思考过程的成果，学生翻看自己认真记录的课堂笔记不仅是对知识的回顾，更会使学生感受到一种个人成就感，不失为是一种美的享受。

采用档案袋评价策略要充分体现学生的自主性和选择性，学生可以自主选择自己满意的笔记原件或是复印件装入档案袋中，由此来记录学生自己成长的脚步。如下面这一案例[①]：

　　综合性成长记录袋：《成长的足迹，进步的点滴》总体设计

颜色

---

　① 李玉芳. 多彩的学生评价. 北京：教育科学出版社，2009：170

学校根据小学阶段的六个年级，将成长记录袋设计成六种不同的颜色——黄、橙、红、绿、蓝、紫，表示孩子成长的不同阶段。

封面

教师允许学生采用自己喜欢的方式装饰，有的学生设计了小树苗，有的学生设计了智慧树，有的学生设计了小舟。然后起一个好听的名字。如"文海拾贝""小脚丫""智慧泉"等。

取好记录袋的名字后，学生又用一句话说说自己，有的学生吐露爱好，有的学生写上喜欢的名言，有的学生提出奋斗目标……

内页

第一张记录卡"瞧瞧我吧"是学生个人基本资料，包括学生的爱好、气质、性格等项，并附学生近照；第二张记录卡"芝麻开花"记录学生各科成绩；第三张记录卡"天生我材必有用"记录学生最擅长的课程或暂时成绩较差的课程，并写出自己对这门学科的想法；第四张记录卡"尝尝我的金苹果"记载学生的成功体验，包括学习、文体和其他方面的获奖情况及收获；第五张记录卡"小帆启航"是每月"四心相连式"评语，包括学生的自说自话、同学的真情告白、教师的鼓励和学生家长的期盼。

附件

教师可以指导学生把自己认为有纪念意义的、有代表性的作品放在里面。比如，针对学生作业潦草的情况，教师指导他们从不同的角度收集作业，包括：你认为最差的作业，你认为最好的作业，教师认为你写得最好的作业，还可以找来班上同学的作业。通过比较，引导学生发现不足、确立进步目标。

封底

配有同学的合影，以及学校联系电话和网站地址。

成长记录袋既可以由学生自己设计，也可以由教师统一设计，还可以由师生共同设计。成长记录袋的设计既要考虑其实用性，还要考虑美观性；既要强调统一性，也要鼓励个性化。

6. 组织"成果交流会"策略

在学生的自评和学生之间的互评结束后，教师可以选择一些优秀课堂笔记，组织"成果交流会"。在这个过程中，可以邀请学生公认的课堂笔记优秀的学生谈他（她）的心得体会，使交流一步加深。组织"成果交流会"这种评价活动的重要意义在于调动学生的积极性，学生的学习主体地位得以充分体现，发挥评价的引导和激励作用。

四、评价学生记笔记行为时需注意的问题

对学生的课堂笔记进行评价能够最大限度上发挥课堂笔记的作用，能够促进学生知识和技能的获得、过程与方法的掌握，还能够在一定程度上提升学生的情感态度和价值观。因此，教师在评价的时候，必须注意一些重要的问题，否则，就会使对学生的课堂笔记进行评价的价值沦丧。一般而言，对学生的课堂笔记进行评价，教师应该注意以下几个基本问题。

1. 充分尊重学生的自主选择性和学习习惯

有的学生从小没有记笔记的习惯或是只是记几个字，是他认为的重点，而不会每次都抄记很多，这些现象也很多见。那么就需要教师依据学生具体情况进行判断，不必强迫学生整齐划一地记笔记，那样会有损记笔记的价值，甚至会徒增学生的学习负担，导致事与愿违。

2. 要考虑学生的年龄特点和学科需要

例如，小学生学习知识，以直观和易于理解的接受为主，很多情况下是不需要记笔记的；到了初中的低年级，也是根据学科需要，对于难于理解的科目才需要记笔记。因此，学生的课堂笔记还要"因科而异"，不能对学生都想当然地统一要求。

3. 要明确评价的目的

教师评价学生的课堂笔记是为了学生更好地学习，但要学生注重形成良好的课堂笔记习惯，并不是一朝一夕就能实现的事情，需要教师自始至终耐心的培养、指导与督促。一般而言，教师应该做到：

(1)抓好课前的习惯培养

教师在新学期开始的时候，就抽出一定时间辅导学生做笔记。让学生先有一个感性认识，以后再通过一两节课的实践，学生就可以很快适应教师的授课方式，避免学生漫无目的，不分主次地乱做笔记。

(2)抓好课堂教学常规环节

在课堂教学中要创造有利于学生做好笔记的条件。

教师的语言。要清晰、有条理，准确而精练，切忌杂乱无章，要有强烈的感染力，切忌枯燥乏味。讲重点内容时要浓墨重彩、铿锵有力，难点问题要精心点拨，有的放矢。

教师的板书。设计布局要合理，层次要分明，起到统领知识的作用，字迹要正确、工整，为了加强直观性，突出重点，可采用彩色粉笔作简图或标

明重点内容。

要把握好上课的节奏。缓急有度,和谐协调,讲解重点内容时节奏要稳健而缓慢,反复加以强调,利于学生把握要领做好课堂笔记,提高学习效果。

教师要充分利用教学辅助工具和设备。一方面可增强直观教学效果,集中学生的注意力;另一方面利于学生课后对课堂上未能及时记录的内容进行补充、整理。

教师在课堂中要注意归纳和小结,并指出重点内容。小结归纳可理顺思路,也是对学生课堂笔记精髓总的概括,通过指出重点内容,使学生及时作出标识,利于课后有重点地进行复习。这样才可以利于学生掌握课程思路,记好笔记,对笔记进行评价才能有的放矢。

4. 抓好教师间的合作

对学生的课堂笔记进行评价,教师还要与班主任配合,与其他任课教师"协同作战",综合考虑,这样才能形成一种"记好课堂笔记是学校、年级和班级的整体要求"的外在氛围。在不同科目的笔记评价上统一标准,避免学生写出水平相近的笔记但在不同科目的课堂上产生差异较大的评价,导致学生无所适从,那将会大大削弱课堂笔记的作用。

第三节 对学生课堂讨论的评价

课堂讨论就是在教师的指导下,以学生为主体,有计划、有步骤、有目的地围绕某一话题或内容在课堂上各抒己见、相互讨论、相互启发的课堂教学组织形式,它是目前被使用得较为广泛的一种教学形式。

从学生心智成长的规律来看,发现学习和探索学习知识远比灌输知识更有效。而学生在课堂上的讨论过程就是学生自主、自觉地探究和建构知识的过程。在课堂讨论中,学生之间可以澄清思绪,可以让学生学会倾听,学会有条理地表达,学会阐明和维护自己的观点,学会从别人的观点和证据中吸取有价值的东西,修正和完善自己的观点和论述。学生在课堂讨论中各抒己见、旁征博引，能够使学生获得知识与能力。

一、课堂讨论的重要意义

课堂讨论是学生自主探究和建构知识的过程，对于学生知识、能力的获得都有着重大的意义，具体而言，表现在以下几个方面。

1. 增强学生学习的自主性，形成良好的学习习惯和态度

课堂讨论为所有的学生营造了一种自由民主的课堂氛围，使所有的学生都有机会表达自己的思想、观点，锻炼和证实自己的能力，增强学生学习的主动性，进而有效地改变学生的学习态度，由"要我学"变成"我要学"，逐渐形成自主学习的学习习惯。

2. 检查学生学习情况的重要手段

教师在讲授某些课程的时候，通过开展课堂讨论，让学生提出问题，表达见解，有助于教师直接了解和把握学生理解、掌握学习的情况，教师也可以据此调整自己的教学进度和内容安排，对较难理解的部分反复讲解，而对于相对容易的内容则可以少讲或不讲，做到详略得当，重点突出。

3. 有利于培养学生参与意识、组织领导能力、合作精神

课堂讨论作为一项团体活动，将合作学习引入课堂讨论，给学生提供相互学习的机会，讨论小组的成员通过组员间的对话与沟通，组成了生动的交往形式，可以学习交流、学习理解、学习合作，正确认识同伴和自我，同时在讨论中集思广益形成新的思路。

课堂讨论中的合作学习体现在组内合作和组间合作，组内合作表现为同组成员在讨论前合理分工，共同收集资料，共享资源，在讨论中各抒己见，互相帮助，协同一致，为任务的完成和小组的荣誉群策群力；组间合作则体现在各小组之间互相交流观点，共享讨论的成果。各小组在交流中碰撞出思想的火花，也能拓展课堂讨论的广度和深度。

4. 课堂讨论有助于提高教学质量

课堂讨论激励学生在课堂中发表个人的见解，增强了学生的参与度以及对课堂的认可度。尤其对于某些学习兴趣低的学生，由于担心在同学面前表现不好而不得不集中注意力听课，这样无形中促进了他们的学习，提高了课堂整体的教学质量。

二、课堂讨论的过程

理想的课堂讨论是一种真正有助于所有学生思维进步，真正有助于丰富

学生知识、理解、信念、感情的教学。那么，怎么组织和引导课堂讨论呢？良好的课堂讨论包括哪些过程呢？

1. 建立合理的讨论小组

分组，具体说来，就是将这个班级分为不同的小组，每个小组一起承担一个共同的讨论主题，每个小组间的讨论主题可以相同也可以不同。对于每个小组的人数，没有具体的规定，要视班级规模和讨论主题而定，一般而言，讨论小组的人数以4～6个学生为宜。人数太多，不利于学生间的交流和个人才能的充分展现，人数太少又不利于学生间的互助与合作。在分组后，各小组根据组员的能力及对要讨论的问题的认识程度，推荐出小组长、主要发言人、资料收集人和总结人等，小组讨论结束后，可由各小组主要发言人向全班汇报讨论结果。

课堂讨论要给学生在课堂上留有充分的思考时间或课后的准备时间，以保证学生收集到较为丰富的资料，对问题有一定深度的认识。因为有准备才能保证讨论的质量，才能提高课堂的效率，课堂才不会是几个尖子生的舞台，也才会有不同观点的碰撞，才会有新问题的产生，才会使一节课不是问题的结束而是问题的开始，才有师生之间、生生之间思想的碰撞。

重要的是，教师在分组时特别要注意在尊重学生自主选择的基础上，注意小组成员间基础的差距，并做到优势互补。教师要按照学生的知识基础、学习能力、性格特点的差异来进行分组，对不同特质、不同层次的学生进行优化组合，使每个小组都有高、中、低三个层次的学生，这样的分组才有利于学生间的优势互补。另外，某一种分组也并不是一劳永逸的，必须隔段时间重新进行组合，因为部分学生在该小组中已经形成自己的地位了，即有的学生始终处于控制地位，有的学生始终处于从属地位，这样反而不利于课堂讨论的顺利进行，也不利于部分学生的个性发展。

2. 设计讨论问题

在课堂教学中，讨论的问题一般是根据教学内容的具体情境而提出来的，教师可以选择较大的问题，布置给学生课外准备，查阅文献材料，写出提纲；也可以是课堂上遇到的复杂问题，鼓励同学们课上讨论；还可以是学生反馈出来的问题，经过讨论，由教师作出总结。可以说，适宜的讨论问题是课堂讨论实施的第一要素。

讨论问题的选择需要考虑学生已有的知识水平和兴趣，教学内容的要求等方面。在教学过程中，如果教师设置的问题太浅显，学生可以在教材中很快找到答案，这样组织讨论，表面上看学生很活跃，其实学生的思维是僵化的，课堂的繁荣是虚假的，不能激发起学生探究的欲望，这样的讨论是根本就没有价值的。反之，如果教师设置的讨论问题太大、太泛、太深，让学生无从下手，思索也难得其果，致使讨论陷入尴尬的局面，长此以往，还会打击学生参与课堂讨论的积极性。

例如，有一位教师在教学《春酒》这篇文章时，提出了这样一个讨论问题：同学们，如果远方的客人来你家，你会拿什么来招待客人呢？请大家讨论一下。可想而知，这样的问题是不需要讨论的，是根本没有讨论价值的。因此，教师在设计课堂讨论问题的时候，需要遵循以下一些原则：讨论的问题必须和教学重点有关；学生个人难以解决，需要讨论交流才能解决的；讨论问题的答案指向性不是唯一的。

因此，课堂讨论的问题，必须是教师根据教学内容精心设计的，讨论结束后应该让学生达到一定的目标，并且具有启发性、思考性、探索性和开放性，能使学生思维不断处于最佳状态。

例如，曾听一位教师在教学鲁迅先生的《从百草园到三味书屋》一课时，布置了这样一个讨论题：从充满乐趣的百草园来到三味书屋，你认为"我"在这里读书快乐吗？从课堂效果来看，这个讨论题是成功的，学生们的热情很高，争论也很激烈。有学生认为不快乐，他们列举了文本中的一些信息：教师不许"我"提问、读书的内容枯燥无味、教师有戒尺……有的学生认为快乐：可以做游戏、画画，教师戒尺不常用，教师读书很有趣……

3. 课堂讨论的实施

课堂上各组成员在充分认识和理解本组的讨论主题后，进行资料的收集和整合，从而形成较统一的观点和认识，然后由各组的代表陈述本组讨论出来的观点。

在观点陈述中，其他组员应认真倾听，可以在适当的时候进行观点补充。教师可有意识地给不同层次的学生创造发言的机会和参与讨论的条件。这样，既能照顾到不同层次学生的学习兴趣和自信心，又能及时了解不同层次学生对知识的理解程度，还有利于教师更好地组织教学。

4. 教师的总结和评价

课堂讨论在激烈的唇枪舌剑之后，教师必须进行及时的总结。教师进行评价时既要注重对发言人的评价，同时更要强调对小组的总结和评价，这样才能使每个学生充满信心地参与到讨论中去。总结和评价的方式主要以鼓励、肯定为主，但对于讨论中出现的阐述不清楚、不准确的观点，也应实事求是地予以纠正和完善，以免误导学生；对于讨论中争议比较大的问题，允许学生拥有个人的见解，只要是能够自圆其说的观点都应予以肯定，不能刻意强求学生去接受教师的观点或其他同学的观点。

三、课堂讨论的评价策略

英国教育家斯宾塞说过："在教育中应该尽量鼓励自我发展，应该引导儿童自己去探讨，自己去推论。给他们讲的应该尽量少些，而引导他们发现的应该尽量的多。"课堂讨论就给学生提供了一个自我发展，表达独特自我的平台。

在课堂讨论中，有的学生思想深刻，积极发言；有的学生眉头紧锁，认真倾听；有的学生大胆发现问题……丰富多样化的课堂表现展示了学生的水平和个性，那如何合理地评价学生的行为表现呢？大致有以下几个具体的策略。

1. 参与观察评价策略

学生的课堂讨论是一种具体化的行为，学生是否参加了讨论，讨论是否积极都可以通过外显的行为表现出来。这些信息都是可以通过教师在课堂中进行观察直接获得的，而这些信息是对学生的听课行为进行评价的基础。因此，教师对课堂讨论进行评价时，一个简单易行的策略就是观察学生的外显行为，采用参与式观察评价的策略。

通过观察可以获得学生课堂讨论的外显行为，但评价要看学生在课堂讨论活动中的广度和深度，因为外显的行为不能反映学生在课堂讨论中是否深入。所谓广度，一方面是指参与的学生人数要多，不能只是少数人参与；另一方面是指学生要全程参与、有效的参与，不是片刻的参与、形式主义的参与，更不是教师单独表演、事先预设程序的再现。所谓深度，则指学生在讨论中提出的问题和见解是否有挑战性和独创性？是否对后继的学习更有信心？能否自我控制和调节自己在讨论中的情绪等。这些信息，需要教师通过参与式的观察才能够获得，即在学生进行课堂讨论的过程中，教师需要参与其中，这种参与不是指教师要具体参加小组的讨论，而是在各个小组进行讨论的时候，走到学生中间，去听一听学生的讨论，并进行适时的指导。通过课堂的参与式观察，教师可以获得评价学生课堂讨论行为的基本信息，也能够获得关于学生讨论的宽度和广度的相关信息，在此基础上，教师才能对学生的课堂讨论进行较为客观的评价。如下例所示①：

学生上课是否能积极参与课堂讨论的描述型评定量表设计：

总是积极参与课堂讨论（4）

经常参与课堂讨论（3）

偶尔参与课堂讨论（2）

从不参与课堂讨论（1）

课堂观察的优点是能够收集到学生表现最直接的资料，其缺点是课堂观察不易察觉到学生行为背后的社会、心理、政治、组织等因素。当观察作为重要的资料来源的时候，教师往往需要有意识地制订并填写结构化的观察表，还可能要做一个书面的观察分析报告。②

2. 自评与互评相结合策略

在课堂讨论中，有学生个人的思考，也有学生之间和合作交流，还有教师的参与，因此，对学生的课堂讨论进行评价宜采用自评和互评相结合的策略。

（1）学生自评

课堂讨论学习过程注重学生将知识活学活用，表达自己独到观点。所谓最了解自己的人就是学生本人。因此，学生对自己的表现能够进行较为客观的评价，而自评的过程也是学生自我认识的过程。

（2）小组内互评

课堂讨论是以组为单位，同组成员间相互交流合作，学生是否参与了课堂讨论，在讨论中的积极性怎么样，小组内部的成员都是非常清楚的，同时，他们对彼此的优缺点看得比较全面。由于学生自评带有主观性，因此，为更好地评价学生课堂讨论情况，小组成员自评后还应该进行相互评价。

（3）组间互评

课堂讨论形成的是组内成员合作，组间成员竞争的新格局。不同讨论小组之间的相互评价也是重要的评价之一，通过小组之间的相互评价，可以相互学习，扬长避短，更好地提高学习质量，提高竞争力。

（4）教师评价

师生之间也应该进行合作评价。教师在评价体系中依然扮演着重要的角

---

① 李玉芳. 多彩的学生评价. 北京：教育科学出版社，2009：226

② 蒋碧艳，梁红京编著. 学习评价研究：基于新课程背景下的实践. 上海：华东师范大学出版社，2006：46

色，其职责主要是对个体参与度、积极性、独创性等给予恰当的评价，而在整个评价过程中发挥指导和帮助的作用。

在自评和互评的过程中，教师也应该制订一些基本的评价指标，这样，学生的自评和互评才会有针对性，作出的评价才具有客观性，在制订评价指标的时候，可以从以下几个方面来考虑：掌握学习内容的水平；完成讨论任务的速度；参与讨论的积极性；思维的独立性；学习中的自我检查反思；遵守纪律的自觉性；合作态度和竞争意识。尤其在互评中，如果没有评价的指标，学生的互评就没有根据，可能会导致一些不好的结果。

互评引起的一场风波

我刚发下"学生评价表"，学生便迫不及待地开始组内自评、互评。教室人声鼎沸，自我演讲、点评他人、展示自我"杰作"……

突然，一声哭腔："老师，我的作文多次被你夸奖，可写作方面我们组同学只让我得'良'。"

"他的字迹差，书写不整洁，您的批语里也几次提醒他，可他就是不改。"听到组长理直气壮的回答，她的泪水都流下来了："我下次认真写还不行吗？""那下次你一定是'优'"。一场"纠纷"无须我发言就结束了。

这时，一张字条传上来："老师，如果好学生得了'良'，你会生气么？"多么尖锐的问题。多年来，以分数评定学生好像已在人们心中形成定势。

"同学们，请大家畅所欲言，谈谈你觉得教师心目中的好学生应该是什么标准。"许多学生说了他们的看法。我也对自己心目中的好学生进行了诠释："实际上，每个学生都是教师的好朋友、好学生。如果我们每个人都能正确地认识自我，不断地提高自我，'好'字会属于每个人。"

"老师，字条是我写的。李昊虽然学习挺拔尖的，可从不爱帮助别人，也不喜欢与同学合作。我觉得他的评价不能得'优'。"第五组的组长刚说完，李昊已站起来了："今天，我才第一次意识到了自己的不足，我以后会改正的。"

一阵阵热烈的掌声，一阵阵激烈的争论，掀起了一次次高潮。在班内学习不好、不爱说话的王杰也活跃起来，原来他因为关心集体，热心参加讨论，学习进步而得了一个"优"。

开展学生的互评和自评活动初期，常会出现这样的情形：互评时总说别人的不好，自评时总说自己好的学生缺乏一种正确的评价观，这需要教师的引导。本案例呈现的已是一种比较成熟的学生评价活动，不管是学生自评还是互评，首先能实事求是，以事论事；其次能全面考虑，从知、情、意、行等方面评价同学；最后学生能正确对待，不骄傲，不气馁，不嘲笑，不怀恨……这里，学生在自评与互评中，提出了被评价者忽视的缺点，提醒他注意改正，也提出了被评价者忽视的优点，提醒他注意珍惜，这样被评价者都会心存感激。这样心境下的评价，并不是虚情假意的"你好、我好、大家好"，而是真情实意的"为你好、为我好、为大家好"。[1]

3. 教学评价记录卡策略

采用教学评价记录卡是学生进行自评的重要方法之一，主要方法是通过学生自己回答一些预设的问题，从而对自己在课堂讨论中的表现进行评价。教师可以根据需要在小组讨论前设置课堂评价记录卡，要求学生每次小组讨论后如实填写记录卡，教师根据记录卡对学生的课堂表现进行再次了解、评价。下面是上海市格致初级中学设计的随堂记录卡，它是根据一般课堂教学中要关注的几个方面而设计的。[2]

随堂记录卡

学校：_____ 姓名：_____ 课程名称：_____ 日期：___年___月___日

（1）学生活动表现情况

随机提问记录						
次数	态度		问题类型				评分
	主动	被动	记忆性问题	理解性问题	应用性问题	评价性问题	
1							
2							
3							
4							

（2）学生小组讨论的参与情况

（3）我对这节课的简单评价（喜欢/不喜欢）

（4）改进这节课的建议

---

① 杨九俊. 教学评价方法与设计. 北京：教育科学出版社，2004：136

② 蒋碧艳，梁红京编著. 学习评价研究：基于新课程背景下的实践. 上海：华东师范大学出版社，2006：84

4. 综合比较策略

综合比较法是指在评价学生课堂讨论时，并不是仅对一次讨论进行评价，而是将几次课堂讨论一起进行多方面的对比和评价，从而更清晰地看出学生在讨论中的进步、优点和不足之处。采用综合比较策略体现了对学生进行评价的过程性原则，只有通过比较才能知道学生的进步或者是退步，而综合比较策略就能够评价学生在课堂讨论这个过程中的发展与进步。

四、给教师的建议

课堂讨论是学生的外显行为和内部思维活动相结合的过程，这对教师的评价活动提出了更高的要求，在教师对学生的课堂讨论进行评价的时候，应该注意以下几点。

1. 将对个人的评价与小组评价结合起来

重点放在对学生不同程度的进步与提高的评价上，着重强调学习活动本身的意义和价值。

2. 要允许学生的个性化差异

世界上没有相同的两片树叶，世界上也不会有相同观点和思想的两个人，每个学生都有着自己独特的个性和思维特点，学生在发展的过程中，都是有差异性的。教师在对学生进行评价的时候，可以求同，也可以存异，毕竟事物正确的答案不止一个，评价学生时要注重个性化对待。

3. 注重教师的引导

课堂讨论是学生的舞台，但高效的讨论离不开教师的引导。教师的评价对课堂讨论轻松氛围的形成、讨论发展的可能性有重要的导向作用。教师应该从明确讨论的目的、优化讨论的话题、合理设计讨论的形式、选择讨论的最佳时机、营造良好的课堂讨论氛围、加强组织调控、及时并恰当地反馈评价等方面对课堂讨论进行优化设计。

新一轮基础教育课程标准中，要求教师切实更新教学观念、努力改变教学方式，突出学生的主体地位，进而提高课堂教学效果。课堂讨论的学习方式可以帮助广大教师达到这一目的，但课堂讨论作为一种新型学习方式，还亟待广大教育工作者在今后的教学实践中不断探究，使之成为一种较为科学合理的教学方法而服务于学生。

第四节　对学生小组合作
学习的评价

一、小组合作学习的基本认识

小组合作学习就是以合作学习小组为基本形式，系统利用教学中动态因素之间的互动，促进学生的学习，以团体的成绩为评价标准，共同达成教学目标的教学活动。小组合作学习概念中的合作学习（Cooperative Learning）在20世纪70年代初兴于美国，并在20世纪70年代中期至20世纪80年代中期取得实质性进展。美国学者艾丽斯（Alice）认为所有的合作学习必须具有以下两个共同的特征：集体的相互依赖；个体的可依赖性。

目前，合作学习已经引起世界各国的关注，并成为当代主流教学的理论与策略之一，被人们称为近十几年来最重要和最成功的教学改革，它不但可以提高学生学业成绩，而且可以改善课堂气氛、促进学生形成良好的非认知心理品质和社会技能。在我国，合作学习已逐渐受到重视，并成为我国新一轮基础教育课程改革倡导的重要学习方式之一。

合作学习和小组讨论具有很多共同之处，比如：强调学习以小组形式进行，通过小组成员的分工、协作来完成；小组成员需要积极合作、互相交流信息、共同完成个人和小组任务；以小组成绩为评价标准。

虽然两者有许多相同点，但较小组讨论，合作学习具有以下几个特点：1. 学生间合作交流的范围更广，不仅限于课堂上讨论的内容，还可以进行课外复杂的活动；2. 合作学习主题内容广泛，有的需要学生采用实践、调查、访问、收集资料等方式进行；3. 小组讨论的活动场地主要是教室，而合作学习很多要在家庭、社区、公共场所进行，最后在课堂展现成果。在此，我们主要讨论对学生在课堂上合作学习行为进行评价的策略。

二、小组合作学习的过程与步骤

1. 合理编组，科学排座

在课堂教学中进行小组合作学习的形式是多种多样的，有的是学生之间由于学习的需要随机自由组合的小组，有的是按学生身高编排座位前后桌自然形成的小组。为了让学生更好地合作，充分发挥小组的作用，教师要综合考虑多方面因素的影响，精心地编排和合理地划分小组。为了促进每人都积极地参与小组合作，小组的人数一般以 4～6 人为宜，通常视班级规模和教室大小而定，一般没有具体的规定，以适合合作学习小组进行学习为原则。在编组时先让学生根据兴趣、爱好自由组合，然后教师再综合男女生心理与生理差异、能力与智力差异及个性与气质差异等方面情况进行更加合理的调换搭配，便于学生之间互相影响，形成有利的互补。小组的座位安排则宜以"马蹄形"摆放桌椅，形成面对面相邻的座次，这样既有利于中小学生端正坐姿，集中注意力听讲，又有利于小组同学之间互相监督、互相学习，更便于顺利地展开讨论、交流，实现充分的合作。

2. 编号分工，明确责任

为进一步激励学生小组合作的责任感，教师可以让小组成员互相编号，组员之间要有具体的分工。例如：可由一号同学担任小组合作的组织者，二号同学做记录员，三号负责收集讨论所需的各种资料，不言而喻四号就成了小组的合作学习的总结发言人等。并且这种角色并非一成不变，这一次是由一号担任组织者，下一次则可能担任四号发言人。当然，角色与号码的变更不是随心所欲的，必须与每次小组合作中的表现结合起来，获得小组成员的一致认可方能生效。这样灵活多样的角色分工，使每个人都能明确责任，从内心深处产生归属感，提高参与"小组合作学习"的兴趣，并使部分学生克服了骄傲自满情绪，避免了产生"一劳永逸"的惰性意识，而且有利于学生得到不同的体验、锻炼和提高。

3. 精选明确的、适宜合作学习的问题

小组合作学习探讨的问题一定要明确，要紧扣课程标准，从知识与技能、过程与方法、情感态度和价值观的三维度目标入手，设计出明确的活动要求，切忌模棱两可。教师设计的问题要有利于促进学生动脑，主动探究学习知识，有利于集体研究，促进合作学习。不提出过于简单、不假思索就能解决的问题。同时小组合作学习要经常进行，但并非每次课都要进行，要视教学目标和教学内容、学生实际而定，一般一节课最多两个回合。因此，教师一定要精选问题，把具有开放性、探究性的问题，或趣味性、生活性的问题或热点性、规律性的问题作为小组合作学习的载体；同时，还要注意问题的情境性、启发性、层次性。

4. 课堂合作学习的实施

教师情境导入→分层次展示问题→学生独立思考→小组交流讨论、记录→小组汇报、补充→教师点评，这是小组合作学习的基本步骤。

在这一过程中，特别要注意：（1）要留给学生足够的独立思考和交流探讨的时间。如果不留给学生足够的思考时间，就立刻宣布"下面开始小组合作学习"，这样学生还没来得及思考问题情境，更谈不上自己的独立方案，容易造成要么组内优生一言堂，要么使讨论流于形式，达不到合作学习的目的。问题提出后，学生经过一段时间思考，或出现思考障碍或出现答案不一，此时是开展小组合作学习的最好时机。（2）教师要巡导。注意发挥教师的主导作用，加强对合作学习的监控。教师要深入到学习小组中，参与学生的学习活动，对学生在合作学习中出现的问题进行指导，注意随时监控合作学习的进程和质量，帮助学生掌握相互合作、交流的方法。

三、小组合作学习的评价策略

1. 量表评价策略

所谓量表评价法就是事先制订一个关于课堂评价的量表，在课堂教学的过程中，评价者根据量表上所陈述的各项教学要求对学生行为进行打分的评价方式。量表评价法的优点在于评课者必须根据量表上的评价指标对学生进行评价，为此，评价的视角比较全面、客观。

采用量表评价策略首先要求教师制订出科学合理的量表，这是使用量表评价最基本的一步，也是关键的一步。量表评价省时省力，能够在较短的时间内获得大量的评价信息，但是量表评价也有其不足的地方，存在着把学生的行为过于量化嫌疑，同时，学生在小组合作中的情感态度和价值观是不能够简单地通过量表的方式来进行评价的。

2. 学生自评策略

在小组合作中，与同组的同学形成对比，学生的心理变化、态度的变化都是不能用量化的方式来进行评价的，也是不能通过学生外显的行为表现简单评价的，同时，学生对自己在小组合作中的表现是最清楚的。因此，学生应该成为评价的主体，应坚持自我评价策略，这样评价的激励作用能够得到更大的发挥。

在学生自我进行评价的时候，教师可以根据合作学习的主题特点设置课堂评价记录卡。在课堂小组合作评价记录卡上，应该以"我"为主语，以充分体现学生的主体性。记录卡应该包含以下内容：合作学习的主题；我采用的学习方法；我在学习中发现的问题；我已解决的问题；我解决的方法；在小组合作中，我重点提出的问题；我积极参与交流的问题；我参与小组总结发言的内容；我或我们小组为解决的问题；此次合作学习的最大收获等。

3."累计积分制"策略

"累计积分制"这种整体性的评价策略对培养学生的团队精神是非常重要的，有利于提高学生的集体观念，激励学生的合作兴趣和意识。具体操作过程中，教师可以在学生小组合作后的集体交流时，任意指定各组的某号同学代表汇报，该生发言的成绩就代表全组合作学习的水平，记入"小组排行榜"，每次累计各组积分，周末评出"优胜小组"，该组每人都可在班报评比栏中升一面"合作旗"。在这种以团队为整体的激励性活动中，学习基础好的学生便会主动帮助学习有困难的学生完成本组的学习任务，同时带动性格内向不爱发言的学生为了集体的荣誉而合作。使大家逐渐认识到：小组是一个整体，一荣俱荣，一损俱损，必须团结协作，众志成城才能取得胜利。经过一段时间的训练，学生的集体观念得到增强，特别是后进生，会害怕自己拖了小组的后腿，课前课后主动抓紧时间学习，把压力变成了动力，学习的自觉性得到提高，学习质量也上升了；胆子小或思维有惰性的学生也会变得大胆主动，遇到问题，都能及时主动地与其他同学合作研究。

4. 激励评价与奖励评价相结合策略

从心理学角度来看，人人都渴望被肯定与赞赏，学生也不例外，尤其希望得到教师的肯定和赞赏。例如，某教师一直肯定学生，赏识学生的进步，就能给学生极大的自信，从而促进学生的发展。教师在小组合作学习中也应该充分发挥评价的积极作用，坚持正面肯定与耐心导引相结合，鞭策学生对自己的行为有正确的认识。同时教师应关心小组合作学习的成果，尽量让每个小组都有机会发言或登台演示，或让小组长将一些未交流的观点、看法以及各种解题思路、技巧整理出来，这些优秀的成果及时交给教师点评后，张贴在教室里，供其他同学交流学习。

除了对学生进行激励性的评价外，适当地采用奖励评价策略也是必要的，但是要深化学生对奖励的理解。奖励不仅包括物质性的（如铅笔、橡皮），而且包括精神性（如红旗、奖状）的和娱乐性的（如小组娱乐时间），这样可以保持奖励对学生的吸引力。深化对奖励的理解要从以下两个方面进行考虑：教师要从学生的角度考虑奖励的实用性；教师应引导学生追求"发展性奖励"，即有意识地引导学生追求那些对自己今后有较大帮助的奖励，从而树立对奖励的健康认识。[①]

四、给教师的建议

1. 评价前要有具体明确的要求

为了巩固学生"小组合作学习"的兴趣，教师可以通过一定的评价机制来激励学生的合作意识，增强小组的凝聚力。"小组合作学习"不是随意进行的，更不是每堂课都必须设置的一个教学环节，它是一种行之有效的学习方式，是教师根据学生学习的需要选择有一定难度的问题，在学生个人一时解决不了或集体陷入两难境地的情况下，适时地组织学生进行小组合作，并在小组活动之前给出具体的评价要求，使学生有的放矢地展开合作。

2. 建立平等、和谐、民主的师生关系

新课程标准倡导建立平等、民主、和谐的师生关系，同其他教育教学思想的贯彻一样，我们必须牢牢抓住课堂教学这块主阵地。因而，在学生小组合作学习时，教师应放下居高临下的架子，主动地参与到学生的小组学习当中，真诚地和学生探讨问题，共同研究解决问题，倾听并尊重学生的意见，允许学生保留自己的想法。教师应面带微笑地走近一个个小组，鼓励学生把握机会积极地表现自己，而不应使学生因教师的到来而有所顾忌，影响原本正常的学习秩序。

3. 以小组集体的学习效果作为评价的依据

传统的教学评价关注学生个体在整体中的位置，热衷于分数排队，比较强弱胜负，这种竞争性的评价不利于大多数学生的发展。在对学生的小组合作学习进行评价时，应注重把学生个人之间的竞争转变为小组之间的竞争，把个人计分改为小组计分，把小组集体成绩作为评价的依据，把整个评价的重心由鼓励个人竞争达标转向大家合作达标。这样会让大多数孩子都受到教师或同伴的鼓励，都感受到成功的喜悦，从而取得不同程度的进步，并由此一步步迈向成功，有利于我们走出竞争教育的怪圈，真正实现面向一切学生的教育理想。

4. 对小组合作学习的评价要全面

全面评价也是提高小组合作效率的一种有效途径。

小组之间评价时，要让学生充分地考虑到，每个小组是否都积极地参与到合作之中、是否互相协作、是否在活动中有所创新、是否遵守纪律等，评

---

① 秦秋红. 优化课堂讨论提高教学效果. 四川教育学院学报，2007(8)：106

价要侧重于学习的过程。

自我评价时，作为小组成员首先要实事求是，对本组的水平及表现有一个客观的评价，既能发现优点，也能找出本组的不足。

民主评价则是要多发现其他组的优点，让本组从中学到某些长处，从而既促进小组成员合作的积极性，又能形成一种组与组之间友好竞争的良好氛围。只要教师给小组充分的时间与空间展开合作学习，人人都有表现的机会，就会撞击出许多意想不到的思维火花，让学生逐步体会到小组合作的乐趣和带来的成功感受。

第四章 如何评价学生的课堂学习效果

  课堂学习是学生在校期间进行学习的一种主要方式，虽然课后的学习也极其重要，但对课后学习的评价却比较困难，此外，虽然新课程改革强调关注教学的过程性，但同样也关注课堂教学的结果，这是衡量课堂教学质量的重要指标。因此，对学生课堂学习效果进行评价就成了评价学生学习效果的主要途径之一。在本章中，我们结合基础教育课程改革的知识与技能、过程与方法、情感态度与价值观三维课程目标来探讨评价学生课堂学习效果的策略，即如何评价知识学习的效果、技能掌握的水平以及学习习惯的养成。

第一节 评价知识学习的效果

  知识学习是学生在学校课堂中进行学习的主要任务，就目前我国的教育现状来说，这种主导性的知识学习占据了学生在校课堂学习的大部分时间是不可否认的。因此，要评价学生的课堂学习效果，对知识学习的效果进行考查是不可避免且非常重要的，这是对学生课堂学习效果进行评价的最重要指标之一。

  在探讨评价学生知识学习效果的策略之前，我们有必要对"知识"做一个界定。目前，在不同的文献中对"知识"有不同的定义和理解，如教育大辞典对"知识"是这样定义的："人对事物的属性与联系的认识。即个体通过与其环境相互作用后获得的信息及其组织。贮存在个体头脑内，是个体的知识；通过书籍或其他媒介贮存，是人类的知识。"[1]从教育大辞典这一段对"知识"描述中可以看到，知识学习是学校教育的基本内容，是实施各种教育的基础。我们将知识理解为现代认知心理学家所划分的陈述性知识，即指个人具有有意识的提取线索，能直接陈述（包括口头和书面陈述）的知识，也就是我们通常所认为的理论知识。

基础教育课程改革中提出的三维课程目标中的后两个课程目标，是以知识目标为根基的。以知识为背景，通过一定的训练，让学生拥有某种或者某些技能；以知识为背景，通过一定的过程，让学生明白知识的发生，从而掌握一定的方法，借助这些方法，学生可以去解决未知的相似问题；以知识为背景，通过获得的技能和方法，在借助特定的情境体验，使学生生成一定的情感态度和价值观，这是知识学习的最高境界。

如上文所言，我们将"知识学习"中的知识定义为能够通过口头和书面陈述的陈述性知识，那么知识学习的效果就可以通过口头和书面两种方式来进行评价。

一、学生知识学习效果的评价策略

1. 书面评价策略

书面形式的评价是我国一直以来评价学生知识学习效果时最常用也是最重要的一个方法，这个方法虽然曾一度受到置疑，但由于其可以定时、大范围的对学生学业水平、知识掌握程度进行更加全面地考查，因此这种形式一直在学校评价学生知识学习效果时得到使用。

（1）测验（即考试）

书面形式的评价大多数都是以测验的形式来进行的，也就是我们通常所说的笔试。测验按照其正规程度，一般分为教师自编的测验和标准化测验。教师自编的测验很显然是由教师根据学生实际情况而编制的一种有针对性的小型的非正规的测验。"标准化测验"（Standardized Test），也称标准化考试，在 20 世纪 80 年代由美国引入我国并逐渐得以运用，成为当前的主流考试模式。《标准化考试》中认为标准化测验一词的使用有广义和狭义两种。其中狭义特指采用客观试题的、标有信度、效度等各种指标，建立了常模的，相对

---

① 顾明远. 教育大辞典. 上海：上海教育出版社，1992：2129～2130

于教师自编测验而言的大规模测验。"①标准化考试是测验学生知识学习效果的一种常用手段，其编制也是一件非常繁杂的工作，这些在第二章中都有具体的介绍，在这里不再赘述。

测验依据实施的时间、目的不同又可分为诊断性测验、形成性评价、期末考评和结业考评。无论是哪种测验都是教师依据教学大纲、学习的知识点、学生的差异以及学生总体学业水平经过精心安排而编制的有一定标准格式要求的能够大体反映学生知识学习效果的一种评价手段。

a. 摸底性/诊断性测验

摸底测验，一般都安排在学生入学的时候进行，所以也称为入学考试，是旨在对学生进入学校时所具备的知识水平进行一个摸底性的考核，但当教师对学生情况不了解时也可以使用这种方法来了解学生基本情况，以便更好地对学生进行管理。这种测验有助于教师了解学生的知识水平状况，并以此来安排教学活动和进程，是教师制订有效的课堂教学计划的基础。如果忽略了这个测验，那么，教师进行教学时可能会产生一定的盲目性。下面这一案例就反映了文老师在进行诊断性测验之后与之前的区别。

文老师刚刚接手担任某班英语教师。在和班主任教师简单沟通之后，对班上学生的整体英语水平有了一个大概的了解之后就开始了教学活动。经过几次课之后，文老师发现班上的学生不但上课不与教师进行互动，下课了更是无人向教师请教问题，作业错误百出，单词听写的成绩极不理想。这让文老师犯难了，他不禁怀疑起难道是自己的教学水平过低，还是学生们对他的教学方法不适应，还是学生本身的英语水平就较低？想来想去没有一个确切的答案，于是认识到仅凭前面与班主任的几句话根本不能反映出学生们的真实英语水平，于是便组织了第一次摸底考试。看完学生的试卷，文老师才意识到学生连很多基础知识都没有完全掌握，很多常识性的单词以及简单的句子都无法正确地运用，这一测让文老师非常吃惊，这才意识到之前上课以及布置作业都是以学生已经熟练掌握这些知识为前提的，这才明白了之前上课毫无生气，作业完成情况一塌糊涂的原因。经过这次测验，文老师便针对考试所反映出来的学生的英语水平，一改之前的教学方法，他一边教授新知识以免耽误教学进程，一边注重巩固基础知识，同时，他还经常与学生们运用简单的单词以及句子互动，调动学生对英语兴趣的同时也加强他们对基础知

---

① 徐静，王瑞烽. 标准化测验在理解上的一致与分歧. 中国考试(研究版)，2004(1)：24

识的掌握。这样经过了一个月，同学们在课堂上不再那么沉闷，参与互动和讨论的热情大大提高，而再一次进行考试的时候，他们的整体水平也有了一个很大的提升。

在这个案例中，文老师就是运用了典型的诊断性测验。这种测验是评价、研究学生的知识水平状况的有效方式，同时可以了解到学生已经拥有的前概念。诊断性评价的效果取决于诊断性测试的设计与实施，因此，诊断性测试题的编制必须以了解学生的认知状况为基础。运用诊断性测试揭示学生拥有的前概念不是测试的真正目的，更主要的目的在于帮助教师选择适当的教学策略，促进学生实现概念转变。

总之，诊断性测验是促进学习，排除教与学的障碍，改进和强化学习效果的一种有效策略。对教学系统起着调节和保证作用；对学生的学习行为具有动员和强化功能；对教师的讲授具有提供诊断信息、促使正确把握施教方向的功能。

b. 形成性评价

形成性评价(formative evaluation)的概念由国外学者斯克里文在其《评价方法论》[①]中率先提出，是指"在课程编制、教学和学习过程中进行的评价"，亦称"学习中评定"。目的是在教学过程中了解教学的结果及学生学习的进展情况和存在的问题，以便及时调整和改进教学的评价活动。评价时应努力收集各种有用的评价信息，寻求减弱伴随评价产生的消极情感。一般可分为教学过程的形成性评价，以单元为单位的形成性评价和以学期、学年为单位的形成性评价。

形成性评价对学生课堂学习效果一般可以迅速有一个大体的了解，并且及时地反馈给教师和学生，以供教师改进教学方法和学生了解自己的学习成果以及改进学习方法，是一种注重学习过程的评价方法。这种评价方法"采用的是人文科学的方法论，是质化的方法，注重人文关怀，评价本身改进学习、甚至提高教学效果"[②]。

c. 期末考评

期末考评，是在每个学期结束时为了考查学生整个学期的知识学习效

---

① ［美］斯克里文. 评价方法论. 陈玉琨译. 北京：人民教育出版社，1988：2

② 叶晓力. 课程教学中形成性评价的作用与实施办法研究. 杭州电子科技大学学报（社会科学版），2008(1)：67

果，将全体学生组织起来进行的一次大规模的测试。通常这种测试都是非常正式的，也是学校、教师和学生都比较重视的，因为这是对于整个学期学习成果的一次考查。

学期期末，学校组织了期末考试，评分完毕，张老师将班上学生的分数从高到低进行了排列，并按照学校规定，将90分以上学生的成绩判为优秀，80～89分判为良好，70～79分判为中等，60～69分判为及格，60分以下判为不及格。整体来说，全班考试成绩还算不错，80分以上学生的数量占了全班的80％。更让张老师感到欣慰的是，一向学习比较差的小刘在这次考试中，成绩从期中考试的30分提高到了50分。但令张老师难过的是，小刘依旧排在全班最后一名。张老师知道，小刘已经尽了自己最大的努力，可是按照学校的规定，小刘本学科的成绩仍被判为"差"的等级，并且影响到了全班的总成绩。但张老师并没有批评小刘，而是给予了小刘很大的鼓励和安慰，肯定了他取得的进步，并为他指明了努力的方向。

学生的发展水平是否达到了教育目标的要求，多大程度上达到了教育目标的要求，需要通过学生评价作出鉴定。本案例中的期末考试，作用就在于通过考试，衡量学生是否达到了教育目标的要求，并对其发展水平给予相应的鉴定。

（2）课外作业

课外作业作为检验学生知识学习的一种方法，在中小学教学中经常使用。不过，在运用课外作业进行评价学生知识学习效果的过程中要注意作业量的适度，不能一味地为了检验学生知识掌握的全面程度，而忽视学生的能力和感受。同时，在学生完成课外作业之后，也要对学生的作业进行详细的批改和评价，并且注意评语的运用，丰富的评语比单纯的分数对促进学生发展更有价值。下面这一案例是某教师在进行课外作业评价时运用评语艺术的表现。

针对学生的年龄差异，某学校在不同的年龄阶段采用了不同的评价方式。针对小学低年级学生，采用盖印章的方式来进行评价，而且对于不同年级，印章上印有"真棒""很好""加油""有进步"等字样；对于一年级学生，采用的是纯图案的印章，印章上面是"笑脸""哭脸""表示胜利的Ｖ字形手势""表示棒的大拇指手势"等形式各异、寓意丰富的图案。教师根据学生的不同表现，给他们的课外作业加盖不同的印章。对于教师用印章的方式对自己进行评价，学生们表现得非常高兴，看着教师给自己盖的图案，他们掩饰不住自己内心的激动和喜悦。甚至有的学生还把自己喜欢的图案从家里带来，让教师给自己盖上。针对高年级学生的特点，学校则采取了用文字的形式给予评价的方法。针对学生的不同发展水平，学校制订了几个不同的评价语来评价学生的不同表现，比如，表现特别好的用"你是教师的骄傲"，表现比较好的用"你真棒"，表现一般的用"有进步了，还需努力"，表现不够好的用"加油啊！你可以做得更好"等。

我们知道不同年龄的儿童是通过不同的方式来认识和了解周围世界的。即使同一事物以同样的方式呈现给不同的儿童，他们的反应也是不一样的。案例中，针对小学低年级学生和中高年级学生不同的心理年龄特点，教师对其作业采取了不同的评级方式。低年级学生以具体思维为主，因此，采取比较直观、形象的"盖印章"的方式更容易被他们所理解和接受，具有更大的激励性。中高年级学生逐渐有了抽象思维，对书面语言有了一定的解读能力，中肯、亲切的评价语对他们来说效果会更好。如果不分年级一律采取评语式的方式，小学低年级学生可能还不理解评语的意思，自然影响评价效果，而对中高年级学生仍然采取盖印章的方式来进行评价，也会使学生感到评价"孩子气""小儿科"，同样达不到激励学生的效果。中高年级学生更善于从教师的评语中品味、分析教师对自己的真实看法，对其运用评语式评价，能取得更好的效果。

2. 口头陈述法评价策略

口头表达能力是人类在社会生活中的一种需要和应该掌握的一项基本技能，也是教师和学生应当具备的一种基本能力。口头陈述评价法是指教师通过学生口头陈述对知识的理解来检验学生知识学习效果的一种策略。这种策略是一种比较灵活的评价方式，没有固定的形式要求，只要是学生通过口头来表述的，并且能够从其表述中获得学生知识学习效果状况的都可以称为口头陈述。这种"口头测验在下列领域内特别有用：使用特定语言回答问题的能力；综合有关信息，提出问题的能力；阐述观点并为自己的观点做解释与辩护的能力；口头表达时逻辑思维及概括能力；知识理解的广度与深度；态度、气质与情感方面的特殊表现。"[1]具体来说，口头陈述法评价策略包括以下几个方面的形式：

---

① 黄光扬. 新课程与学生学习评价. 福州：福建教育出版社，2007：164

（1）课堂提问

上课提问是运用口头陈述评价策略检验学生知识学习效果的一种最基本方式。这种评价可以随时进行，不但能够检验学生知识学习的成果，还可以在课堂上起到一定的吸引学生注意力，引导学生跟上教师教学节奏的作用。下面这一案例中，两位教师由于上课过程中一个有效合理利用了提问的方式，而另一个没能运用这种方式，导致学生课堂学习效果相距甚远。

李老师和刘老师分别担任初二班的数学课和物理课的教学工作。两位老师在课堂上的风格完全不同，李老师喜欢时不时地对学生进行提问，而刘老师正好相反，整堂课他都是自顾自从头讲到尾。刚开始时，班里不少学生都很发憷上李老师的课，喜欢上刘老师的课。因为李老师的课让人感觉特紧张，不知道什么时候就会被老师提问到，而上刘老师的课就轻松多了，根本不用担心老师会提问。过了一段时间，学生却逐渐喜欢上了李老师的课，感觉上李老师的课比较充实，而且特有成就感，尤其是能被老师提问，更有一种意外的收获。而上刘老师的课则感觉太轻松、懒散，没有任何压力，也没有任何成就感。最后，期末考试也证明，李老师的数学课的考试成绩要比刘老师物理课的成绩整体上好得多。

案例中的李老师通过课堂提问的方式进行教学，是对学生学习的一种督促。为了能够正确回答教师的提问，学生在课前、课后必须做好充分的准备。上课时，学生会集中注意力跟着教师的讲课思路走。经常对学生进行评价，可以及时纠正学生发展中存在的问题，整体上保证学生的发展水平不远离教育目标。相反，如果不即时对学生的学习情况进行检测和评价，则很容易使学生形成懒散的习惯，久而久之，问题越积越多，势必会影响学生的整体发展。

因此，课堂中随堂对学生进行提问是督促学生认真听课，并且积极思考的一种非常好的方法。那么，课堂提问又该如何进行？下面这一案例中，教师为我们提供了很好的借鉴。

特级教师宁鸿彬在讲解"诚然"这个词语时，首先请学生做解释。一个学生解释道："诚然，意思是诚实的样子。"他这个解释是错误的，然而教师不动声色，只是语气亲切地说："你为什么这样解释，给大家说说行吗？"那个学生回答道："可以，您讲过，遇到一个词不会解释时，可以分析词素。这个词我就分析词素了，'诚'是诚实的意思，'然'当样子讲。"宁教师听了以后当即表扬他说："很好。老师教你的方法，你注意运用于实际，值得表扬。"

接着他又问那个学生："你把'诚'解释为'诚实'，我明白。你把'然'解释为'样子'有什么根据呀?"学生回答说："去年您给我们讲过一段文言文，叫《黔之驴》。那课书中有这么一句……'慭慭然，莫相知'。您说'慭慭然'，就是小心谨慎的样子，还特别强调'然'是词尾，当'样子'讲。"宁教师听了后又表扬那个学生说："好。老师教给你的知识，你牢记不忘，值得表扬。"接着，教师又告诉学生，"诚然"一词这样解释是不对的，但学生还是高兴地坐下了。

案例中，学生为什么两次都回答错了，还高兴地坐下了呢?这是因为教师耐心地倾听了他的回答并妥善地处理了他的错误答案，表扬了他在回答的过程中表现出来的值得肯定的地方。教师没有断然否定学生的错误答案，更没有批评学生，而是耐心地倾听学生的解释，发现学生的闪光点，给予了学生很大的宽容，这种在宽容中求发展、在善待中求平等的评价，对学生来说无疑是一种巨大的动力。可见，教师对学生出错时的宽容是多么的重要。假如教师对学生的错误直言不讳地进行批评，结果肯定是不一样的。要知道，教师否定的不仅仅是学生的答案，还有学生的自信、自尊和勇气。而且，从案例中可以看出，学生的答案虽然不是教师期望的标准答案，不过，通过学生答问可以检验出该学生对以前课堂上所学到的知识掌握得比较好，只是这些知识没有得到恰到好处的运用，甚至是完全用错了而已，学生需要改进的只是如何合理运用知识的问题。因此，尽管学生在这堂课中回答问题错误，但还是得到了教师的表扬。

运用课堂提问的策略进行评价时，教师也要注意对学生进行适当的引导，让课堂提问的效果达到最佳，如下例：

一次，一位教师在执教《小站》一文时，要求学生回答："从哪里可以看出小站确实很小?"于是很多学生都举手想回答，首先获得发言权的学生说："一是这个小站只有慢车才停靠两三分钟，快车从来不停;二是这个小站只有一间小屋，一排木栅栏，三五个乘客。"这位教师一听，答案完全正确，心情非常激动，情不自禁地说："啊!非常正确。这位同学真是太聪明了!居然和老师想得一模一样。其他同学呢?"本以为经自己这么一鼓励，肯定会有更多的同学举手发言，哪知道刚才举起的那无数双小手都"刷"地不见了!顿时，这位教师不知所措，不知道自己到底做错了什么……

让我们一起来看一看另一位教师的教学片段，提的是同一个问题。

生1：……(跟上面学生的回答基本一样)

师：嗯，这是你的答案，教师听得很清楚。让我们一起再听听别的同学的发言，好不好？（没有马上评价，只是向学生表明他在认真听，更向其他同学发出一种心理暗示：你们还有什么更好的答案吗？教师非常地想听）

生2：我从"小站的两位工作人员正在商量着什么"这句话看出"小站"的"小"。

师：噢，是吗？我想同学们一定跟老师一样，很想听听你是怎么想的，能说说吗？（也没有马上做评价，只是引导发言者与其他同学一起进入更深层次的思考）

生2：如果这里是一个比较大的车站的话，就不会只有两个工作人员……

生：你能从工作人员的多少来判断车站的大小，是个好办法。其他同学还有什么更好的办法吗？（没有对答案对与错的评价，只是肯定了他的思考方法，更激励了其他同学思维的积极性）

生3：我从"小小的喷水池"知道是个"小站"。

生4：我从"蜜蜂嗡嗡地飞舞，使这个小站显得更加宁静"这句话中看出这里是个小站。

师：啊，这也能看出来？（师意想不到，但并没有作出评价，而是让学生继续地说）

生4：如果这是个"大站"的话，人肯定很多，那声音也会更大一些，就不会听到蜜蜂的"嗡嗡"声。所以从这里也能看出这个车站是个"小站"。

师：哈哈，你们真是越来越聪明了，还有吗？（对学生的创新思维给予鼓励，并不影响学生对问题答案的进一步思考）

生5：我从"也没有电铃"也可以知道……

师：这么多的同学都谈了自己的想法，有的甚至是老师都没有想到的，你们可真了不起。那么这些答案到底对不对？你们先讨论一下……

案例中两位教师面对同一个问题，面对学生差不多相同的回答，采取了不同的评价方式，得到了不同的结果。为什么第一位教师的即时评价失败了，而第二位教师的延时评价却取得了良好的效果呢？这是因为第一位教师的即时评价运用得不恰当。一方面表现在他的评价来得太快，听到学生的答案就情不自禁地给予肯定，说明教师的评价没有经过深入的思考；另一方面表现在他的评价太高，从"非常正确""这位同学真是太聪明了！居然和老师想得一模一样"两句评价语中可以看出教师对这个学生答案的极度肯定。试想，还有哪个学生会去思考一个已有"非常正确"答案的问题呢，还有哪个学生敢于去轻易挑战教师认为"非常正确"的答案呢？教师过早地对一个可能有着多种答案的问题的回答给予了终结性的评价，自然就限制了其他学生的创新思维和发散思维。第二位教师却智慧地运用了延时评价，没有直截了当地作出"是"与"否"、"对"与"错"的评判，也注意避免评价语言产生消极作用，给更多的学生留出了广阔的思维空间，激发了学生的思维积极性，加深了他们对课文的理解。可见，运用何种评价方式要取决于具体的教学情境。

（2）学生自评互评策略

学生是一个独立的个体，对于很多知识已经有了自己的判断和认识，同时对于自己以及同学的观点也能够给出一定的评价，这种学生之间的自评以及互评不但能一定程度上反映被评者知识学习的效果，同时也能反映出评价者的知识水平以及对知识的认知程度。从某种意义上说，过多的外部评价会干扰、破坏学生的自然发展，影响学生的创造性，妨碍学生的人际交往。

语文课上，学生正在热烈地讨论着，大家在交流自己识记生字的方法。牛松岩站着说："我有一个记'全'字的好方法。"停了停之后，她接着说："以前，我们记'金'字时，有的同学是用猜字谜的方法来记的，我记得字谜是'一个人，他姓王，腰里别着两块糖'，这回我还用这个字谜来记，只是把它稍稍改了一下，改为'一个人，他姓王，腰里丢了两块糖'。"听了她的介绍，其他同学好像受到了启发。这时，我并没有对牛松岩的发言做评价，而是转过头来问："牛松岩这个方法好吗？"学生纷纷点头。"那么好在哪里？请大家来评价一下。"这时，韩煦站起来说："牛松岩用上个学期学习'金'字的方法来记这个学期的字，可以看出她以前学习就很认真，记得也很牢。"肖尧接着说："我觉得她的方法很巧妙，而且很有效，让我一下子就记住了这个字。""还有，还有，"苏华接着说："我觉得牛松岩很会动脑筋，我就想不出这样的方法。"听了学生的评价，我满意地点了点头，说："同学们都说得很好，让我们用掌声对牛松岩这种富有创意的想法表示鼓励。"顿时，教室里响起了一片热烈的掌声。教学继续进行着，在后面的讨论中，大家更加积极。在记"先"字时，有几个学生用了不同的方法。有的同学说："我可以用去偏旁的方法来记，把'洗'字去掉'氵'就是'先'。"有的学生说："我可以用换偏旁的方法来记，把'告'字下面换成'儿'就是'先'。"

接着，有的学生说用"元"字加"丿"和"丨"（加笔画）的方法记，还有的学生说用把"牛"字的"丨"变短再加"儿"的方法记。在大家说完这些识记的方法之后，我及时给予了肯定："这些同学都能积极开动脑筋，想出自己喜欢的方法生字。"说完这些，我觉得还不够，于是又说："请同学们说说你认为哪种方法更好？"这时，有的学生站起来说："我觉得第一种方法最好，因为这种方法最简单，也很方便。"有的学生说："用换偏旁的方法也挺好的。"还有的学生说："第三种方法和第四种方法虽然也能记住，但是不是太好记。"听到学生的这些评价，我感到比较满意。

案例中通过学生互评，调动了每个学生的积极性，大家都力争在同学面前"表现"一番，把自己的识字妙诀贡献了出来。这样，学生不但轻松地掌握了很多生字，实现了智慧共享，而且通过相互评价，他们学会了欣赏别人、肯定别人，培养了一定的评价能力。同时，学生之间的相互鼓励和点拨，加强了他们的交流和沟通，有利于整个班级的发展，也为每个学生创造了良好的学习和成长环境。

当然，对于学生互评要特别注意引导学生淡化等级和分数，淡化学生之间的相互比较，强调对"作品"的描述和体察，强调关注同学的优点和长处，强调自我的反思。不要让学生的注意力集中在给对方打分数或划分等级上，这样不但无助于学生向他人学习，还往往会造成同学之间互不服气，只关注对方的缺点和不足，评价变成互相"挑错"和"指责"。

二、优化学生知识学习效果的建议

1. 充分调动学生的非智力因素，促进智力因素发展

爱因斯坦说："成功＝智力因素＋非智力因素。"由此可见，人们对客观世界的观察、认识和改造的程度，取决于人的智力因素和非智力因素共同发挥的结果。非智力因素一般包括动机、兴趣、习惯、意志、情感等，不少实验表明，人类个体智商水平的差距不大，然而教育活动的结果——学生的个体差异却十分明显，最主要的原因在于非智力因素。很多成绩不好的学生未必是智商低的学生，而是因为非智力因素差异导致其学习成绩低下。智力因素固然重要，但智力活动需要非智力因素的支撑，一个人潜在的智力水平能够在非智力因素的推动下得到充分的发挥和较好的实现。

因此，教师应该通过评价手段充分地调动学生的非智力因素，使这些因素对认知心理系统起到良好的调节和催化作用，为引导学生智力因素的发展创造条件和提供动力，推动学生学习过程的顺利进行，提高学习效率，从而提高学生知识学习的效果。

2．丰富课堂活动，调动学习兴趣

孔子说："知之者不如好之者。"兴趣是学习主动性、积极性的起点。学生只有对自己感兴趣的东西才会积极开动脑筋，挖掘潜能，取得事半功倍的效果。而丰富的课堂活动就是调动学生学习兴趣的一种有效方法。

课堂活动通常围绕某一教学任务进行，通过能完成该任务的具有针对性的活动引导学生主动参与、探讨和思考，使学生的学习能力得到全面发展。在这一过程中，活动的参与者——教师和学生处于一种互动状态，知识点得到传达，情感得到有效的交流和沟通。因而，丰富的、有效的课堂活动，可以充分调动学生的学习兴趣，从而提高知识学习的效果。

3．科学评价，给学生进步的力量与空间

教师的评价对于还未完全形成独立意识的中小学生来说是非常重要的，会对其产生非常大的影响。恰如其分的评价，就犹如一泓清泉，能滋润学生的心田，激发学生学习的积极性、主动性，如一盏导航灯，可引领学生顺利到达认知的彼岸；而不合时宜或不当的评价则可能使学生对教师的尊敬荡然无存，或者对学习失去兴趣，甚至从此一蹶不振。因此，科学地评价学生是教师评价学生知识学习效果状况的必要能力，具有积极的强化作用，是鼓励学生不断进步的力量。当然，教师的评价应做到有理有据，若一味地当好好先生是很难引起学生内心的矛盾冲突，发挥评价的激励作用的。这就要求教师在实施评价时，要注意对学生进行适量、适时、适当的肯定性评价。

第二节　评价技能掌握的水平

基本技能是我国中小学课堂教学的任务之一，也是新课程改革的三维课程目标的内容，然而，相比知识学习效果评价来说，中小学学生技能掌握状况的评价在实践中往往凭教师个人经验，随意性强，没有形成有效的方法。从研究的角度来说，谈得比较多的也是教师和职业学校学生的职业技能等问题。因此，对中小学技能掌握水平如何评价进行探讨是非常必要的。

一、何为技能

1. 技能的界定

要评价中小学学生技能掌握水平，应厘清技能的界定。否则，培养和评价就失去了方向。《中国大百科全书·心理学》把技能定义为"通过练习获得的能够完成一定任务的活动系统"。《心理学大词典》的技能定义是："个体运用已有的知识经验通过练习而形成智力动作方式和肢体的动作方式的复杂系统。"《教育大词典》的技能定义是："主体在已有知识经验的基础上，经练习形成的执行某种任务的活动方式。"现代认知心理学家将知识分为陈述性知识（declarative knowledge）和程序性知识（procedural knowledge）。前者指个人具有有意识的提取线索，是能直接陈述（包括口头和书面陈述）的知识，也是上文我们探讨的理论知识。后者是指个人没有有意识地提取线索，只能借助某种动作形式间接推测的知识。由此看来，技能是一种动作方式。

技能与知识、能力是有区别的，表现在：

技能与知识不同。如生活常识、物理知识、化学知识、数学知识，可以通过语言文字等形式传授，而技能必须亲自学习，并坚持练习才能掌握其中的技巧。而一旦停止练习，技能将很快变得生疏。技能掌握是一种熟能生巧的活动，对眼手的协调能力要求很高。技能必须与具体活动相互联系，其程度在活动中体现出来。

技能与能力不同。能力，就是指顺利完成某一活动所必需的主观条件。技能与能力相比，更强调处理事情的自动化程度、速度、准确度，它是以行动方式的形式为人所掌握，而能力是一种稳定表现出来的心理特点。

2. 技能的特征

（1）由局部动作结合成为完整的动作系统

掌握技能的初期，总是把完整的技能分解成为各个组成部分，并逐步掌握。各个动作是孤立的，经过反复练习各个动作才联合成为完整的动作系统。熟练技巧的形成，从生理机制上看，就是在大脑皮层建立了巩固的暂时联系系统，即动力定型。而暂时联系系统的建立，是大脑皮层分析综合活动的结果。

（2）多余动作和紧张状态的消失

学生在掌握技能的初期，往往出现情绪紧张和多余动作。这是由于兴奋过度扩散和神经过程之间斗争没有形成分化的结果。经过多次练习，熟练形成以后，这些多余动作和紧张就消失了。

（3）视觉控制的减弱和动觉控制的加强

在技能形成的初期，学生往往需要用视觉控制自己的动作。形成熟练以后，动觉控制就逐渐代替了视觉的控制。

（4）活动方法的灵活运用

人的行动是由一系列动作组成的。一个掌握了熟练技巧的学生，不仅掌握多种多样的技能动作，而且能够善于根据客观条件的变化而灵活地运用这些技能动作。

二、技能的分类

技能的分类可以从不同的维度进行，至今还没有一种为人们广泛接受的分类标准。

按其熟练程度，技能可分为初级技能和技巧性技能。初级技能只表示"会做"某件事，而未达到熟练的程度。初级技能如果经过有目的、有组织的反复练习，动作就会趋向自动化。技巧是一种达到迅速、准确、运用自如的技能。也叫"熟练技术"。是经过反复训练而形成的自动化的操作技能。其完成几乎不需要人的意识参与，人对动作的视觉控制减弱，对活动的整体控制加强。形成过程的生理基础是大脑皮层建立巩固的自动化的暂时联系系统，即动力定型。

按其性质和表现特点，技能分为操作技能和心智技能。一般来讲，操作技能是指通过学习而形成的合法则的操作活动方式，如书写、骑车等活动的技能。所谓心智技能，是一种调节和控制心智活动的经验，是通过学习而形成的合法则的心智活动方式，如演算、写作之类的技能。

对于中小学生来说，我们认为教育目的要求其掌握的技能包括语言技能、阅读技能、运动技能、信息技术操作技能、实验技能、劳动技能、生活技能、艺术技能等。

本部分主要对学生的语言表达技能、阅读技能、课内外提问技能、解题技能、实验操作技能等方面进行一些介绍。

1. 语言表达技能

语言表达技能是人们解释或解说知识和专门技术的行为方式，是课堂中采用最普遍、最经常的师生互动方式，语言表达技能是学习者诸项技能中最基本的技能之一，其优点在于它能在较短的时间内较简洁地阐述知识，解决问题，为学习者的职业生涯打下良好的表达基础。语言表达技能的主要类型包括：

（1）描述类技能

这一类技能主要是学习者能够用语言一方面非常完整地、客观地将事物的形态、各种特性、发展变化以及他们之间的联系顺畅地描述出来；另一方面会运用各种语言技巧将某些事件或者事物具体、形象、生动地再现在听者眼前，使其仿佛置身其中的一种技能。

（2）诠释类技能

这一类技能主要指学习者能够运用非常简洁、准确的语言将事件的发生原因、发展过程、影响因素，以及事物的内涵、发展规律、本质特征、内在逻辑关系等一一加以说明、解释和讲解的一种技能。

（3）论证类技能

这类技能主要考查的是学习者的知识掌握情况、逻辑性思维能力，以及运用已有知识和经验，并通过一定的逻辑思考对某些公理、法则、公式进行证明和推断，或者在这个过程中生成新知识，发现新的知识，并且运用富有逻辑性的语言对已有资料进行提炼并且论说的一种技能。

2. 阅读技能

阅读对所有学生来说，都是开发智力、拓宽眼界和陶冶情操的有效手段。在当今知识爆炸、信息瞬息万变的时代，各种信息层出不穷，学生掌握了一定的阅读技能、养成良好的阅读习惯，根据文章性质的不同，采取精读、略读的方式，能够获得大量的信息，而且也必将为他们今后继续学习打下坚实的基础。如《语文课程标准》在实施建议中提出："语文教学要注重语言的积累、感悟和运用，注重基本技能的训练，给学生打下扎实的语文基础。同时要重视开发学生的创造潜能，促进学生持续发展。"而语文阅读技能的培养应有利于学生语文素养的提高和创造潜能的开发。

普通阅读技能是指适用于各种阅读材料的阅读技能。它包括精读和评读等基本的阅读技能、略读和浏览等常用的阅读技能、默读和速读等高效的阅读技能以及问读和查读等突破性阅读技能。

3. 课堂提问技能

传统课堂只有教师课前向学生提出预设的问题，或者在课堂上根据所教学的内容随机向学生提出问题，再由学生根据知识、技能的积累，回答教师的提问。这种问答型的课堂只是学生一味地被动作答，无法体现出学生的主动性。新课程改革之后，课堂教学方式发生了变化，不但要求教师多向学生提问，更要求教师鼓励学生在课堂上积极思考、大胆提问。学生课堂提问不仅能够使其在课堂上高度集中注意力,更是学生由已知到探求未知、由被动接受式学习,向主动、探究式学习方式转变的重要标志,倡导学生带着问题进课堂,在解决这些问题的时候使他们带着更多的问题走出课堂,自己去探索,对于培养学生的能力发挥着巨大作用。具体表现在以下方面:学生课堂提问能激发学生的探索、创造精神,给学习注入新的活力;能给学生创造更多的学习机会,使学生在课外能投入更多的精力和时间在学习上;可调动学生思维的积极性,有利于在课堂上集中注意力,提高学习效率;能加强师生间的感情交流;能激活学生的学习热情,使课堂氛围更加融洽;能促进师生间的信息交流,加强学生对课堂内容的理解;能给教师增加一种紧迫感,促使其时刻注重自身知识水平的提高和能力的增强。

当然,倡导学生在课堂中提问必须注意以下问题:要注意在提出问题时问题表达要简洁、准确、精练,能使其他人能明白所表达的主要内容;注意提问的时机要适宜;提出的问题要与课堂内容相关,并且难度适宜,以能引起同学与教师的思考但又不宜太难,且要具有一定的启发性为宜。

4. 解题技能

对于学生来说,拥有一定的解题技能是必须的,解题能力从某些方面体现出学生的知识占有、思维方式等方面的素质。学生要形成较高的解题技能,必须记住并理解概念、公式,能够很好地理解题目的意思以及要考查的能力,能够在对题目进行有效分析的基础上准确、灵活地运用相关概念、公式解题。

5. 实验操作技能

实验操作技能是自然学科教学中的重要学习能力之一,也是课堂教学评价的重要内容。它是认知与操作技能的结合。掌握必备的理论知识和准确地进行实验操作是一个有机整体。不同的学科,其所包括的实验能力是不同的,但总的来说一般都包括以下几方面能力:实验设计能力、实验观察能力、实验操作能力和实验思维能力等几个方面。学生掌握了技能,对科学的求知欲倍增,为将来探求科学架设了一座无影之桥。

三、学生技能掌握水平的评价策略

1. 表现任务评价策略

由于技能往往需要借助某种动作形式来表现出来,因此,对课堂教学中学生技能掌握水平的评价一般都采用表现性评价来进行,基本思想是尽可能地创造条件将学生所具有的某种技能通过外显的一些操作以及成果来得以体现，这是评价学生是否掌握了某项技能，以及掌握技能水平高低的最常用方法。

对表现性评价的定义，有人认为，"是指通过观察学生在完成实际任务时的表现来评价学生已取得的发展成就的评价。"①也有人认为，"是指通过学生自己给出的问题答案和展示的作品来判断学生所获得的知识和技能的评价。"②还有人认为，"是指让学生参与一些活动，要求他们实际表现出某种特定的表现性技能，或者创建出符合某种特定标准的成果或作品，简言之，就是我们在学生执行具体的操作时直接观察和评价他们的表现。"③

以上定义都包含一个共同要素，即表现性评价是在学生运用已有知识和技能来完成实际的或模拟真实情境的任务时对其技能水平进行的一种评价。这种评价方式能够诱导学生产生真实反应，而且一般这种评价都能反映学生的真实水平。正是由于这种评价往往能够反映被测者实际掌握技能的水平，因此深受欢迎。

表现性评价可以分为限制型和扩展型表现任务策略。如表 4-1 所示④：

表 4-1　表现性任务的类型

任务类型	具体任务
限制型的表现任务	大声朗读 用外语问路 设计一个表格 使用一种科学仪器 打字
扩展型的表现任务	建造一个模型 收集、分析和评估数据 组织观点，创作一种视听作品，一个内容完整的演技 创作一幅画和演奏一种乐器 写一个具有创造性的小故事

---

① 李金云. 语文学习评价研究. 西北师范大学硕士学位论文，2003

② 李永珺，张向众. 新课程评价中的表现性评定. 教育发展研究，2002(12)：54

③ ［美］斯蒂金斯. 促进学习的学生参与式课堂评价(第四版). 北京：中国轻工业出版社，2005：155

④ ［美］R. L. Linn，N. E. Gronlund. 教学中的测验与评价. 北京：中国轻工业出版社，2003：183

这两种类型的表现性评价各有优势和局限，也适用于不同的情况。限制型的表现任务比较简单、具体，容易完成，较具结构性，易于设计和进行评分控制，便于和大多数课程内容紧密结合，但限制较多，所以也使得学生在完成时主动发挥的余地较小，不能充分发挥学生的能力；扩展型的表现任务一般只对任务主题有明确的要求，给学生提供了充分发挥个人独创性和能力的空间，能够更加全面地反映出学生的知识能力水平，但是由于这种任务相对较难完成，所以要花费学生更多的时间和精力，也比较繁杂。这种扩展型的表现任务更适用于研究性的课程设计和研究性课程作业。两种评价方式各适用于不同的情况，如果能够针对不同的任务要求选择相应的评价方法，并且相互补充，那么就能最大限度地发挥出这种评价方法的效用。

(1)限制型表现评价策略

教师给学生布置的任务：测出小灯泡的电功率

[实验器材]电压表1个、电流表1个、导线若干(线头剥好)、电源、单刀开关1个、滑动变阻器(20欧)1个、小灯泡(2.5伏)1个、小灯座1个(电路已事先连接好)。

[步骤]

1. 清点材料和器材。

2. 电路已事先连接好，考生不必拆掉重连。将滑动变阻器划片移至正确的位置。

3. 闭合开关，调整滑动变阻器划片的位置，使小灯泡两端的电压示数小于额定电压，观察小灯泡的亮度，读出此时电流表的读数，计算出小灯泡的实际电功率(读取读数时举手示意监考教师)。

4. 调整滑动变阻器的位置，使得电压表的读数为额定电压值，观察小灯泡的亮度，读出此时电流表的读数，计算出小灯泡的额定电功率。

电压表示数(伏)	电流表示数(安)	小灯泡功率(瓦)

上述案例是一道物理实验操作试题，让学生通过实验测试小灯泡的电功率，整个实验过程考查的不仅仅是学生的基本物理知识，还测试了学生的观察能力、动手能力和计算能力，这种方法要比单纯地让学生套用公式计算小灯泡的功率更能考查学生的物理学科学习水平。在案例中，虽然整个实验过

程比较复杂，但是有非常清晰的结构化的要求和步骤来指导学生一步一步进行，这是一个比较典型的限制型表现评价。

（2）扩展型的表现任务

a. 模拟真实情境下的表现任务

英语教学向来注重听、说、读、写，为了培养学生熟练运用英语与人沟通的基本技能，锻炼他们的听力、口头表达能力、应变能力和合作精神等，某教师在教学《shopping》一课时采用了有别于纸笔测验的表现性评价。

● 评价设计

1. 评价形式

以小组合作为基础，要求一方学生在规定的金额内，根据自己预先制订的所需商品的标准去选购；另一方则介绍自己的商品，尽量说服"客人"购买。

2. 情境创设

模拟商品展销会，将教室布置成商品展示场所，为增强仿真性邀请外教扮作顾客和商家。

3. 具体要求

（1）课前准备：以合作小组为单位，协商选择有竞争力的商品，长辈商品的图片、画册或实物，了解介绍、选购或推销商品的程序，熟记购物涉及的常用句型和英语词汇。

（2）现场操作：双方根据各自的目标进行价格的商议、商品的推销和购买。

● 评价标准

要求学生掌握的词汇是 customer，reduce，style，dollar，shopping center，be on special，take one's time 和句型"Is this the only kind you have?""How much is this?""We have some that are different in style but not in color."等。具体评价内容和指标见表 4-2。

表 4-2

序号	评价内容		比重（%）	分数			评语	
				自评	互评	师评	自评	互评
1	仪表举止	仪容仪表整洁，举止大方得体	5					

续表

序号		评价内容	比重（%）	分数			评语	
				自评	互评	师评	自评	互评
2	态度	待人友善，热情有礼	5					
		面对困难有锲而不舍的精神	5					
3	责任心	准备充分，认真负责	5					
4	合作精神	积极参加组内活动，并提出有建设性的意见	10					
		虚心听取别人的意见，并积极采纳	10					
5	语言运用能力	善于运用基本的英语礼貌用语	5					
		熟练运用购物常用语，表达能力强	10					
		语音语调准确，语言基本功扎实	5					
		思维敏捷，思路清晰，逻辑能力强	10					
		语言表达流畅，语言运用能力强	10					
		灵活运用多种表达方式，知识面广	10					
6	其他技能	抓住顾客和商家心理，完成既定目标	5					
		巧妙处理问题，应变能力强	5					

案例中，教师通过设置模拟情境，让学生进行角色扮演，观察学生在实际活动中的"做"，以此来评价学生对单词掌握的情况和运用词组、句型的能力。情境模拟表现任务，不但调动了学生的学习热情和积极性，而且从评价内容来说，也远远超出了知识掌握的范畴，除了检测学生对词汇、词组和句型的掌握和运用，还评价学生的合作精神、与人沟通的能力、信息处理能力、应变能力、分析问题和解决问题的能力以及面对困难的情感和态度。而这些非智力因素都是传统的纸笔测验所不能检测到的。

b. 真实情境中的表现任务

我们还可以从学生熟悉的生活问题情境中来挖掘表现性任务，这样不但能解决实际生活中的问题，更能从中培养学生解决问题的能力，如下面这一案例：

环节1：创设情境，激发激情

学校准备组织一次秋游，邀请敬老院的老人们一起去，请大家讨论一下，秋游必须考虑哪些问题？学生七嘴八舌地谈起了自己的看法。

生 1：秋游应该选择我们喜欢玩儿的地方。

生 2：还得选适合老人去的地方，不能太累。

生 3：秋游应该选一个晴朗的天气出行。

生 4：游玩时间分配合理，好玩儿的地方要玩儿久一点儿。

生 5：要爱护环境，不乱扔垃圾。

生 6：要解决好交通问题。

生 7：让晕车的人坐在车前面。

生 8：租车和买票时要清楚参加活动的人数，看看有没有优惠。

生 9：要尽量省钱。

环节 2：小组讨论，解决问题

投影出示相关资料：

参加活动的人数是：老人 75 人，学生 150 人，教师 5 人。租车时有两种选择：一种是大巴，限乘坐 42 人，每天租金 620 元；一种是中巴，限乘坐 24 人，每天租金 400 元。

请 4 人为一个小组讨论租车方案。

小组讨论后，提出了一些方案：

①全部租大巴；

②全部租中巴；

③租 5 辆大巴和 1 辆中巴；

④租 4 辆大巴和 3 辆中巴；

⑤租 3 辆大巴和 5 辆中巴；

⑥租 2 辆大巴和 7 辆中巴；

⑦租 1 辆大巴和 8 辆中巴。

环节 3：计算比较，选择最优

教师先肯定了其中方案都是可行的，然后要求各组按各自提出的方案计算出需要多少租金，比比哪种方案最省钱。

当计算结果表明方案③最省钱时，教师继续引导大家讨论为什么这种方案最省钱。

生 1：租大巴省钱，因为租大巴平均每人花车费 14 元多，租中巴平均每人要花车费 16 元多。

生 2：那为什么全部租大巴的方案不是最省钱的呢？

生3：还得考虑空座位数。全部租大巴的话最后一辆才坐20人，太浪费了，不如租5辆大巴和1辆中巴省钱。

生4：所以租车时应考虑参加的总人数，既要尽可能租比较便宜的大巴，又要使空座位数尽可能少。

生5：我们组认为应该全部租中巴，因为坐中巴比较舒服。

生6：但是现在要求最省钱呀，所以还是方案③最优。

生7：要选择最优的方案，必须将能想到的方案都尽可能提出来，并通过计算来比较，找到最优的方案。

师：你们考虑问题很全面，总结也很好。我们学数学，就是要学会这种系统的、有条理地分析问题和解决问题的方法，让数学在我们的生活中发挥更大的作用。

案例中要求学生设计秋游租车方案，是一个很好地培养学生分析问题和解决问题的表现性任务。同样的题目，如果换一种呈现方式，以应用题的形式呈现，恐怕既不能引起学生兴趣，很多学生也不一定能够解决。案例中，教师创设的表现性任务，最大的特点就是为学生提供了一个他们在日常生活中可能会遇到的真实任务，于是激发了学生的兴趣。解决问题中需要运用学生的计算知识和能力，也符合学生的已有水平，学生在完成这样的任务时所表现出的行为，接近于他们的真实能力和对数学的真实理解，再加上教师的及时引导，很好地促进了学生数学能力的提高，加深了对数学的认识。

c. 专题型的表现任务

我们还可以以培养学生的某种能力为目标而给学生提供一些提示和提出一系列要求，以便学生在完成任务时有一定的方向和目标，同时又能尽可能地培养学生的能力。

一教师以提高学生历史知识水平、作文水平和收集整理信息能力为目标而给学生布置了以下任务：

《伶官传序》的作者是欧阳修。欧阳修是我们永丰县沙溪镇人。作为生活在欧阳修故乡的学子，我们对欧阳修了解多少呢？请写一篇有关欧阳修的文章。

提示：

1. 校园内外有多处有关欧阳修的文化景点，如欧阳修塑像、西阳宫、欧阳修父母合墓等，可先参观游览，然后写一篇记叙类文章。

2. 采访欧阳修的后裔及其村人，收集、整理几则民间故事。

3．学校阅览室、图书室有一些有关欧阳修的文章和书籍，不妨去阅读，摘抄，为写文章准备材料。

4．学校的微机室上了互联网，可以从网上查阅，下载有关欧阳修的资料。

5．选择以上任何一种研究方式，按各自兴趣分成若干小组，但要注意资源共享，互相交流，争取每组拿出一篇好文章。

研究时间：一星期。

研究结果：学生虽然生活在欧阳修的故乡，但过去对欧阳修的了解却大多一鳞半爪。

通过一星期的研究性学习，学生对欧阳修的认识已经比较系统和全面。他们整理出 4 篇民间传说，4 篇游记散文，3 篇赞扬欧阳修创新精神的议论文，3 篇从政治上、文学上、史学上介绍欧阳修的人物小传。教师组织学生编写手抄报，挂在学校宣传橱窗供全校师生阅读、评价；另外，教师还从其中选出 3 篇文章推荐到校刊《荻花》并发表了。此举受到了学校的表扬，学生们深受鼓舞。

该案例中教师围绕欧阳修这一主题给学生布置的专题作业，具有综合性、开放性和灵活性，给学生完成作业的时间也比较长。完成这样的任务，需要学生做多方面的准备工作，既需要查阅资料，又需要进行采访，学生通过各种渠道对欧阳修有了系统的和全面的了解。整个评价过程充分发挥了学生的积极性，教师让学生把写的文章编成手抄报，以供全校师生学习和评价，达到了智慧共享、共同提高的目的。

这种表现性评价最大的效用就是能够最大限度地调动学生学习的主动性和积极性，可以让学生在学习时更加轻松和愉悦，能够获得一定的自我评价能力，了解自己所具备的技能，并通过尽可能多的方法来展示自己的这种技能。因此，教师如果能够很好地运用表现任务评价，那么就能在一定程度上给予学生一定的自信和更多表现自己的机会。

2．感悟、欣赏和评论策略

阅读常常需要经过识读、解读、赏读、评读等阶段。感悟、欣赏和评论是评价阅读技能的有效的途径。通过感悟，写读后感、交流阅读心得，不仅可以清楚地了解读者形成自己阅读感受的背景，还可以了解读者的阅读思路、提取文中信息情况、推测和分析作者的写作用意过程、质疑析疑的方法以及探究阅读的技术措施。赏读，用欣赏的心情阅读作品，体验自己的情感，领悟作品的精妙，从中获得对自然、社会、人生的有益启示。评论与感悟和赏读比起来，更具有理性化的色彩。它既是深刻理解作品的需要，也是进行思维训练的需要。通过评论，可以展示文本作者的思路，展示读者的思路，理性地看待阅读的过程，利用已有知识对掌握新知识产生积极的影响，超越文本并形成新的见解，能够更清楚地看到阅读技能的水平。

3. 练习和竞赛评价策略

技能只有通过实践才能掌握，如实验技能的培养，在规定的学生实验外，适当增加一些随堂实验，以及开展课外活动等，创造条件让学生多动手做实验是十分重要的。因此，对于实验操作技能的评价，可以通过多变换练习形式，在学生的练习过程中进行。

技能竞赛也是评价学生技能的一个非常有效的策略，不仅是展示学生自己技能水平的一个平台，还可看看其他同学的作品水平，寻找差距，同时也开阔了学生的视野。

第三节　评价学习习惯
是否养成

习惯是通过反复练习、逐渐养成的与个人内部需要相适应的一种自动化的动力系统。一种习惯一旦养成，人的优势心理反应就会维持这种习惯而不去改变它，否则就会感到难受和别扭。当然，学习习惯也同样遵循这一心理规则。"学习习惯是人们在长期的学习过程中，通过反复练习，逐渐养成的个体需要的相对稳定的一种自动化行为定势（趋势）。"[①]良好的学习习惯一旦养成，可使学习变为一种需要，可以省时省力，依照自动化的行为定势去做，从而轻松地获得更多的知识。

目前，我国中小学生中普遍存在着学习效率低的现象，这无形中加重了他们的学习负担。造成这种现实有诸多因素，其中一个重要原因是学生没有

---

① 白文飞. 应用激励性评价方法　促进中小学生学习习惯的养成. 教育理论与实践，2004(14)：45

养成良好的学习习惯,如不善于合理安排时间,缺乏有计划的学习,缺乏预习和课前准备的习惯,不善于温故而知新,没有复习的习惯,学习懒散,依赖性强,作业抄袭、拖欠、潦草现象严重,上课注意力不集中,克服困难的信心不足,缺乏刻苦钻研的习惯等。

我国教育家叶圣陶说过:"教育本质是培养学生良好的习惯。"良好的习惯可以使学生成为学习的主人,有助于他们当前的学习,对他们今后的工作、学习也会发生影响,甚至终身受益。学生在学校从教师、教材以及学习活动中获得理论知识和技能都是教师"授人以鱼"加之学生积极获取的结果,而学习习惯的养成就是教师的"授人以渔"和学生自己在学习中不断地总结学习经验并从中获得方法的结果。从学校教育来说,对学生学习习惯进行评价是非常有必要的:一方面对学生的学习习惯作出诊断,使学生看到自身的优缺点,发扬好的习惯,影响周围的同学,同时明确改进的方向;另一方面,通过制订供学生、教师、家长用的评价标准,让学生、教师、家长参与评价,加强他们培养学生良好学习习惯的意识,促进学生学习习惯的改善。所以对学生是否养成了良好的学习习惯进行考查是检验课堂学习效果的又一重要指标。从学生个体发展来说,他们离开了学校之后,在社会生活中除了运用曾经的理论知识和技能之外,良好的学习习惯更是学生获取更多知识、不断完善自我的一个非常好的途径。

因此,为提高课堂教学质量,教师有必要借助于评价手段准确地评价学生的学习习惯是否养成,从而更好地培养学生良好的学习习惯,这也是新课程改革对课堂教学培养学生主动性、自觉性、能动性的要求。建立促进学生全面发展的评价体系。评价不仅要关注学生的学业成绩,而且要发现和发展学生多方面的潜能,了解学生发展中的需求,帮助学生认识自我,建立自信。发挥评价的教育功能,促进学生在原有水平上的发展。但就目前对学生学习习惯进行评价的现状来说却并不理想,还存在着一系列的问题。

一、学生学习习惯评价中存在的问题

1. 忽视对学习习惯的评价

新一轮的基础教育改革虽然进行得如火如荼,但暂时也没能解决应试教育长久以来对中国教育的影响,而由于应试教育对学生成绩的要求,教师也将对学生的评价集中在了学习成绩上,而无形中忽视了对学习习惯的评价。殊不知很多学生学习成绩无法提高的原因之一就是没能养成良好的学习习惯。如有的学生上课时没有养成认真听讲的习惯,而下课了再去花更多的时间来补习上课漏掉的知识点，这只会让自己花掉了时间和精力，而知识的掌握程度却大打折扣；有的学生没有养成独立思考的习惯，平时对于老师所布置的作业或任务拖拖拉拉，更多的时候是将别人的成果拿来复制一遍就算完成任务，而一到考试时看见试卷上的题目，只是似曾相识，却不知如何下笔……这种种不良的学习习惯，不管是由于老师的监督不到位（如上课不认真听讲的习惯）形成的，还是自身自制力不强（如不能独立思考的习惯）造成的，这都与教师忽视了对学习习惯的评价有着直接的关系。

2．评价内容不全面

目前很多教师在对学生进行学习习惯的评价时，都更加注重对课堂上学生所表现出来的学习习惯进行评价，如认真听讲的习惯、记笔记的习惯等，而忽视某些不外显的、不易评价的学习习惯，如善于质疑、提问的习惯等。对于中小学这个阶段的学生来说，是养成良好学习习惯的一个关键时期，不论是在课堂上，还是在课后的一系列好的学习习惯，一方面需要学生的自制力和自省能力，更多的是需要教师的多方面评价来督促，使得他们在教师的评价中不断养成良好的学习习惯。然而不可否认的是，目前很多教师没有认识到中小学生认识事物的能力不够，自制力不强的这个事实，使得他们对学生的评价只是停留在学习成绩，以及简单的说教，而在评价学生的学习习惯的养成方面所做的努力是不够的。

3．评价标准单一

根据霍华德·加德纳提出的"多元智能理论"，我们知道，每个人都有着自己相对优势与相对弱势的领域，不同人有着不同的认知及自我价值实现方式，在智能和教育面前人人平等，每个学生都有其不同的闪光点，对于学习也有着不同的方法和习惯。通过对学习习惯的评价，要尽可能地让每个学生都能认识到自己的优劣势，以使得他们养成良好的学习行为习惯。

而很多教师在评价过程中，没有充分考虑到学生个体的差异，对于不同的学生，都是运用的同一个标准来评价，让很多学生，尤其是成绩较差的学生失去了很多展现自己另外一面的机会。例如，评价学生是否养成了认真完成作业的习惯时，无论是优生还是差生，布置的作业量，还有难度都一样，且一律都要求完成准确率要高达80％以上。这样的要求对于那些成绩优秀的学生来说可能没问题，但是对于成绩稍显落后的那些学生来说可能就是一个难以完成的任务，那么这些学生可能就会因为害怕作业没能按时按质按量地完成而遭受老师的责骂，而选择复制别人的作业，这样评价不但不能起到检查学生的学习成效的作用，更无法促进学生养成良好的学习习惯。再如教师检查学生是否养成了上课积极回答问题的习惯时，所提的问题都是在知识点之外的有一定难度的问题，那么这种提问也会变成成绩好的学生的表演时间，而对于那些连基本的知识点都掌握得不是很牢固的学生来说，就只能观望，久而久之，恐怕连回答简单问题的那点勇气都慢慢消失殆尽了。

4. 评价语言缺乏变化

目前，我国的很多中小学教师在对学生进行评价时，都有了一系列惯用的词语，如"很好""不错""再想想""再思考一下""有没有不同意见""还有谁会说"等，这些都成了教师在课堂上进行评价的常用词，有着很高的使用频率。而这些词语的频繁使用，使得它们已经渐渐失去了激励作用，有时还会使得学生产生抵触甚至反感情绪。如下面这个案例是一个教师教授《四季》的教学片段。

师：秋天来了，谷穗儿为什么弯起来？

生甲：因为谷穗儿很重。

生乙：因为谷穗儿很懒。

师：（有些焦急）有不同的意见吗？

生丙：因为谷穗儿抬不起头。

师：（更加焦急）还有谁会说？

生丁：秋天来了，谷穗儿成熟了。

师：（两眼发光，声调上扬）你真聪明！太棒了！

从这一个案例可以看出，在学生回答之前，教师就已经设定了统一的标准答案，教师提问的目的就是要学生回答出他心中所设定的标准答案，却忽视了学生的独特体验和不同见解。这样的评价，只能使学生越学越死板，根本谈不上个性的张扬、创造性的发挥和成功的体验，更谈不上利用这个提问来使学生养成善于思考、勇于创新的习惯了。

下面这个案例是一位教师教授《我的战友邱少云》这篇课文时的教学片段。

师：请同学们仔仔细细地读这段话，此时此刻，邱少云心中会想些什么呢？

（语段：哎呀！火烧到邱少云身上了！他的棉衣已经烧着，火苗趁着风势乱窜，一团烈火把他整个儿包住了。）

生：（迫不及待）邱少云会想：太烫了，我快熬不住了，谁来救我！

师：（不高兴）有不同意见吗？

生：（跃跃欲试）邱少云想：怎么那么痛！这下没命了，我要死了！要是现在下雨该多好！

师：（语气生硬）会这么想吗？

生：（胸有成竹）邱少云想：为了整个班、为了整个潜伏部队、为了这次战斗的胜利，烈火烧身算得了什么？因此他像千斤巨石一般，趴在火堆里一动也不动。

师：对！此时此刻的邱少云一心想的是整个班、整个潜伏部队的安全，想的是这次战斗的胜利。哪里还会顾到自己的生命？根本就不会想着下雨。

这个案例和上面的第一个案例一样，当学生的回答不是教师想要的时候，学生充满感情的回答就会被教师简单的几个字给冷冰冰地否定了。这不但扼杀了学生的创造性、人性和爱心，同时更抹杀了他们回答问题的积极性和善于思考的动力。

课堂教学评价不仅要关注学生知识的掌握、能力的提高以及思维的过程和方法，还要充分关注学生的情感和态度以及学习习惯的养成。从这两个案例中，我们可以看到教师在评价时所运用的语言生硬、没有生气，且缺乏对学生积极性的鼓励，情感的培养和呵护，这是和新课改的评价理论相悖的。

5. 评价主体单一

过去的评价主体主要是教师，作为教学主体的学生没有评价权，这种情况一直延续至今，尽管有所改善但改善效果不佳。教师仍然是评价学生情况的唯一"主宰"，他们在对学生进行学习习惯的评价时，没有发挥学生主体的作用。要知道对于学习习惯的评价，不同于对学习成绩进行评价，仅凭教师一个人，了解每个学生的学习习惯也是不现实的，而且很多习惯教师通过一般的观察也根本无法了解。而现在的学生自尊心特别强，对于教师的评价，他们不一定认可，尤其是不正确的评价，他们不但不能认可，还可能使他们出现更强的逆反心理，这样的评价难以真正纠正其坏习惯。受到伤害的被评价者就会采取不合作态度，"客观的"评价结果也就难以被具有其他文化背景和其他价值观念的人接受。于是，希望通过评价来改进课程、教学、教育的期望也就落空了。

二、学生学习习惯评价的具体策略

我们知道，在生活中要养成一个好的习惯，并不容易，是长期不断坚持的结果。而学习习惯也是如此，一个良好学习习惯的形成并不是一朝一夕的事情，是一个长期发展的艰苦过程，也是磨炼学生意志、性格、品质的过程。要有一定的毅力和耐心，不能一遇挫折就轻易放弃。在学生养成良好的学习习惯过程中，教师有必要不断给予评价，使得学生在教师的评价中逐步养成良好的学习习惯。对学生是否养成了学习习惯进行评价，主要有以下几种策略：

1．课堂与课外观察

一般来说，学生良好的学习习惯包括：课前预习的习惯、课堂上认真听课的习惯、记笔记的习惯、独立思考的习惯；多思、善问、大胆质疑的习惯；及时完成规定的学习任务的习惯；课后复习巩固的习惯等。有些学习习惯是在课堂上可以通过学生的一些行为和活动表现出来的，因此，需要我们在随堂听课过程中有意识地对学生的行为进行非常细致地观察并一一记录下来，再分析在每一个行为的背后隐藏着学生怎样的学习习惯。

我们可以编制一个如下面这一案例中的课堂观察检核表来记录学生的行为，然后判断其是否形成了良好的学习习惯，或者说有哪些不良的学习习惯。

美国学者拉格(E.C.Wragg)设计了一个观察表(见表4—3)，用来观察课堂中学生不当行为的发生情况。观察者每1.5分钟内针对目标学生做一次记录，表4-3中每一列代表一个1.5分钟。根据表中的记录，可见第一个1.5分钟内学生发生了4种不当行为。

表4-3　课堂观察检核表

不当行为的类型	时间				
	1	2	3	4	5
吵闹或违纪说话	√				
不适宜的运动	√				
不适宜地使用材料					
损坏学习材料或设备					
不经允许拿别人的东西	√				
动作侵扰其他同学					
违抗教师					
拒绝活动	√				

这个"课堂观察检核表"是对学生课堂学习行为的观察记录，可以由教师记录，也可以通过学习小组进行阶段性的记录，为教师全面评价学生提供有关学生行为的诊断信息，让教师了解学生有哪些行为或学习需要改进。积累一段时间的检核表资料后，就可以看出学生学习进步的情形以及学习习惯是否养成，如观察学生上课时对上课内容的熟悉程度可以得知学生是否进行了课前预习，对学生课堂行为进行观察也可以考查学生记笔记。

除了课堂观察之外，课外对学生的观察也是一种有效的评价方法。对于教师来说，与学生的接触主要是在课堂上，但在课后也会适时地关心学生的生活，以及对他们进行一定的学习辅导，教师就可以利用这些机会对学生进行观察。由于这种观察是随机的，不系统的，所以不能很准确地反映学生的习惯，但同样可以获得评价所需要的信息。不过，这种观察只能作为课堂观察的一种辅助手段来补充课堂观察的不足，而不能作为主要的观察手段。

2. 问卷调查法

学习习惯是一个比较抽象的概念，也有一些学习习惯并不是外显的，无法用精确的、行为化的指标来量化或者衡量学生养成学习习惯的水平，教师也无法在课堂上直接观察到。这时候，我们可以利用问卷对学生进行调查，通过其自我陈述，来考查他们的学习习惯养成情况。用问卷调查法评价学生的学习习惯是否养成，可以从以下几个方面来进行：

(1)制订评价标准，制作调查问卷

由于学习习惯所包含的内容非常广泛，因此，教师要明确想要评价学生哪些学习习惯，要在对学生有一定了解的前提下确定要评价的内容以及评价方式。如表 4-4① 是以学生自评为例用来调查各种学习习惯的调查表，表 4-5 是以学生英语学习习惯为例制作的调查表。

亲爱的同学：

请你认真阅读表中的内容，根据自己的实际情况，在评定等级栏中填上 A、B、C 或 D。具体填法如下：如果你做到了等级内容中 4 项，请填 A；如果你做到了等级内容中 3 项，请填 B；如果你做到了等级内容中 2 项，请填 C；如果你做到了等级内容中 1 项或 1 项都没做到，请填 D。并在做到的等级内容上打"√"(注：第 10 题直接从等级内容的①～④中选一项，按序填为 A—D)。谢谢你的合作！

———————————

① 徐小松. 小学高年级学生学习习惯评价的案例研究. 教育科研论坛，2003(Z1)：117

表 4-4

评价对象	指标体系	权重	评定标准 登记内容	评定等级
小学生学习习惯评价	1. 作业方面	0.1150	①按时按量完成；②书写工整、态度认真；③独立完成；④及时订正作业中的错误。	
	2. 刻苦钻研方面	0.1146	①遇到困难不退缩，敢于接受挑战；②与同学、教师、朋友一起克服困难；③个人独立解决困难；④主动发现问题、研究问题。	
	3. 学习计划方面	0.1057	①制订每天的学习计划；②制订各学科的学习计划；③制订每学期的学习计划；④根据具体情况，调整每一阶段的学习计划。	
	4. 上课集中注意力方面	0.1033	①不交头接耳、不做小动作、不开小差；②紧跟教师的教学思路，积极思考；③踊跃发言；④能提出与教师不同的想法。	
	5. 培养创造性思维方面	0.1013	①备好一题多解的习惯；②不受习惯性思维约束；③有独特的构思；④积极参加科技发明活动。	
	6. 作息习惯方面	0.0992	①按时睡觉、起床；②保证充足睡眠时间；③安排合理学习和娱乐活动；④充分有效地利用学习时间。	
	7. 预习和复习方面	0.0988	①备好第二天的上课用品；②课前阅读教材，列出疑难点；③课后完成一定量的练习，巩固知识；④课后对所学知识进行总结。	
	8. 合作学习方面	0.0969	①能耐心为同学解答疑问；②主动帮助学习有困难的同学；③乐于与同学一块学习，共同探讨问题；④与同学分享成功经验。	
	9. 阅读书籍方面	0.0885	①有广泛阅读的兴趣和爱好；②阅读内容健康、富有教育意义的书籍；③阅读后记笔记，写心得；④与同学分享好的书籍。	
	10. 是否偏科方面	0.0767	①不偏科；②不太偏科；③较偏科；④严重偏科。	
请你回答右边的问题			1. 你每天晚上学习到几点？当天的学习任务能当天完成吗？ 2. 除了完成教师布置的作业，你每天还进行哪些学习？ 3. 平时课外书看得多吗？都看哪些课外书？ 4. 每天都预习和复习吗？简要说说你是怎样做的？ 5. 碰到学习困难，你是怎样对待的？	

亲爱的同学：

请你认真阅读表中的内容，如实地进行回答。表中的问题为单选题，每一题只能选择一项，请根据自己的实际情况在每一题下的多个选项中任选一项，并在选项下打"√"，第16题根据自己的想法随意作答。谢谢你的合作！

表4-5　英语学习习惯调查表

1. 在课堂上参与活动很_____。

A. 积极　　B. 被动　　C. 不乐意

2. 回答问题时声音_____。

A. 响亮　　B. 一般　　C. 小声

3. 早读和天天读时_____。

A. 总是大声朗读　　B. 偶尔读一读　　C. 不喜欢朗读

4. 课后阅读英语文章情况怎样？_____

A. 每周计划读一两篇　　B. 偶尔读一篇　　C. 不想读

5. 完成课后作业情况_____

A. 总是按时完成　　B. 偶尔未完成　　C. 不愿完成　　D. 总是抄袭完成

6. 识记单词情况_____

A. 每天坚持记几个　　B. 在检查前或考试前记　　C. 不想记

7. 预习情况_____

A. 总是提前预习　　B. 偶尔预习　　C. 从不预习

8. 复习情况_____

A. 学后就复习　　B. 考前才复习　　C. 从不复习

9. 对做错了的习题的处理_____

A. 改正　　B. 改正并收集　　C. 偶尔改正　　D. 从不改正

10. 课外使用英语情况_____

A. 经常　　B. 偶尔　　C. 不愿意　　D. 不好意思

11. 阅读时遇到生词_____

A. 不管它　　B. 马上查字典　　C. 先猜，看完后查字典　　D. 请教别人

E. 猜猜，继续往下读

12. 对于新学的句型和词汇_____

A. 尽可能地运用　　B. 偶尔用用　　C. 不在乎

13. 课堂上开小差吗？_____

A. 偶尔　　B. 从不　　C. 经常

14. 你对自己在英语课堂上的表现感觉_____

A. 非常满意　　B. 不太满意　　C. 非常糟糕　　D. 还可以

15. 客观评价一下自己的英语成绩 _____

A. 很好　　B. 一般　　C. 有点糟　　D. 简直糟透了

16. 你对英语教师的教学有些什么建议？

（2）收集信息

这一步是实施评价的主要内容，主要是以发放问卷的形式向学生、教师和家长收集评价信息，另外可配以实地观察、实物调查、访谈等形式收集信息，力争做到信息收集全面、客观。如针对"作业"这一评价指标，在学生作出自我评价的基础上，教师可通过查阅学生的作业本、练习册等来收集相关信息，以作出客观的评价。信息收集除了传统的发问卷形式外，还可以利用其他形式，如网络，教师在网上可以监控问卷的回收，提高回收率，还可通过电脑评价作答程序保障回收问卷的质量。

（3）整理信息

无论是学生自评、家长评价还是教师评价，都需要对相应的问卷进行统计，整理并分析，当然由于不同的评价主体之间有着一定的差异，所以在进行统计分析的时候也应该有所区别，如统计常模的选择、统计指标的运用、统计方法的选择等。在信息整理完毕之后，还要根据信息，有针对性地指出学生的优缺点，对学生做得好的方面给予表扬，对学生不足之处提出殷切期望，指明努力方向，并为学生提出发展性建议，如表4-5就是一个信息反馈表。

表 4-6

姓名　　　　性别　　　　年级、班级　　　　评价日期

评价结果	学生评价结果									得分		家长评价结果					得分			
	1	2	3	4	5	6	7	8	9	10	1	2	3	4	5	6	7	8	9	
	教师评价结果				得分			总分			等级									
	1	2	3	4	5	6	7	8	9	10										

1. 学习习惯的优点：

　　学习习惯的不足：

2. 学习习惯的独特之处：

3. 对该生学习习惯发展的建议：

班主任（签名）：

年　　月　　日

（4）评价报告反馈

将评价信息分别反馈给学生、教师、家长以及学校有关领导。学生根据评价结果可以看到自己的优缺点，进而扬长避短，发扬良好的习惯，以及不断改善不良的学习习惯，从而促进学习；教师和家长根据评价结果可以对学生有一个更加深层次的了解，同时根据结果对学生进行有针对性的辅导，帮助学生明确改进方向，增强改进学习习惯的意识；学校领导根据评价结果从宏观方面加强校风、班风、学风以及学生行为品德的建设，促进学生养成良好的学习习惯。

（5）学生学习习惯评价的再评价

再评价是对评价本身的评价，是任何一种完整评价所不可缺少的，能为今后的评价提供有效信息，促进评价工作不断完善，包括本次评价进行反馈前的再评价和反馈后的再评价。反馈前的再评价主要是对评价标准的制订是否科学、全面、具有针对性以及评价方案的实施是否科学进行论证、鉴定，以保证评价方案实施的可靠性和有效性，确保评价结果的可靠和客观。反馈后的再评价主要考查评价报告接受者对评价结果的反应情况，如对评价结果的接受程度，对各指标的看法等，同时还要考查评价在哪些方面对评价对象起到促进作用，促进的程度如何，以及如何进一步提高评价的促进作用等。

三、学生良好学习习惯的强化

学生良好学习习惯的养成，还需要通过评价来加以强化，主要策略有：

1. 对好的开始给予肯定的评价

中国有一句俗语"万事开头难"，就是说的什么事情最难得就是有一个好的开始。良好的学习习惯的养成也是如此，下定决心培养良好的学习习惯就要开始行动，朝着理想目标行动起来，要知道一次行动的价值要超过一百句口号，一千次决心。一个学生，如果决心形成一个良好的学习习惯，当他有了一个良好开始的时候，教师就要在这时给予他极大的肯定和鼓励，让他有继续维持良好习惯的动力和信心。俗话说："有志者，立长志；无志者，常立志。"为何常立志？原因是：很想好好做，就是做不好。因此，对于学生跨出养成良好习惯的第一步，一定要评价到位，既要能够达到鼓励学生进一步坚持的目的，同时不能让学生骄傲自满，浅尝辄止。如学生计划每天要记10个英语单词，从他第一天开始记单词起，就要表扬他下定这个决心的勇气；当学生认识到写字潦草、做题马虎这些毛病，决心以后要改掉这些不良习惯，在他下一次写字、做题时如果这些不良习惯有所改进，哪怕一点点进步也要给予他肯定，并给予他形成良好习惯的一些建议，那么这样一些对好的开始的肯定性评价，必将带动学生养成良好习惯的积极性。

2．循序渐进地评价

会开车的人都有这样的体验：天气冷时，车打着火后要过一会儿才能快速行驶，一打着火就快速行驶反而会灭火的。一个人培养习惯也是如此，不能还没学会走就想跑。那么在这个从走到跑的过程中，教师也要循序渐进地给予学生层次性的评价，督促他们不断提高自己。例如，学生学习英语，想要把一篇英语文章翻译出来，就必须要首先从认识每一个字母，再到熟记单词，掌握语法，进而翻译出句子、段落到最后的整篇文章。如果还没学会字母就想翻译出一整篇文章是不现实的。所以当学生决心要学好英语，并且为此制订了一个完整的学习计划，当他一步一步定时定量地完成每一个计划时，教师就要在这个过程中给予学生适当的评价。当学生掌握了单词之后，在表扬学生的同时让他知道要学好英语还有很长的路要走，他还只开了一个好头，当学生能完整地翻译出一个句子之后，要让他知道自己的进步非常大，但仍需努力……例如，一个在班上每次考试排名都在最后的学生决心使自己的学习成绩在全班的位次前移，那么对于他的一次次也要循序渐进地给予评价，使他逐渐地挖掘出自己的学习潜能，一个名次一个名次地往上爬，直到完成他的学习计划。

3．偶有偏离，及时评价

中小学生多数自制力比较差，在好习惯形成过程中，或者在坏习惯克服过程中，容易出现反复、拖拉、敷衍、放任等现象，容易出现跟着感觉走的现象。这就要求他们严格监督自己，更加需要的是教师时刻地关注与督促，如发现偶有偏离，立即作出相应评价来使他们作出调整。比如，发现学生作业字写得不规整了，上课时精神溜号了，没有执行或没有完成学习计划了……需要立即提醒，有必要时还可以作出否定性评价，是他们意识到自己偏离了轨道。要知道培养习惯，就像走路一样，发现走的路线不对，如不及时调整，那么前面所做的努力就会白费，后面的路也会偏离轨道，如果这是教师能够及时发现，并且作出适当的评价，使他们回到对的轨道上去，久而久之，一条小路便踩出来了。

4．习惯形成之后及时强化

良好习惯的形成就犹如卫星一样，在最开始点火发动将卫星推向空中时需要很大的动力，克服很多的障碍；卫星进入空中之后由于空气的阻力，仍然需要强大的动力来推动其缓缓向上飞行，并且要在卫星分离的过程中每一个阶段要循序渐进；在飞行过程中，若偶有差错，工作人员要及时调整，避免其偏离轨道；到最后正式进入太空，进入自己的轨道，就再也不会走走停停了，就会沿着轨道不停地飞行。但这时仍然时不时要注意卫星的情况，以保持良好的运行。良好学习习惯的形成从最开始到中途的努力都是比较困难的，然而只要习惯养成，就会随着这种惯性运动来支配自己的行为。但这时仍不能放松警惕，在学生随着习惯的惯性支配自己行为的时候，教师仍然要经常观察学生的行为，避免学生因为一些外部干扰或者自身情绪不佳而对学习习惯所造成的不良影响。当面对这些情况时，教师就需要为学生提供好的环境以及正确的引导，并且时时提醒，时时评价，使得学生已经形成的良好学习习惯围绕着它的正常轨道不断运行。

有人说：行为养成习惯，习惯造就性格，性格决定命运。这些话似乎有些绝对，但良好的习惯对人生的确太重要了，而习惯形成过程中，教师不断的评价与督促就是学生形成良好学习习惯的催化剂和推动力。若教师能够在学生养成习惯的道路中，时刻伴随着学生，在适当的时候给予一定的点拨和提醒，在适当的时机给予适度的评价，那么好习惯也就在不知不觉中慢慢养成了。

第五章 如何合理利用课堂评价语言

　　课堂评价语言作为课堂评价最主要的工具之一，也是教师进行课堂评价中的重点和难点。学会合理利用课堂评价语言，既充分发挥课堂评价的实际效用又升华课堂评价的现实价值。掌握语言这门艺术，合理利用课堂评价语言需对课堂评价语言从实践乃至理论有较清晰的认识。本章结合个案分析，使之融入实际的课堂情境中，力图加强理论与实践应用的联系；首先从课堂评价语言的概念、类型、特点和作用入手，对课堂评价语言内涵进行了阐述，然后对运用评价语言的方法展开分析；在此基础上结合教师课堂教学，从评价观念、评价主体和评价技术三个方面分析当前课堂评价语言中存在的问题，并提出合理利用课堂评价语言的有效策略。

第一节 课堂评价语言的
　　　 内涵与作用

一、课堂评价语言的基本内涵

　　课堂评价语言是教师"教学机智、口语技巧、教育智慧的全面展示，精彩的课堂评价语言是一门能让学生积极主动参与课堂教学活动的艺术。"[①]一个教师言语表达水平的高低直接关系到教学工作的成败、优劣，对学生素质

---

　　① 董国英. 教师课堂评价语言刍议. 河北广播电视大学学报，2007(1)：77

的高低产生潜移默化的影响。

1. 课堂评价语言的概念界定

语言是约定俗成的声音符号与意义相结合的符号系统，也是完成教学任务的主要工具。[①] 教师的语言艺术在很大程度上决定着学生学习的效率，教师的语言生动、形象、幽默、风趣、逼真，学生听了便"如临其境、如见其人、如闻其声"，使教材化难为易，学生也得到愉快的享受。课堂评价语言，主要是指在课堂教学过程中，教师对学生的行为表现作出瞬间的、即兴的、即时的、即地的评价时所使用的语言，其包括有声语言（口头语）和无声语言（体态语）。教师课堂评价语言是教师教学机智、口语技巧、教育智慧的全面展示，彰显出教师文化底蕴、人格魅力和爱生情怀。它以口头评价语言为主，如组织课堂教学的评价语言、启发式评价语言、激励式评价语言等；同时也伴随着体态语，如眼神、手势、微笑、点头等。当然，教师对课堂评价语言的使用也是因人而异、因学科而异的。如数学课上使用的语言评价与体育课上使用的语言评价就显然不同。

总之，课堂评价语言是一种基于课堂教学情境，特定语境环境下即当学生完成某一些活动或行为之后，教师对这些活动或行为，所作出的带有一定感情色彩的一种评价性语言。在实际的课堂情境中，教师的课堂评价语言所涵盖的内容不仅包括对学生知识的掌握程度、课堂行为表现优劣，还涉及学生个性及思想品德等方面的内容。课堂评价语言是语言学的重要组成部分，是最常用和最重要的教学语言。教师的课堂评价语言如果具有强烈的吸引力、亲和力和感染力，那么就一定能够激励学生满怀信心，积极主动地投入到学习活动之中，有效地实现教学目标。

2. 课堂评价语言的分类

课堂评价语言从不同的维度，其分类也不相同。但主要可以分为四大类。

（1）口头评价语言与身体评价语言

按照课堂评价的方式，课堂评价语言可以分为：口头评价语言与身体评价语言。口头评价语言指的是教师对学生在课堂上的表现采用口语形式给予肯定或否定的评价，具有直接性、快捷性和即时性。它是课堂教学评价的重要组成部分，也是一种贯穿于课堂之中常用的一种评价语言。下面以温州第

---

① 宋其蕤，冯显灿. 教学言语学. 广州：广东教育出版社，1999：15

四中学一堂校级公开课的片段为例①：

学生：铝处于第三周期第三主族，位置上刚好在金属与非金属的分界线上，具有金属的性质又具有非金属的性质。

教师：对吗？（不直接作答，微笑期待全班同学肯定答案）

学生（全班）：对！

教师：那么有哪些具体的性质呢？

学生：可以与强酸反应也可以与强碱反应都放出氢气……

教师：回答得真不错！

教师：加热铝锅中的水，水跟铝为什么不反应？

学生：铝表面有一层致密而坚固的氧化物保护膜。

师：很好！这种氧化物就是铝的主要化合物之一——氧化铝。

上例中的课堂片段所出现的"对吗、回答得真不错、很好"就是教师惯用的、典型的口头评价语言。

身体评价语言又称为肢体评价语言。相对于口头评价语言而言，身体评价语言更多体现出一种非语言的形式，即面部表情和身体姿态。虽然身体评价语言使用的频率低于口头评价语言，但是其对学生所起到的心理效应是不容忽视的。例如：教师在课堂上可以适当走近学生，拍拍他们的肩，摸摸他们的头，表示无声的支持或赞扬；或者对其在课堂上的表现露出微笑、竖起大拇指等来表达对学生的肯定和赞许；教师对学生的表现也可以适当以摇头或者摆手等形式来表达否定之意。

（2）肯定性语言与否定性语言

按照课堂评价的性质来划分，课堂评价语言分为：肯定性语言和否定性语言。肯定性语言指的是对学生的评价是以"肯定"方式为主，包括：赞许、表扬、认可等。以上课堂片段所出现的：回答得真不错、很好等就属于肯定性语言。另外，比如："太棒了！""你的回答真精彩！""太好了，聪明的阿凡提都快比不过你。""你的表现让大家刮目相看。""回答得真好！非常有创造性！""多么富有创造性的思考，你真行！""这位同学的发言很完整，声音也响亮。"否定性语言指的是对学生的评价以"否定"方式为主，包括：反对、批评、训斥等，比如："你的这种想法是错误的。""你太笨了，这个问题都回答不出。""这道题你都做不出，真是粗心大意，无可救药！""怎么读得这样，没

---

① 陈青. 课堂教学口头评价语言运用案例. 温州四中网，2006-3-3

有一点语感。""太蠢了，真是太蠢了！""对事物的反应太迟钝了。"

(3)间接性语言和直接性语言

"按照课堂评价（口头评价）的表达形式，课堂评价语言可以分为：间接性语言和直接性语言。直接性评价语言是指教师对学生在课堂上的行为表现直接使用赞赏或批评的评价语言，学生能够清楚地知道教师的态度情感。"[1] 比如："你在绘画方面非常有天赋！""那个教师在课堂上当着全班同学训斥你，这种做法是不太妥当的。"；间接性评价语言指的是教师对学生在课堂上的行为表现不使用明显的肯定或否定的评价语言。比如：一位数学教师对于某位学生采用常规思维来解答一道数学题给予评价："这道题的解题思路是很多的，如果采用另一种方式来解答，会不会更节省时间呢？"一位英语教师对某位学生的发音给出自己的评价："你这次的英文发音比前几次有所不同，希望再接再厉。"

(4)对个体的语言与对群体的语言

按照课堂评价的对象，课堂评价语言可以分为对学生个体的语言和对群体的语言。两种类型语言的不同在于：一种以单个个体为对象；而另一种则以小组或班级为对象。比如："你真是太聪明了，我们都很喜欢你！""你们的配合真默契！""三个臭皮匠顶个诸葛亮，瞧！困难的题目对你们来讲不再是一座大山了吧。""小组刚才讨论过程中非常积极、热烈，现在我们就请他们发表一下意见。""第三小组的成员通过共同努力，很好地完成了教师这次布置的任务，他们是我们班的骄傲。"

3. 课堂评价语言的艺术特点

在多年的课堂教学实践过程中，我们不难发现课堂评价语言运用成功之处：许多一线教师都在不断雕琢自己的课堂评价语言，使得自身的语言愈发精湛。他们将一个个灵活的语言塑造成一种艺术，营造出一个个优化的"教育与教学"氛围。归纳起来，这些教师的课堂评价语言具有以下五个显著的艺术特点：准确得体，生动丰富，机智巧妙，诙谐幽默，独特创新。

(1)准确得体

准确得体就是要求教师对学生的评价语言既要准确又要得体，确切地讲就是能够因人而异，有针对性地作出不同的评价。而这些评价又正好能够对

---

① 孙雷，温丽丽. 你能和学生握握手吗——浅谈口头语言和身体语言评价艺术. 黑龙江教育（中学版），2004(9)：45

学生产生一定的提醒或纠正的作用，如下例：

江苏某中学组织了一次去外地偏远山区进行教学指导的活动。当时该学校的教师听了山区学校三年级的一堂语文课，某教师将语文课上的语言记录如下："你读得很正确，若声音再响一点点就更好了，能再大声读一遍吗？""哦，你听得多仔细呀，他读错的地方都听出来了，奖你一朵红花。""读得真好，你来当小老师领着大家读三遍。""你还会组爱心这个词，你是一个有爱心的孩子。""这个字应该怎么读呀，跟教师再读一遍，第三声先下再上（教师用手比画着）。"这位山区语文教师细心地听着学生的发音和朗诵，运用了很多适合低年级学生激励性的评价语言，并且根据学生的回答及时地反馈信息。通过运用这些贴切的评价语言客观地指出了学生的长处及存在的缺点，使得学生逐步地做到符合日常朗读的基本要求：快慢适度、富有节奏、态度大方、声音洪亮。显然，正是这些准确得体的评价语言和教师明快生动的语言示范，促使学生们一次比一次读得好。

（2）生动丰富

生动丰富就是要求在课堂教学中，教师的评价语言要具有多样性与生动性相结合的特征，而不是过于单一、僵化和呆板，缺少变化。评价语言的生动与丰富，自然就会让学生如沐春风，课堂内总是呈现出一派生机勃勃的景象。比如，我们教师在组织进行全市的教学指导活动中，当听完一些优秀教师的每一堂课后，我们总是感受颇多。因为当一个学生朗诵完一篇课文之后，那位教师的评价语言非常富有变化，充满着表现力和感染力。"读得真不错！""大家听了都在佩服你念得好！""这个句子你读得多好呀，请你再读一遍，大家仔细听听！""教师都被你读得感动了。""你念得比教师还要棒。""到目前为止，你是念得最出色的一个。""教师觉得，你长大肯定能当一个播音员！"……一个个赞美之词无不彰显出亲切、生动和明朗，学生听后怎么会不被深深感染呢？怎么会不大受激励呢？怎么不想参与教师与学生互动的教学环境之中呢？当然学生们就会踊跃响应，争先恐后，一个个教学的高潮正是这样形成的。可以说，生动丰富的评价语言最大限度地调动了课堂上学生学习的主动性、积极性，活跃了课堂的气氛。

（3）机智巧妙

机智巧妙就是要求教师在对学生所提出问题产生错误理解和偏差时，运用委婉、灵活的方式巧妙地帮助学生"化险为夷""转危为安"。即避免让学生陷入一种尴尬的窘境——一种惧怕回答问题的心理，反而让其他学生佩服他回答问题的勇气和知错就改的品质。下面列举两个案例。

a. 课堂上，教师声情并茂地朗读着一位学生抄袭来的一篇作文。学生心里美滋滋的，但又忐忑不安地瞅着周围的同学。这时，有一位学生举手揭发这位暗喜的同学，说他的作文是抄来的。该学生顿时无地自容，等待着教师的批语，同学的讥笑……教师走过去，亲切地摸了摸他的头，说："大家说这篇文章写得好不好？我们就评文章写得怎样，不管其他。"学生你一言、我一语地评价了文章写得如何。这时教师说道："这样的文章，相信大家见得也不少，以后希望大家能为我们多推荐一些这样的文章。每周推荐一篇，大家轮流推荐好吗？不过别忘了说明作者的姓名和出处。对于今天第一个给我们推荐这样优秀文章的同学，大家是不是要感谢他呢？"教室里响起雷鸣般的掌声。案例中的这位教师，没有直接批评那位学生，却对所有弄虚作假者起到了震慑作用，不仅化解了课堂中的尴尬，更重要的是他用自己智慧、机智、巧妙的评价语言呵护了一颗脆弱的心。使得这个学生从心理上并不惧怕回答问题，反而增强了他的自信心。如果再遇到这种情况，他仍然会勇于发言、敢于发言。

b. 浙江省某市的一位语文教师在执教《太阳》一课时，面对突然出现的问题，沉着冷静，随机应变，进行延迟评价，给了学生一个解释的机会，让学生能够在无拘无束中展现自己独特的思维和个性化的阅读理解，有效地保护了学生的自尊心和学习的积极性，表现出教师极高的教学智慧。

教师：好，我知道大家还有很多话要说，但时间已经很长了，那么经过这一段辩论，持第一种意见的同学已经被第二种意见的同学说服了没有？（学生答没有）

教师：那么坚持第二种意见的同学，是不是被第一种意见的同学说服了呢？（学生答没有）

教师：谁也不服谁，怎么办？要不要我来讲。

学生：要。

教师：谁要我讲谁就是懒汉！（众笑）我告诉你们一个方法好不好？

学生：好。

教师：你家里如果生活中有了富余的钱，往哪儿放？

学生：银行。

教师：存在银行里面，是吧？现在我们学习中有了疑问，你不要钻牛角，钻牛角钻进去了往往就出不来了，而且耽误时间。怎么办呢？你也先把它存起来。(板书"存疑")这叫"存疑",把疑问存在这儿,先往下学。也许学到什么时候,回过头来,这个疑问就解决了,好不好?

学生:好。

(4)诙谐幽默

苏联著名教育家斯维特洛夫说过:"幽默是教育家最主要也是第一位的助手。"诙谐幽默就是要求在课堂中,教师要充分地运用幽默风趣的语言,让学生在开怀一笑中受到智慧的启迪。运用幽默风趣的语言,打破了课堂内死水般的枯燥无味的局面,使整个教学过程实现师生和谐、充满情趣的美好境界。不仅提高了教学语言的品位,而且优化了课堂教学效果。下面列举两个案例。

a. 在四川省成都市某中学的一次语文课上,当时的课文题目是《火烧云》。当学生们看到火烧云那千变万化的姿态时,一位语文教师让学生们想象火烧云还会变成什么?一位同学站起来就说:"突然,天空出现了一头牛,后面还有一堆堆的牛粪。"同学们听了,哈哈大笑,他也对自己的回答洋洋得意。那位教师顺势引导说:"火烧云,那么美,突然出现了牛粪感觉恶心吗?""赶快把天空变得美丽洁净一些吧!"教师立即追问。"突然,天空中出现了一位清洁工,拿起扫帚把牛粪扫走了。天空又恢复了它的美丽、洁净。"学生的回答令大家会心地笑起来。幽默的语言化解了课堂上的尴尬,让学生们在笑声中受到教育。

b. 一位上海浦东区某中学的特级教师上《镇定的女主人》这节课时,当时在课堂上要求学生找出"镇定"的反义词,一个学生讲"慌张",贾教师又问:"那把'慌张'放入课题,这课题应怎么读?"该生说:"是'慌张的女主人'。"大家笑了。贾教师幽默地插了一句:"你才是一个'慌张'的小姑娘呢!"大家笑得更欢了。这学生害羞地吐了一下舌头,连忙改口说:"应该是'不慌张的女主人'。"后来,这学生举手举得特别卖力。直到最后抽读课文时,该教师还特意指名,"请那位慌张的小姑娘来读!"。结果那小女孩兴奋极了,有声有色地读了起来。[①]

总之,幽默是思维的火花。智慧的结晶,是教师知识才能长期积累的结果。诙谐幽默的评价语恰到好处地推动了教学过程,使教学信息的传递风趣而高雅。

---

① 马小明,沙王花. 教师如何驾驭课堂评价语言. 中国教育研究与创新,2006(10):110

（5）独特创新

独特创新就是要求在课堂上，教师的评价语言要新颖、要独特、有创意。作为教师要能够将口语和体态语有机结合，将预设语和随机语有机结合。根据学生反馈的信息或突发情况，临时调整原先预设的口语流程，巧妙应对，独特创新地进行评价。比如，一位教师在识字教学活动时，她制作了各种形状的水果识字卡片，挂在智慧树上。而一个学生读得声音洪亮，发音准确。教师不小心把苹果卡片弄掉了。这位教师不慌不忙地拾起卡片说："你读得多好，看，连苹果也来祝贺你了，那教师就把它送给你吧！"说着，便把苹果卡片递给了那个学生。那个学生高兴得合不拢嘴，引得所有的学生羡慕不已。大家都纷纷发言，力争得到教师别具匠心的奖赏。在不知不觉中，自然形成了一个教学的高潮。其实，评价语言的确不应该只拘泥于一种形式，它应因人而异，因时而异，因课而异，因发生的情况而异，教师应全身心投入，创造性地对学生进行评价。在一次次的惊喜中，学生也会全身心投入地进行学习。这名教师似乎有一种内隐的魔力能让学生积极主动地参与课堂教学活动，使教学达到令人难以忘怀的艺术境界，教学中的评价语言是多元的，不同角度、不同程度、不同表达的评价，带来的结果都不一样。教学中评价性语言不是独立存在的个体，是相互包容、贯穿每一个教学环节的教学过程，教师积极的课堂语言评价要有更多地倡导、赞许、包容的支持，对不同学生应提出不同的要求，为每个学生提供机会，让其创造属于自己的成功，让其体验自己努力的收获。

二、课堂评价语言的作用

倘若让课堂教学直接走进学生的心灵，那么关键不在于教师说话的多少，也不在于教师辞藻的华丽与否，而在于教师能否因人、因事，使用恰当的语言评价学生的课堂表现。因此，教师运用适当的评价语言可以引发学生积极思维与情感的体验，能够创造出一个和谐互动的教学环境，这也集中反映出一个教师的教学素养，课堂驾驭能力和教学的灵敏度等。比如，一句得体的温暖人心的评语就能够让学生铭记终生；一句刺痛人心的略带有侮辱性的评语也足以给学生留下永久的心灵创伤。总之，课堂评价语言的作用如同一把双刃剑，教师必须辩证看待，扬长避短，合理使用。

1. 积极作用

（1）激励作用

"美国心理学家威廉·詹姆斯曾经说过：'人性最本质的特点就是希望得

到别人的赞赏'。"①"在新的课程标准中也提出，评价的目的不仅是为了考查学生达到学习目标的程度，更是为了检验和改进学生的学习和教师的教学……从而有效地促进学生的发展……对学生的日常表现应以鼓励表扬等积极的评价为主，采激励的语言。"②由此可见，教师应该洞察学生这种渴望得到他人赞赏的心理需求。尤其是在课堂教学过程中，教师在使用评价语言时更应该有的放矢，要么严肃、要么温和、要么直接、要么委婉。无论采用什么样的语态，教师都应该充分发挥语言的激励作用，让其尝到成功的喜悦，唤起学习激情，从而产生莫大的学习兴趣与动力。如下面这一案例。

2000年全国著名特级教师贾志敏在浙江省平湖市实验小学讲课时，执教一节三年级的作文课。当时，贾教师请学生描绘夏天的闷热，一位学生发言："大黄狗趴在树阴下伸着舌头，大口大口地喘着粗气。尽管我使劲地摇着扇子，可是额头上的汗珠仍然像断了线的珍珠似的一个劲儿地往下滴。难怪妈妈直唠叨：'这么些年，还没有见过这样的鬼天气！'话音刚落，贾教师就带头鼓掌，还热情地赞赏道："写得太精彩了，如果让我写，我也写不了这么好，即使是作家，也不过是这么写的呀！"贾教师热情昂扬的评价语言使这位学生激动得涨红了脸，也引得所有学生羡慕不已，大家又纷纷发言，力争得到贾教师的赞赏，不知不觉中又形成了一个教学高潮。③

通过这则事例，我们在佩服贾教师之余，也深刻地领悟到：满含激情的评价语言可以激励学生主动地参与到课堂教学活动中来，使得教学达到令人难以忘怀的艺术境界，使得课堂成为一个教师学生其乐融融的和谐的生态课堂。

（2）启发作用

德国教育学家第斯多惠曾经说过："教学艺术的本质不在于传授，而在于激励、唤醒和鼓舞。"④所以，教师的课堂评价语言是具有激励性的，不但能够激活学生的思维，而且能够开启学生的心智，促使评价语言发挥最大的功效。正如笔者曾经在网上阅读过一篇文章，尽管这篇文章是一位教师在教学过程中的一个小片段，主要讲述了教师是如何在教学中讲究语言艺术，抓住时机引发学生进一步思考，把学生的注意力吸引至文本，通过读、思、

---

① 罗作云，罗好裕，刘笃诚. 教师心理学概论. 成都：成都科技大学出版社，1988
② 国家教育课程标准专辑——数学课程标准. 惟存教育实验室网，2003-2-23
③ 王羿. 让作文素养在教师的课堂评价语言中提升
④ 王松泉，董百志. 教学艺术论新编. 海口：海南出版社，2000

议、悟等方法推进学生的思维进程，由表及里，由浅入深，不仅加深了学生对课文知识的理解，而且培养了学生从问题入手深入思考的习惯。这则课堂片段如下。

课堂片段：一位教师上《狐狸和乌鸦》一课，学生读到"乌鸦嘴里叼着一片肉，站在自己窝旁边的树枝上，心里很高兴"时，他开始问教师："乌鸦为什么不赶快喂她的孩子，要站在树枝上呢？而且还嘴巴朝外，尾巴对着孩子（从课文插图看出）？"教师没有直接为学生解答疑问，评价道："你读书很认真，而且观察也很仔细，还从中发现了问题。是啊，这是为什么呢？我们再认真读读课文想一想看谁能解决这个问题？""她想让别人知道她很能干找到了一片肉。""她想让别人夸奖她有本事。"……

此外，我们再看一个课堂片段①：

一位中学教师在上《不言代价与回报》一课时，向其学生问道："发现小偷你抓不抓？"话音刚落，一个声音响起"不抓"，全班同学顿时哄笑。笑声中，这个男生却低下头，脸红红的，教师开始示意学生安静。开口说道，"你非常诚实，说出了自己的真实想法，那你能把'不抓'的理由说一下，好吗？"学生说小偷凶狠，无人帮助和失窃者怕麻烦而矢口否认。其他学生在他的带领下也纷纷发言并说了一些其他不良现象，比如：好心人送被撞老人上医院，却被诬为肇事者；对衣衫褴褛的求助者倾囊相助后，却意外发现竟是骗子等。教师接着问道："那造成这些现象的原因是什么呢？"……最后，在学生回答的基础上，教师总结得出：其原因在于人与人之间缺乏爱心和信任，最重要的是有些人缺乏责任感，不能对自己做的事情承担责任，从而导致有爱心、有责任感的人经常被误解和冤枉，我们应该从自我做起，做一个有责任感、负责任的人。

从这个课堂片段中，教师所使用的启发性语言逐步推进着学生的思维，通过现象看本质，逐本溯源，从问题的原因入手，引导学生树立正确人生观，做一个具有强烈责任感和正义感的人。

（3）诊断作用

"诊断作用是课堂评价语言的基本功能，诊断性评价语言是指为查明学生的学习准备状况以及影响学习的因素而实施测定时所使用的语言。"②在课

---

① 汪妍. 课堂教学中评价语言的运用. 教学交流，2008(7)：50
② 闫菊霜. 课堂评价语言要讲究艺术性. 宁夏教育，2005(12)：67

堂教学过程中，教师若想制订一套适合每个学生特点和需要的教学方案，就必须深入了解学生对既有的知识、技能的掌握程度，了解他们的学习动机状况，发现他们在学习中存在的问题和原因等。因此，教师在课堂上获取这些信息的方法就是要充分运用评价语言的诊断作用。通过发问，观察学生对该问题回答时的表现与行为等，从而充分了解学生对知识的掌握程度，辨识造成学生学习的困难及其原因，及时将学生在课堂表现中存在的问题反馈给学生，有利于学生清楚地知道自己的对错、是非、利弊等。

（4）反馈作用

课堂评价语言具有很强的反馈作用。教师之所以针对不同学生作出不同的评价，其实质就是对学生的课堂表现和行为作出即时的、有效的、全面的反馈。这种反馈信息不但能给一些学生产生一定的警示作用，认识到自己对某些问题存在的不足即如何改进自己；而且能让一些学生在了解自己对当前知识掌握的情况下，作出下一步学习的打算即如何提高自己。因此，教师应该注重课堂评价语言的反馈作用，实事求是，尊重学生，在公平和公正的基础上，作出客观的评价。具体来说就是要求教师对于成绩不隐瞒，对于错误不偏袒，以鼓励、肯定和表扬等正面强化为主，杜绝一切轻视、为难、甚至伤害学生、打击学生、批判学生的评价行为出现。为了达到评价的全面性，在反馈过程中也可以考虑建立学生自我评价的机制，包括让学生家长参与其中。

2. 消极作用

教师的课堂评价语言如果使用不当，不但不能够充分发挥课堂评价语言应有的作用，相反还会引起很多不必要的问题，更多反映出评价语言的消极作用。比如，教师采用讽刺、挖苦、贬损的评价语言，直接会挫伤学生的积极性，挫败学生的自信心和自尊心，导致学生产生一种逆反心理，最终形成学生与教师之间的"当庭对抗"的局面，甚至还会造成学生之间人际关系的淡漠与紧张等。有时，教师所运用的负面评价过多，就难以避免评价语言消极作用的产生。尤其是对于一些成绩较差、自尊心较强的学生，稍微一刺激就会让他们难以承受，致使正常的课堂秩序变得"一团糟"。下面我们来看两个案例。

a. 云南省某县的一位数学教师出了这样一道题：某人从家到工厂，骑自行车的速度和所需的时间成什么比例？教师期待得出的正确答案是：成反比。然而一名男同学的回答却出乎意料。他认为不一定成反比，理由是这样的。从家到工厂可以有很多条路走，如果走一条弯路，即使自行车的速度很快，也会花很长时间。如果抄近路，即使速度比走弯路慢，所用时间也可能比走弯路短。显然，学生之所以得出这个结论，是由于教师没有对该题的前提条件作出明确的说明，如果该教师循循善诱，既可以鼓励学生的求异思维，也不难导出正确的结论。然而，教师的评语却令人感到莫名其妙："谁要是说不成反比例，谁的脑袋就长包了。"另一名男同学紧接着附和说："对，是脑袋积水！"教室里爆发出一阵哄堂大笑，那名发言的男同学难过得哭起来。一堂本应该上得很好的课就这样给毁了。[1]

b. 在某江苏省某市的一所中学，一位英语在英语课堂上，首先要求全体的学生进行 10 分钟新课文的英语阅读，随后，针对阅读提出了 5 个问题。当时就用英文提问："any volunteers."结果，有一个女生自告奋勇，很自信地主动站起来回答问题，没想到自己一个单词理解有偏差，致使答案差强人意。这时，这位英语教师并没有表扬该女生的勇气可嘉，反而这样训斥道："坐下，笨蛋！连个单词都理解不准确，回家好好背！"这样的评价语严重地伤害了该学生的自尊心，而这位女生又属于自尊心较为薄弱的类型，当场认为在全体学生中丢了脸，抬不起头，顿时嚎啕大哭，严重扰乱了课堂秩序。[2]

第二节 运用课堂评价语言的具体方法

作为课堂的主体，教师为了激励学生，在课堂上经常会使用"不错""很好……棒极了"等评价语言。毋庸置疑，此类语言具有一定的激励性，但重复使用，如同程序化一样，学生有时也会感到枯燥乏味，效果适得其反。那么如何让课堂评价语言这个最直接、最有效、最即时的评价方式真正发挥其

---

[1] 吴欣歆. 课堂评价的语言艺术. 语文建设，2005(3)：15～16
[2] 张虹. 提高课堂评价语言有效性的研究. [学位论文]. 上海：华东师范大学，2006：17

独有的魅力，激发学生的学习积极性，提高学习的质量和促进学生的全面发展呢？其推力关键在于讲究课堂评价语言的艺术性，合理运用不同的、具体的课堂评价语言方法。

一、引导法

教师应该尊重学生，设身处地地理解学生们的选择，特别是兴趣方面的选择。学生的兴趣爱好广泛，其中包含合适的和不适宜的。不管怎样，教师都要理解他们的选择，重在引导，激发兴趣，使得学生们确立志向，以其来指导言行。下面举湖北省荆州市某县城中学教师的一次亲身经历为例。比如：当时一位语文教师正带一个毕业班，那时市场上某一种方便面促销，买一包送一张水浒英雄卡。班中男同学风靡收集这类卡，有的向父母要钱买来后，拿走卡片就扔掉方便面，浪费极大；有的相互之间比卡，不分上下课，影响学习；有的换卡后又反悔，闹出不少矛盾。当时正学《武松打虎》一课，那位教师抓住契机，予以引导。说道："武松真是个英雄，赤手空拳打死了老虎。梁山一百零八将个个是好汉是英雄！有谁能介绍一下？"男同学听了相视一笑，顿时打开了话匣子，你一句我一言地说开了，什么"黑旋风李逵、青面兽杨志、浪里白条张顺、小李广花荣、矮脚虎杨英等"，个个说得眉飞色舞，听者津津有味。教师乘势对他们的回答一个个进行评价："说得多好呀！看来大家对梁山好汉非常熟悉呢！肯定很崇拜这些英雄吧！"男同学们纷纷点头。教师又顺势说下去："怎么也得千方百计收集一套水浒英雄卡珍藏吧！甚至梦想自己也能成为英雄吧？"最后，教师又卖了一个关子："今天就可以实现这个梦想。"几十双眼睛齐刷刷地盯着那位教师，眼神里流露出半信半疑的神色。"能够为班级、为他人分忧解难的人，谁会说不是英雄呢？"教师慢慢地说："教师碰上困难了，希望小英雄能拔刀相助！"班内一阵笑声。随后，教师自然地引到最近班内由于集卡而出现的不良倾向。同学们收敛了笑容，手不由得握紧了那叠卡，似乎怕它不翼而飞。那位教师又继续引导说道："我不忍心让大家的心血付之一炬，请大家回去想想，该怎么办？"第二天，一篇篇日记交上来了，有的写道：为这些张卡我浪费了很多时间，不想再收集了；还有的写道：为了一张小小的卡，我竟然和同学吵架，真不应该；另外的同学写道：我学水浒英雄打闹，既不文明又伤友情，应该学英雄们克服困难的顽强意志力；还有的写道：老师，我提议把全班的卡收集起来，布置在学习园地中，让每个同学都能观赏学习，不用再为卡的矛盾而担忧了。

二、对比法

对比法是课堂评价语言使用的一种常用的方法。具体来看，第一种比较的方法是指在课文中人物之间进行比较。比如：浙江省某县城的一位教师向一年级小朋友讲述完《小白兔和小灰兔》一课之后，就自己向全体小朋友创设一个情境。此情境为：某天一个最爱吃鱼的人来到江边钓鱼，怎么也钓不到，然而他旁边的人却接连钓到了好几条大鱼，眼看天色暗了，这个人该怎么办呢？给予两种选择：向那个钓到鱼的人买鱼、向他学习钓鱼的好方法。当学生选择第一种方法时，那位教师笑笑，说道："你与小灰兔的想法一样。但是鱼吃光了怎么办呢？"当学生选择第二种方法时，那位教师竖起了大拇指，夸奖道："真聪明！连聪明的小白兔都要为你竖起大拇指了！"第二种比较的方法是在同学之间进行比较。比如：湖北省某县城的一位语文教师在布置一个作文时，首先要求全体学生按照其提出的一个背景，迅速思考 10 分钟，看谁能够结合背景确立一个与主题相符的题目。结果，一个男生思考了 2 分钟，说出了自己的答案，并详细解释了自己确立该题目的缘由。当场，该教师情不自禁地说道："这是我听到的最独特最有创意的想法！"第三种比较方法是与教师进行比较。比如："太棒了！读得比教师还好呢！"最后的一种比较方法是与自身进行比较。比如："你这么说真是太棒了，我真为你的进步高兴！"

三、暗示法

暗示法是课堂评价语言运用的重要方法之一。同时，暗示法往往被运用于应对一些突发情况之中。因为这种方法可以在不失大体的情况下，为各方搭建一条相互都能够理解与沟通的桥梁。比如，一次家长开放日，学生正在学习《小山羊和小熊》一课，当一位教师讲到一年级孩子之间的友好相处时，一个孩子突然站起来，高声说某某小朋友打过他，其他小朋友也纷纷把矛头指向这个顽皮的小男孩。他们神情都很严肃，仿佛正进行着一件非常重要的事情，同仇敌忾。教室后排家长的目光齐刷刷地投向这个胖乎乎的小男孩。这个意外让讲课教师始料不及，教学活动一下子被中断了。怎么办呢？该教师急中生智，用余光察觉那个男孩正涨红着脸低着脑袋，一言不发呆坐在自己的座位上。随后，教师仍然继续讲授课程，讲着讲着，他向全体同学发问："小熊那么自私，小山羊不也愉快地在小熊需要帮忙时伸出热情的双手吗？"接着，那位教师平静地笑了笑，转而走向那个小男孩，牵起他的小手，轻轻喊着他的名字："哎呀，当时你怎么忘了道歉呢？你看，小熊看着小山羊脸红了，你现在的心情肯定和小熊一样吧？快去，小朋友们给你机会，正等着你呢！"聪明的小男孩听懂了老师的暗示，一一走到"告状"的小朋友面前，毕恭毕敬地向所有小朋友鞠了个躬："对不起！"最后，他还向他们伸出友谊之手。等到他回到自己的位置上，家长和孩子的掌声融汇成一首动听的协奏曲，久久不散。小男孩红扑扑的脸蛋上先前的阴霾逐渐消散，露出了欢快的笑脸。正是因为该教师在关键时刻，临危不乱，采用暗示的手法，起到了"四两拨千斤"的效果，才平息了这场尴尬的风波。

第三节　课堂评价语言存在的问题及对策

一、课堂评价语言中存在的问题

当前课堂教学的评价语言中所存在的问题主要表现于三个方面：评价观念、评价主体和评价技术。

1. 评价观念上存在的问题

思想是行动的先导，评价观念对评价语言的使用起到了重要的指导作用。

(1)重问题本身轻学生思维

美国著名教育评价专家斯塔弗尔比姆（D. I. Stufflebean）提出："评价最重要的意图不是为了证明，而是为了改进。"[①]在此基础上，他把评价界定为"为决策提供有用信息的过程"。关于评价的认识，在课堂教学实践中，具体表现在两个方面。第一方面是针对问题而言，首先，教师提出相关的问题，然后针对学生对问题的回答给予相应的评价。这种方式是课堂评价提供显性信息的一面。第二方面是针对学生而言，课堂评价是对学生思维过程、认知路径的一个判断过程，这种方式是课堂评价提供隐形信息的一面。在实际的

---

① 陈玉琨. 教育评价学. 北京：人民教育出版社，2000：16

课堂评价过程中，教师往往重视的从显性的方面即对问题反馈方面来判断学生的学习情况，而往往忽视学生在对问题回答过程中的思维过程。比如[①]：

在一节数学课上，教师讲授完三元一次方程组的知识之后，出示了这样一道题目请同学练习，方程1：$2X - Y = 2$

方程2：$3X - 3Y + 2Z = 7$

方程3：$X + 2Y - 7Z = 1$

2分钟后，教师对学生进行提问，A同学得出的答案：$X = 3$，$Y = 4$，$Z = 5$，B同学得出的答案：$X = 3$，$Y = 4$，$Z = 5$。C同学：$X = 3$，$Y = 4$，$Z = 5$。"正确""很好""请坐下"。这些答案都是正确的。但是学生在做这道题目时，他们是如何思考的，到底是采用消元法，还是采用代入法呢？而采取消元法，又是如何消元的呢？针对这道题目，采用哪种方法更为简便？在面对类似的问题如何根据代数式的特征采用相应的方法？教师对这些完全忽视了。其结果必然是教师只知其然，而不知其所以然。教师在匆匆结束对问题判断的过程中置于"被遗忘的角落"。这种做法是不利于教师掌握学生真实的情况的，也就不能有效地调整与改进自己的教学，导致教师的教学水平很难实质性的提高。

（2）重制度预设轻实施过程

从一定意义上说，课堂教学过程是教师按照预定的教学目标实施的"教"与学生的"学"相对立统一的过程。这是一个静态与动态相互统一的过程。从前者的角度来看，教师围绕教学目标，选定教学内容、设计教学过程、选择教学方法、进行教学反馈。这些活动都是围绕着教学目标而展开的。从后者角度来看即课堂教学具体实施过程，教师更多的是对学习的引领，通过创设学习情境、提出学习任务、组织学生参与、观察学生表现、予以个别指导而进行的师生互动的教学统一的过程。在这个过程当中，教师的角色发生了转变：从一个因学定教者转变为因学施教者。因此，从总体上来看，教学本身就是一个预设与生成的辩证统一的过程。鉴于此，教师对于评价就不能完全按照既定的条条框框来约束和限定学生。这样不但忽视了学生的个性，而且不符合教学实质的要求。

2002年5月23日《南方都市报》出版了一篇题为《学生写春天不好竟被批

---

① 张虹. 提高课堂评价语言有效性的研究.［学位论文］. 上海：华东师范大学，2006：20

评》的报道。文章讲述的是 4 月底，武汉新洲区某小学六年级一班的学生组织一次春游活动。当时语文教师布置了一道以"春天"为题的作文。全班同学交了作文。61 名学生中大多以"春天好"为题，赞美春天和风细雨，花红柳绿。唯独只有一名学生的作文与众不同，认为春天并不好。因为春天细菌繁殖旺盛，夏季蚊虫都在此时产卵孕育；春天感冒容易流行；春天雨水淅淅沥沥下个不停，使得人情绪烦躁，起伏不定，特别像个爱哭的小姑娘泪总也止不住，冷热不均，忽冷忽热。在作文点评课上，这名同学因在文中指出"春天并不好"受到了教师的严厉批评。教师认为该同学有跑题之虞，不停地在作文中写春天不好，完全是不听教师讲解，胡思乱想的结果。显然，按照教师所谓的作文的要求，这个敢想、敢说的学生是极端错误的。但是，如果抛开这些不讲，该学生对于春天的描述也可谓客观。对于"春天"的看法本来就可以褒贬各异，只要个人言之有理、言之有据，自圆其说皆可接受，而该教师由于受制于常规思维模式，引起对"异端"的严厉批评。

(3) 重单一标准轻多元思想

在我们的课堂中，学生因为兴趣、爱好、性格等特征不同而导致其认识水平与认知风格的差异。因此，辨识差异、认知多元成为当前教师所应具备的素质。比如，曾听一位同行讲到这样一件事情。该同行的孩子被学校选中，参加市级作文竞赛。于是教师要求他在假期参加创新作文讲习班。第一天，家长问儿子，教师讲得好吗？儿子说，教师就讲了一个龟兔赛跑，然后让大家接着往下编新故事。家长问："你编了吗？"儿子说："没有编。"家长又问："你不是挺爱发言的吗？怎么没有呢？"儿子说："我发言了，我对教师说，没有办法再赛下去了。只要兔子不在半路睡大觉，乌龟永远得不到第一。我说要比赛只有两个办法：第一，兔子和兔子赛，乌龟和乌龟赛。教师说这个想法太没有创意了。我又说了第二条，龟兔竞走。我说，乌龟不是在跑，一直都是在走，而兔子一直在跑。一个走，一个跑，当然兔子占便宜了。如果再赛，就不能再让兔子占便宜了，来个龟兔竞走。竞走比赛，乌龟绝不会犯规，因为它爬动时，从来不四脚腾空。兔子就难了，兔子生来就是只会蹦蹦跳跳，竞走嘛，蹦和跳都算犯规。所以，第一回龟和兔赛跑，第二回兔和龟就应该比竞走，比赛竞走嘛，兔子未必能得第一。"家长听了说："对呀，老师怎么说？"儿子不高兴地答："老师说，瞎扯什么呀，你坐下来吧！"

从此案例中，我们可以看到多出"创新"的思路。但是教师却用自己的一套教学标准来衡量该学生的想法，甚至训斥学生的思想。长此以往，该学生就会丧失创新的意识，不愿创新，唯唯诺诺。

2. 评价的主体问题

(1)缺乏对课堂评价的足够认识

随着党中央提出科学发展观，"以人为本"的理念深入人心，也使得教育评价的价值取向越来越注重突出人在教育评价中的意义和作用，越来越关注"人"的评价。基于此背景，课程评价由终结性评价逐渐向全程性评价转变即重视教学过程性评价，在评价中，不规定唯一答案作为评判学生回答的依据，而是要看学生在具体的解决问题过程中，能否自主思考，得出自己的结论；课堂评价的目的不只是对学生过去学习情况的最终评判，更重要的是为学生今后发展提供前瞻性信息，使他们明确方向，改进不足；课堂评价在教学过程中进行，及时检查课程目标达到的程度。

在现实的评价实践中，许多教师存在着"穿新鞋走老路"的现象。评价过程中重制度预设轻实施过程，教师的评价标准囿于事先设定的各项指标；重问题本身轻学生思维，往往将学生带入预先设置的问题框架当中，以"教评教"取代"学论教"的现象仍然存在。比如[①]：

江西省某市一位中学语文教师上《我若是小小鸟》的课时，与学生的一段对话。

教师：同学们，你若是只小小鸟，你将会怎样？

坐在教师后排的 A 同学看了自己四周后，把自己的手举过头顶——

学生 A：我若是只小小鸟，我将会飞入云霄！

教师：那么，怎样才能飞入云霄呢？

学生 A：展开双翅飞入云霄！

教师：到底怎样飞？

该男生边说"这样飞"，边作出双手展翅飞翔的动作。

教师：坐下，没有想好，我们问问 B 同学该怎么飞。

学生 B：只有勤劳，才能飞入云霄，才能飞得更高！

教师：很好，大家一起说——只有勤劳，才能飞入云霄，才能飞得更高！

---

① 张虹. 提高课堂评价语言有效性的研究.［学位论文］. 上海：华东师范大学，2006：24～25

由此可知，在提出问题之前，教师早已事先设定好一套问题的答案，希望学生能够按照自己的思路回答问题，使得自己的教学能够顺利进行。但是，A 同学作出的"展翅飞翔"的动作显然是出乎教师的预料之外，所以，A 同学的答案当场得到了否定。事后，我们反思一下，教师的这种评价实际上已经抹杀了 A 同学的积极性，很难想象主动举手回答问题，并渴望得到教师首肯的 A 同学，在得到一句"坐下，没有想好"的命令之后，能够再次鼓足勇气提出自己的看法。

（2）缺乏对教学组织的实践能力

课堂教学的组织不仅要具有预见性，即上课前有一条清晰的教学思路，预先设计好进行教学活动的蓝图，这种课堂教学设计可称为"静态的组织"。同时，还要针对学生的学习情况，随时纠正教学偏差、落实课堂教学设计方案，这种课堂设计称为"动态的组织"。

课堂教学的组织是"静态"与"动态"的结合，是维护正常教学秩序的一个重要工作，主要是协调教学的各种因素，使之形成一个和谐的整体，保证"教"与"学"的各种活动顺利进行，因此，课堂教学组织是一种"积极的课堂干预"。① 这是网站论坛上出现的一则小故事。讲述某一网友聆听同事上一节语文课的情境。在《论语》八则的课堂上，其同事为了拓宽学生思维空间，故此旁征博引了一些关于君子圣人的故事，讲到古人为了保持自己的品格、节义不食他人嗟来之食。于是马上问道，"同学们，如果你们很饿时，你们会怎么做呢？"结果一个同学踊跃回答："去吃麦当劳。"当时，那位同事怎么也没有想到学生会这样回答。课堂上顿时乱成了一团糟，一些同学在窃笑，一些同学小声议论。同事只有立即命令那位主动发言的同学坐下，以一句"回家仔细想想"结束了那节课。从这则小故事中，我们不难发现该教师缺乏教学组织的实践能力，不善于应对突发事件，致使评价语言乏力，效果大打折扣。

（3）缺乏对课堂语言的灵活驾驭

语言在课堂教学中充当着媒体的作用。因为，教师在大多情况下都是通过语言向学生传授知识。教学语言艺术的高低决定教学的质量和效果。所以，教学评价语言必须讲求教育性、启发性和情感性。

"语言的教育性，强调在学生学习知识的过程中，潜移默化地培养学生正确的价值观、人生观和世界观。教育过程是获得知识与技能的同时形成正

---

① 肖锋. 学会教学——课堂教学技能的理论与实践. 杭州：浙江大学出版社，2002

确价值观的过程。"①但是，在实际教学中，教师忽略这点，比如，下面这一数学课片段。

一位数学教师提出一个情境：元件生产商接到一个订单，要求其5天内生产10000个元件。而厂方目前的生产条件：现有10名女工，每人每天可以生产元件30个，20名男工，每人每天可以生产元件45个。按照工厂的现状，他们能完成订单的要求吗？其中一位学生思考了几分钟，回答道："不能。"数学教师随即问道："为什么？你能用数量关系来表示吗？"

学生A：$(10×30+20×45)×5=6000，10000-6000=4000$

教师：很好，那你们谁能想想办法帮帮这个厂呢？

学生B：教师，可以请订货商吃饭，送些礼物，让他们推迟期限。

教师：哦，这样啊！

学生C：可以到市场上买差不多的东西凑数就行了。

教师：嗯。

这本是一道简单的应用题，教师在提出问题之后，可能对学生"请吃饭、送礼物"、"购买替代品"之类的回答始料未及，故此以"哦、嗯"等给予评价。但是教师作出此类评价时，却也显示出其对评价的偏颇。因为，学生的回答显然与题目无关，而教师评价忽视了学生在回答问题中所影射的偏差的价值观，没有给予及时地纠正。

我国著名教育学家叶圣陶先生曾经说过："教师之为教，不在全盘授予，而在相机诱导。必令学生运其才智，勤其练习，领悟之源广开，纯熟之功弥深，乃为善教者也。"②可知，教师执教的目的不是全面的教授即按部就班"填鸭式"的讲授知识，而是必须适时启发，循序引导，激发学生的学习积极性，在理解的基础上，来达到对知识的熟练掌握。可现实当中，有很大部分教师恨不能穷尽所有问题的答案，没有给学生留下片刻思考的空间。

苏联著名的教育学家苏霍姆林斯基曾深刻地说过："如果在教师的讲课里，没有真正的由衷的情感——那么，学生的心灵对于知识的感触就是迟钝的。"③可知，充满情感的评价语言容易激发学生学习的热情。然后在课堂中，有些教师在聆听完学生的回答之后，往往吝于将自己的感情表现于评价之

① 吴欣歆. 课堂评价的语言艺术. 语文建设，2005(3)：43
② 李海涛. 教师语言行为研究. 成都：四川大学出版社，2004
③ ［苏联］苏霍姆林斯基. 给教师的建议（下）. 杜殿坤译. 北京：教育科学出版社，1980

中，诸如"坐下""不恰当，听听别人怎么说的"等。这些语言使用频率过多，迟早会造成学生失去回答的热情与思考的动力。

3. 评价技术上的问题

(1)评价语言功能过于单一

随着发展性评价观的深入，其对教师的课堂语言运用能力提出了新的要求。课堂评价不仅仅只局限于判断学生的优劣和答案的对错，应该将学生的发展置于首位。教师的课堂评价语言是一种必不可少的评价方式。评价语言在课堂教学中具有反馈作用，有效的评价语言同时也是具备激励、启发、导向等作用。本文论及的功能单一性主要是针对课堂评价语言主要针对学生的奖惩上，却忽视其他功能的发挥。比如：

在初二的一次英语分组活动中，英语教师为了复习生词、句型之后，要求学生自由组成小组回答问题。

学生 A：Do you like play basketball?

学生 B：Yes，very much.

教师：不错。

学生 C：what is your hobby?

学生 D：I like listening.

教师：可以。

从师生问答的小片段中，对于学生而言，教师的评价语言是对学生正误的判定，教师对于评价的语气变化并没有做具体解释。评价语言本身涵盖的诊断功能已经消失。从另一方面来看，教师作出对与错的评判，是对学生回答的一种"终极判定"，但是教师评价作出之后，评价语言的启发、激励作用也会随之淡化。

(2)评价语言使用较为欠妥

评价语言使用略微欠妥体现在课堂评价语言使用时，其产生的效率不高，效果不理想。具体表现为评价过程中所出现的回避应付、挖苦讽刺、铁面无私和无的放矢等方面。

回避应付这一现象表现为教师经常不对学生在课堂上的表现作出直接、清晰评价，使学生难以知道自己的学习状况。比如，当今的课堂教学中其实并不少见。经常听到一些教师以"嗯、哦"等语气词连续应付学生的回答，在发现学生回答不够完整或不够深刻时，往往只会说"请坐！（手势）来，谁再来回答?"或者说："这样啊，那请下一位同学回答。"

挖苦讽刺主要表现为一些教师常以讽刺、贬低、挖苦等口吻来评价一些在课堂上表现不太好的学生。

铁面无私这里并不是真正意义上的"铁面无私"即教师公正地评价，而是指教师在批评学生时，不分青红皂白，态度过于严厉，表达过于直接，使学生心理上难于承受。

无的放矢指的是教师的评价缺乏针对性，教师评价之后，学生在课堂上很少能得到收获。下面我们来看一个案例①：

这是中学语文教师上《五月的青岛》一课时，该教师与学生之间的一段对话。

教师：你们觉得作者在写青岛的美景时心情怎样？

学生 A：自然非常愉快，因为《岳阳楼记》中曾写到，景物会随着心情而改变。可见，五月青岛的美景会使作者感到心旷神怡。

教师：愉快，点得很好。

学生 B：我觉得他十分激动。你看，他描写的景物中，花是有动感的，绿是跳跃的。

教师：十分正确。

在这段对话之中，这位教师评价是缺乏针对性的。第一个学生回答出"愉快"两字，用"良好"来肯定有些过度，因为几乎每一个学生都能体会到这一点。对于第二个学生的回答，该教师的评价也有些欠妥。因为"正确"一词一般是对客观事物的一种正误判断，但是这里用来评判学生的主观感受，显然不妥。而学生只是将自己对景物的一种感受表达出来，无所谓正确与否。

二、提高课堂评价语言有效性的策略

1. 强化教师的语言素养

教师的语言素养是教师使用与运用课堂评价语言的基础。强化教师的语言素养是提高课堂评价语言有效性的重要前提。因为，语言是交流的工具，沟通的媒介。古人云："师者，传道授业解惑者也。"教师作为人类知识的传播者，其工作职责就是如何使用语言来表达自己的思想，让学生在相互交流的基础上理解和接受自己的思想，使得知识一代一代地传承。在教学实践中，教师对语言的使用不仅仅局限于师生之间的相互交流，而是交流之后，教师应该对学生在课堂上的表现"打分"，及时给予恰当准确的评价，向学生反馈一些有效的信息，以便学生全面了解自己对知识的掌握程度。因此，教

---

① 张虹. 提高课堂评价语言有效性的研究.［学位论文］. 上海：华东师范大学，2006：32

师必须锤炼评价语言的技巧，提高评价语言的启发力、激励力和反馈力。

具体来说，一方面，教师要扩大语言的广泛性。多阅读一些教育心理学方面的书籍，增加对学生课堂心理的了解，多参加一些异地教学活动，提高教学的实践能力，尤其是评价语言的运用能力；另一方面，教师要增加语言内容的丰富性。语言的丰富性与教师的思想修养、生活积累、社会阅历有着密切关系。教师应该意识到每一节课都是一次语言表达能力的实际锻炼，注重每讲一堂课时，用录音笔记录自己课堂语言的生动性和评价语言的内容。以此为参考范本，有的放矢地提高课堂语言的素养。此外，有些语言学的研究者提出教师强化语言素养必须要做到"八戒"。实际上"八戒"对当前教师强化课堂教学语言的有效性是很有借鉴意义的。"'八戒'主要包括：戒拖泥带水、拉里拉杂、与题无关的废话；戒颠三倒四、疙里疙瘩、文理不通的胡话；戒满口术语、文白夹杂、故作高深的玄话；戒滥用辞藻、花里胡哨、华而不实的巧话；戒不懂装懂、'或许、大概'模棱两可的混话；戒干巴枯燥、平淡乏味的、催人欲睡的梦话；戒挖苦讥笑、趣味低级、不干不净的粗话；戒陈词滥调、生搬硬套、八股味浓的套话。"[1]

2. 充分做好课前的准备

"提高课堂评价语言的有效性，教师在教学前必须要做到认真设计教学方案，充分熟悉教学内容，了解学生状态，对课堂上学生可能出现的结果进行充分估计和预料。学生的学习效果和参与程度，不仅取决于学生自身的主体意识和活动能力，还取决于教师的教学观念和教学设计，教师对学生发展水平的了解程度，教师对教学内容、方法的整体把握，教师能否为学生提供主动参与的时间和空间等。"[2]只有教师在设计教学时，深刻了解教案的内容。这样，在教学实施过程中，教师才能有更多的心思去关注学生；只有教师在设计教学时，教师对学生的现有水平，相关经验进行充分了解，以及对学生课堂中可能会出现的问题和表现进行充分预计。这样，在教学实施中，教师才能捕捉到学生更多的有价值的信息，才能对学生的各种有创造性的回答作出及时而正确的反馈，进行适当的评价。苏霍姆林斯基曾经说过一句话："一个创造性地工作的教师所做的课时计划，就是对课堂上应当发生的和可

---

① 刘玉. 教师语言的"八戒"与"六性". 江苏教育，1993(15)：34

② 唐晓杰. 课堂教学与学习成效评价. 南宁：广西教育出版社，2000：81

能出现的情况作出最大限度的预见。"①

　　教师为了充分做好课前准备，应该认真设计好课堂的提问，减少提问数量，优化提问质量。首先，将课堂上所涉及的问题列成一张清单，尽量做到全面和详细；其次，仔细进行筛选，剔出无价值或无意义的问题。这样不仅能够节省课堂时间，而且还能够舒缓教师应答突发问题时那条绷紧的神经。最后，精心准备应答问题即多方面着手分析"剩余"问题，计划详细答案。比如：学生的感知能力、分析综合能力、比较能力、抽象概括能力和创造想象能力等几方面入手，在备课当中考虑学生可能出现的回答或者采取自问自答的形式，进行适当的模拟和演练，从而做到成竹在胸，镇定自若，实施一种"兵来将挡，水来土掩"的应对策略。

3. 善于倾听学生的回答

　　一方面，一个善于倾听的教师才能真正地懂得如何与学生交流。倘若教师不注意倾听学生，就会把自己的想法强加于学生，或者曲解，甚至错误地理解学生的意思。这样师生之间的交往就难以持续下去。另一方面，只有倾听学生，教师的评价才能具体化，才能与学生的行为保持一致，最终作出适合学生的评价。在现实的课堂教学中，有些教师经常因为没有认真倾听学生回答，而对学生回答的评价只能草率了事，错过教育的最好时机。教师的课堂倾听是不等同于一般的"听话"。这种方式不单涉及能力和意愿问题，同时还涉及一项特殊职业要求和道德责任的问题。当前在课堂上，教师似乎已经不善于倾听，这种能力逐渐弱化造成了教学过程中学生思想的缺席。比如，中小学生思维活跃，各种有创造性的独特的见解随时都会冒出来，这就特别要求教师学会课堂倾听，不但听懂学生的言语，还要看懂学生的表情，甚至要读懂学生的心灵。

　　实际上，教师通过关注学生的即时行为、观点和发言、兴奋与疑惑，就能够对自己何时评价、如何评价作出决策。教师不但要认真倾听学生的言语，还要注意观察学生对评价言语的反应。作为一种控制学生的外部手段，教师的评价必须通过学生的内部心理条件起作用，因此，评价的效果是因人而异的。其要求教师在使用评价言语时，应当注意观察学生的反应，从而决定某种评价语言是否继续使用，或者作出怎样的调整。具体来说，这种评价包括两个方面的含义："第一，观察被评价者本人的反应。因为教师对某些

---

①　[苏]苏霍姆林斯基. 给教师的建议(下). 杜殿坤译. 北京：教育科学出版社，1980：284

学生的表扬也许是对另一些学生的批评，有的学生对教师的表扬反应积极，而有的却无动于衷；第二，针对某个学生进行表扬或批评时，应该同时观察班上其他学生的反应。比如，对某个学生的表扬是激起了其他学生学习激情和兴趣，还是激起了他们的妒忌和好胜心。"[①]

4. 讲究语言运用的技巧

讲究语言运用的技巧其实质就是要求教师充分发挥课堂评价语言的魅力，使其由平实、朴素的特性上升至艺术的高度。具体来讲，课堂评价语言的运用技巧主要涵盖两个方面的内容。

（1）灵活使用课堂语言中"褒贬词语"

对于如何使用表扬之词，则要求教师在实施表扬时，其措辞要有变化，不同的表扬角度、不同的表扬对象都应该有不同的措辞。这样可以让学生感到自己是与众不同的，促进学生个性的发展。另外，还可以使得学生感到教师的表扬不是无的放矢的，而是针对自己的，感受颇深。例如：教师在课堂上评价学生的朗诵。出现的情况为：有的同学音质好、有的节奏感强、有的感情充沛、有的表现力强，如果都用简单的一句"读得不错"来概括会弱化激励功能。对于如何使用批评之言，批评的目的在于纠正和修改。一般情况，学生的发言会出现两种偏差的情况：一种是学生的认识是完全错误的；另一种是认识正确但是表达不太准确。对前者而言，教师应该敏锐地觉察学生出现问题的原因，帮助他们分析，绝不能简单粗暴地批评与指责。倘能亲切委婉地说："你的思考方式很有特色，但似乎与这个问题稍有出入，如果换一个视角，是不是会有新的启示呢。"因此，对于学生认识正确而表述不恰当的语言，教师应该抓住其思维的闪光点，引导他们用准确的语言表达出自己的想法。

（2）培育课堂语言使用的机智度

对于学生来讲，不可能每次在课堂上的回答都是完全正确的。大多数教师都会用"错了！请坐吧！""不对！另一位同学来回答。"等来否定同学的回答。但是这些语言往往直板僵硬，既容易伤害学生自尊心又无法给学生带来对问题的启发和思考。下面我们列举一个上海市特级教师贾志敏的例子。"有一次贾教师正在上语文课，他提出要学生给'姆'字组词，其中有个学生给'姆'组词时说：'养母'的'母'。学生哗然，而贾教师微笑着示意学生安静下

---

① 刘晓白. 课堂评价语言科学性与艺术性的探求. 中学语文（教师版），2004（4）：34～35

来：'你们别急，他没说错，只是没说完！'接着又转向那位学生，"你说得没错，是'养母'的'母'……"学生在贾教师的点拨下顿悟了，连忙说，是'养母'的'母'加上一个女字旁，就是'保姆'的'姆'了。"[①]最终，在贾教师不动声色的巧妙引导下，该学生迅速地回答出了问题，化解一场即将出现的尴尬风波。

5. 建立科学教师考核机制

前面四大策略主要为教师在课堂上如何使用评价语言提供了一整套的行为指南。但是中国古语云："不以规矩，不成方圆。"这句话清楚地告诉我们制度的重要性。没有制度的约束和管制，任何事情说得再好，提得再多，都无法实质性地发展、推进，直至成功。因此，为了提高课堂评价语言的有效性，建立科学教师考核机制显得尤为重要。那么这个机制的"科学性"主要体现在三个方面。

（1）转变传统教师考核理念

随着党中央明确提出科学发展观，各领域、各行业已经将"以人为本"作为深入贯彻该活动的思想基石，教育行业也不例外。各大学校应该转变传统教师考核理念，具体则要求学校实施教师考核时，应该以"学生受教育过程"为指导理念，摒弃一些传统的"唯结果论"即学校一贯以这个教师教出的优秀生或是升学率来作为考核教师的单一标准，而不管教师在课堂上对学生的评价怎样，不具体考查和关注教师教育学生的过程。

（2）实现教师考核主体的多元化

在一般情况下，教师的考核是由学校的人事部门进行年度考核的。因为，人事部门（行政部门）与教学部门都属于同一系统，基于一定的人情关系，考核几乎是"走过场"。因此，学校应该建立考核主体多元化制度。要求学生和家长参与考核，赋予其高比例的权重，尤其是以学生为主，家长次之，教师为辅的主体结构，来有效提高考核的公正性和客观性。最后，优化教师考核的内容。在传统的教师考核指标中，优等生的数量和升学率是重要的衡量标准。但是，学校不可能保证每一个学生都是"学习的精英"。所以，学校为了充分发挥教师在课堂上语言评价的作用，应该将教师对评价语言的运用能力作为考核的重点。这样才能从根本上提高教师对评价语言的驾驭力、应用力、掌控力，实现课堂评价语言的有效性。

---

① 马春来. 教育的机智教学的艺术——特级教师贾志敏的课堂评价语言. 小学语文教师，2002(2)

第六章　课堂评价的反馈

　　课堂评价是一项技术性很强的工作，能否科学地组织课堂评价，对评价功能的发挥有着重要影响。一般而言，课堂评价包括三个阶段：其一，课堂评价的准备阶段，即围绕为什么要评价，谁来评价，评价什么等问题来做充分的准备，要先确定好评价标准，制订好评价方案，组织好评价人员等；其二，课堂评价的实施阶段，即实际进行评价活动的阶段，是整个评价活动的中心环节，主要任务是运用各种评价方法和技术对评价对象做全面的评价，收集评价信息，并在整理评价信息的基础上，作出相应的价值判断；其三，课堂评价的反馈阶段，即把评价结果返回给评价对象，使评价对象了解自己的优缺点，找出差距，以引导、激励评价对象不断改进、完善自己。前面几章对课堂评价的准备阶段和实施阶段，做了具体介绍，这一章将在前面几章的基础上，探讨课堂评价反馈的意义、功能、内容与基本原则，分析课堂评价反馈过程中要注意的一些问题，提出课堂评价反馈过程中几种常用的策略。

第一节　课堂评价反馈的基本认识

　　如今，评价已成为教育领域中不可或缺的一个过程，评价思想已经深入人心，各种评价理论和方法在不断涌现，在评价过程中所获得的众多的结果究竟有多大的效力，究竟能发挥多大的作用，并不是简单地运用评价手段和技术就能解决的问题，要使评价发挥应有的功能，评价者就需要把评价结果反馈给被评价者。事实上，在课堂中进行评价后，肯定需要把评价结果反馈给评价对象，然而许多教育工作者并不理解什么是反馈，这样就会让课堂评价流于形式。从信息论的观点出发，反馈就是把系统输出的信息，作用于被控制对象以后产生的结果再输送回来，对信息的再输出产生影响。其特点是用系统过去运动的结果来调节系统未来的运动，达到有效控制的目的[①]。控制论认为："及时取得反馈信息是系统得以优化的重要条件。"课堂评价反馈就是评价者把自己在课堂评价过程中所收集到的评价信息或所得出的评价结果，以恰当的方式返回给被评价者，让被评价者了解自身的优劣，引导、激励被评价者达到更高的标准，并在这个过程中为被评价者的改进提供一些建议。课堂评价反馈主要有两种类型：评价活动过程中给出的反馈；评价活动结束后给出的反馈。对于即时评价来说，评价本身就是一种反馈，而且这种反馈是直接的、及时的，但对于其他一些在课堂中进行的评价，反馈是在评价之后做的。总之，不管是什么样的评价，评价者都要及时准确地将评价结果反馈给被评价者，以优化整个评价过程，发挥评价应有的作用。

一、课堂评价反馈的意义

目前，课堂评价已经受到广泛的关注，各种课堂评价理论和方法也被广泛运用，但是人们对课堂评价工作的批评依然没有停止，课堂评价的发展还没有实现质的突破，仍然存在一些"瓶颈"。究其原因，除了当前的课堂评价体系和技术尚不够完善外，最大的根源在于对于评价获得的结果缺少反馈或反馈缺少全面性和时效性。虽有不少学校开始实行全面的课堂评价的实践，但实际操作过程中依然注重评价的形式和结果，而忽略了评价信息的反馈。往往是评价工作轰轰烈烈，评价结果销声匿迹，不但达不到"以评促改"的作用，而且在人们心目中出现了"评价无用论"。因此，我们应充分认识课堂评价反馈的意义，确保评价功效的充分发挥。

1. 课堂评价反馈有利于实现课堂评价的目的

"评价不是手电筒，不是棍子，而是路标，为评价者和被评价者去指明方向、寻找课堂教学今后发展的方向和增值的途径"。因而，评价不能只看

---

① 王景英. 教育评价理论与实践. 长春：东北师范大学出版社，2002：233

眼前的结果，我们进行评价是要调整未来行为的，反馈的特点就是用系统过去运动的结果来调节系统未来的运动，以达到有效控制的目的。课堂评价过程的三个环节是相互联系，相互制约的，缺少任何一个环节，都不能完全发挥评价的功能和作用，难以实现评价的目的。评价者获得了课堂评价信息，并不代表着课堂评价活动的结束，课堂评价反馈是课堂评价活动中关键的一个阶段，只有实现了评价结果的反馈才是真正达到了评价的目的。一般说来，课堂评价的目的主要有两个：

为评价者或是领导部门了解情况或作出进一步的决策提供依据，如通过课堂评价，教师可以了解到学生的学习状态、学习水平、课堂的参与度等，根据所获得的评价信息，教师可以根据学生的实际情况，调整自己的教学方式，也可根据学生的差异，实行个别辅导；学校领导部门根据课堂评价所获得的信息，可以评估学生的学习质量和教师的教学质量，以调整下一步教学工作计划。

为评价对象的行为改进提供方向和依据。课堂评价反馈实质上就是评价信息或结果的反馈，通过这种反馈，评价者可以清楚评价过程还存在哪些不足，评价方案还需要做哪些改进；被评价者可以了解到自己的表现如何，找出自己的表现和行为标准还有多大的差距，自己应该如何调整以达到更高的标准，从而有利于课堂评价目的的实现。此外，如果只有评价，没有信息反馈，容易使人产生"评价无非是形式主义""评价无用论"等看法，很难得到全员上下的参与，从这一点来看，若没有评价反馈就难以实现评价的目的。

2. 课堂评价反馈是提高课堂教学质量的保证

课堂教学活动是一个"教"与"学"的双边互动，是教师和学生之间相互传递、转化信息的过程。学生学习的过程就是信息的输入、储存、加工、转化、输出的过程；教师教的过程就是信息输入、加工、输出的过程。教与学的过程是一个通过信息相互反馈联系在一起的信息通道的闭合回路。美国著名的教育心理学家布卢姆指出："评价作为一种反馈——矫正系统，用于在教学过程中的每一步骤上判断该过程是否有效；如果无效，必须采取什么变革，以确保过程的有效性。"[①]因此，在开展课堂评价的同时，科学地把评价信息及时、有效地反馈给评价对象，能够保证课堂教学的有效性。课堂教学

---

① 郑亚娟，马静. 全程性教学质量评价反馈模式的构建与实践. 辽宁教育研究，2004 (7)：70

过程中如果没有信息反馈，教学就没有针对性，教师就不能对教学系统进行有效的控制，就会用自己的主观想法代替学生的客观实际，盲目进行教学，而学生因为没有从教师那里获得反馈信息，也就无从知道自己究竟什么地方做得好、什么地方还需要改进、如何去改进、自己要达到什么样的标准等问题，这样学生学习没有目的和方向，往往是花了工夫却没有成效，从而造成教学效率和教学质量的低下。课堂评价信息的反馈可帮助教师找到教学的弱项，了解教学现状，找出与目标的差距，为下一步的教学设想提供依据，判断并预测教学发展的趋势，有的放矢地调整教学内容，改进教学方法，改变教学进度，从而有效地调控教学过程，使教学过程保持良好的动态平衡，朝着教学目标推进，从而控制教学目的的实现，不断提高自己的教学水平。课堂评价信息的反馈贯穿在整个教学过程中，正确地把握信息反馈，是教师有效地调节整个教学过程的前提，是提高教学质量的重要保证。同时，它也为教学管理部门调整教学措施，采取有效的调控方法提供了依据。

3. 课堂评价反馈有利于促进学生的发展

美国心理学家桑代克曾做过一个有趣的实验。实验要求被试者蒙上眼睛画 4 英尺长的线段，练习达 3000 次之多。A 组被试者未能得到自己所画长度与目标 4 英尺之间偏差的反馈，结果练习毫无进步。B 组被试者每画一次都能得到及时、准确的反馈，结果进步迅速。[①] 实验表明，准确、恰当的反馈直接影响着人的后续行为，促进人的进步与发展。

目前，我国中小学课堂中存在一种普遍现象，在课堂上积极发言的总是少数几个优秀学生，发言在很多时候似乎成了部分学生的专利。从小学到中学，随着年级的逐渐升高，课堂氛围越来越沉闷。为什么学生都变得沉默寡言，这与教师不当的反馈行为有一定的关系。

课堂教学过程中，教师会采用各种评价方式对学生进行各方面的评价，然而他们只是将评价作为衡量学生优劣的"标尺"，他们根据学生的表现判定学生的好坏，而没有或很少把自己所获得的评价信息或结果反馈给学生。教师反馈课堂评价信息是课堂教学中的一个重要组成部分，教师向学生提供恰当的反馈能够帮助学生明确自己的学习状态，促使学生及时调整或改变自己的学习方法和策略。恰当的反馈对提高学生的学习能力，帮助学生学会思考，掌握正确的学习方法，促使学生学会学习有着重要的意义。反之，不恰

---

① 李炳南. 课堂教学技能与训练. 长沙：湖南大学出版社，1999：162

当的反馈会影响到学生的学习效果。要做到对学生进行恰当的反馈，就需要教师对反馈有一个正确的认识，即发挥学生的主动性，帮助学生学会学习，最终还要促进学生学习能力的发展。否则，反馈就只能沦为教师控制课堂的手段。目前我们的教师大都还没有形成对反馈的正确认识，没有意识到反馈能带来巨大作用，他们进行反馈主要是为了教学活动得以顺利进行。在这个过程中，学生被教师牢牢掌控，缺乏发挥的空间。

二、课堂评价反馈的功能

课堂评价的反馈信息带有一种评判的意味。评价对象只有接受到评价结果的反馈，才能知道自己的强项和弱项，才能判定自己是做得好还是做得不好。课堂评价反馈作为课堂评价过程中的重要环节，有如下功能：

1. 动力功能

教师根据课堂上学生的表现和反应，依据一定的教学目的和评价标准，对学生作出恰当的评价，并向学生提供一定的反馈信息（肯定、否定或启发、指点），学生从教师的这一反馈中提高或降低自尊感和自信心，唤起新的要获得成功（或放弃努力）的需要，从而引起下一步学习活动的积极性的变化。同样，学生根据教师的教授，也以一定的学习目的向教师提供一定的反馈信息（理解或疑惑、否定或肯定、接受或拒绝等），而教师也从学生这一反馈中增强（或减弱）了自信程度和积极性，并又作出相应的合于学生学习或为维护尊严的反应。[1]

2. 调控功能

它是指课堂评价反馈对评价者和评价对象的教学或学习等活动进行调节和控制的功效和能力。这个调控的过程主要包括两个方面的意思。

评价者为被评价者调节进程[2]。例如，通过反馈，教师发现学生已达到了目标，而且经分析得出，学生有潜力达到下一个更高的目标，就会将目标在原来的基础上拔高，将进程相对调快，如果认为学生几乎没有可能达到目标时，就会将目标调低，将进程相对调慢。

教师和学生根据反馈信息进行自我调节，优化自身的行为。教师通过将评价结果反馈给学生，来改善和调节教学目标、教学过程、教学内容、教学方法，而学生通过接受反馈信息，判定自己的行为表现，调整并控制自己的

---

[1] 虞静东. 教学信息反馈的结构、功能及优化策略. 天津市教科院学报，1998(5)：16

[2] 金娣，王刚. 教育评价与测量. 北京：教育科学出版社，2002(12)：22

下一步行为活动，不断改进自己的学习方法，调整自己的学习心态，激起新的学习动机，采用新的学习策略。

3. 服务功能

服务功能是指课堂评价反馈为教育教学过程中作出决策提供服务的功效和能力。教师将课堂评价结果不仅要反馈给学生，也要反馈给教学管理部门，让教学管理部门的领导了解学生的学习状况，清楚教学的效果，根据这些评价反馈，决定下一步的教学工作，为教学决策提供依据，更好地更科学地管理教学工作，准确把握教学情况，减少失误。

三、课堂评价反馈的内容

目前，已经有许多教师开始重视将课堂评价结果反馈给学生，以帮助和引导学生不断改进，逐步提高，但由于理论水平有限，他们在反馈过程多多少少有点迷茫，并不清楚究竟应该反馈哪些内容。

概而言之，课堂评价反馈的内容就是评价者得出的评价结果。具体说来，反馈的内容是与评价的内容直接相关的。根据前几章的论述，我们可得知课堂评价的内容主要包括：学生学习行为的评价和学习效果的评价。那么，课堂评价反馈的内容也可以从这两个方面来考虑。

1. 学习行为方面的评价反馈

（1）动作神态方面的表现：上课时，精神是否集中，是否有小动作。

（2）情绪方面的表现：学生上课时的情绪是低沉还是高涨，学生是否对这门课程感兴趣。

（3）课堂提问中，学生是否踊跃回答教师的提问。

（4）学生上课时是否有记笔记的习惯，学生对待记笔记的态度如何。

（5）学生是否积极参与课堂讨论和小组合作学习。

（6）学生是否将自己的学习情况和对教学的意见反馈给教师。

（7）对学生的学习行为做总结性的评价，明确告知学生什么地方做得好，什么地方做得不好，告诉学生在哪些方面取得了进步，下一步他们应该如何改进，以使自己变得更加优秀。

2. 学习效果方面的评价反馈

（1）学生在回答问题时，答案是否正确或是否具有一定的创新性。

（2）学生在课堂测验中的成绩如何，课堂作业完成的情况如何，学生对哪些知识掌握得还不够，学生运用知识的情况如何。

（3）学生是否养成了良好的学习习惯。

(4)学生是否具有创造性的思维，这种创造性表现在哪些方面。

(5)学生是否掌握了一定的学习技巧，学生的自学能力是否有所提高，是否能灵活运用一部分学习策略。

(6)对学生的学习效果做总结性的评价，帮助学生找出自己的差距，分析造成差距的原因，为以后的学习指明方向。

当然，课堂评价反馈的内容远远不止如此，教师在反馈时要力求获得全面和准确的评价结果。有些反馈信息是显性的，有些是隐性的，对于那些隐性的信息，教师要发挥主观能动性，分析信息具体所要表示的内容，尽量避免反馈信息的缺失。

四、课堂评价反馈的基本原则

课堂评价反馈是评价过程中的重要环节，如何正确使用反馈是关系到课堂评价是否有效的关键因素之一。评价者进行课堂评价反馈时，必须要遵循一定的要求，这样才能取得良好的效果。一般而言，课堂评价反馈要遵循以下几个基本原则。

1. 及时性

这包括两方面的含义，其一是尽量缩短课堂评价信息反馈的时程，以提高反馈后的调节速度，实现有效控制的目的。这一原则针对课堂上的即时性评价尤显重要，即时性评价的实施过程和反馈过程是统一的，评价就是反馈，反馈就是评价。即时性评价就是当场当时对学生的某种行为进行的评价，这已经包含了及时的意思，因此，即时性评价一定要注意时效性，不可拖泥带水，错过最佳的评价时期。其二是不失时机，恰到好处，即反馈时要把握好机会，因势利导，寻找最佳的反馈点，提高反馈的效益。

2. 真实性

即课堂评价反馈的信息应真实可靠，如果反馈信息失真或者完全被干扰，就会干扰整个课堂教学系统的正常运行，降低教学效果，甚至使之处于混乱失控状态。因此，教师应对各种反馈信息进行分析、了解，去伪存真，去粗取精。例如，发现一个一贯表现很差的学生在一次课堂测验中，表现得很好，教师给出的评价是"非常好"，如果教师不加思考直接将这一评价反馈给学生，那么这个学生很可能会沾沾自喜，认为自己真的很不错了。这种情况下，教师应注意了解这个学生是否是真正的进步，有无作弊等现象，分析透彻以后再将结果反馈给学生，如果是真的进步，就要鼓励这个学生再接再厉，如果是舞弊得来的成绩，就要让学生知道自己错在什么地方。又如学生在课堂上精神萎靡不振时，不能简单地说是他们不认真，应充分了解他们是对所学内容不理解、不感兴趣，还是生病或其他什么原因，以排除虚假反馈信息的干扰。

3. 双向性

课堂教学是教与学耦合运行的信息系统，教师和学生都通过对方的反馈信息，调整自己的教或学。两种不同的反馈信息在教学系统中各自发挥自身独特的作用，它们是相互促进、相辅相成的，任何一方都不能缺少，否则，课堂教学就是低效的，甚至会走向混乱。这就要求教师在反馈课堂评价结果时，要充分发挥主导作用，既要积极地向学生输送反馈信息，为学生调整学习活动提供依据，同时又要注意调动学生的主观能动性，训练学生的自我反馈能力，同时还要注意观察学生在接受反馈信息后有什么反应，不断地从学生身上捕捉反馈信息，实际上这个反馈过程就是一个教师和学生相互提供反馈信息的双向活动。

4. 明确性

课堂上，教师对学生的评价应明确、具体、简洁、精辟、深刻，切忌笼统、含糊、模棱两可。例如，课堂提问，学生回答后教师应重视对其回答作出恰如其分的评价，并要明确地反馈给学生，让学生知道自己的回答是否得当，自己还需要在什么地方改进。如果教师反馈给学生的是含糊其辞的意见，或模棱两可的评价，学生从教师处得到的反馈信息就是模糊的、有害的，这样就会因结果不明而导致学习效率低下。同样，教师批阅作文只笼统地打分数，批阅作业只笼统地打等级，而不针对突出的方面肯定成绩，不好的方面指出存在的问题和不足，没有明确告知学生什么地方要继续发扬，什么地方要不断改进，这样的评价只是注重结果的形式主义的评价，根本就无法实现评价真实的目的。

5. 针对性

课堂评价反馈的本质目的是要让被评价者了解自己的状况，清楚自己与标准之间的差距，为他们未来的行为指明方向，同时，也为评价者的进一步调整提供依据。但是，具体的反馈过程，又有不同的目的，这与评价的内容和对象是密切相关的。因此，课堂评价者在进行反馈前，首先要搞清楚反馈的直接目的是什么，不能盲目地将所有课堂评价的结果反馈给学生。教师要针对学生的个体差异，灵活地采用不同的反馈策略，指导和帮助学生，引导他们发扬优点，消除缺点，和谐发展。例如，对课堂上一贯不善于发言的学生，只要有一点进步就应予以肯定和表扬，而对经常踊跃发言的学生就没有必要了；对于那些有逆反心理的学生，教师在反馈评价结果时，就要采取委婉的方式，对于那些本来就很听话的学生，反馈时就要简洁明了。

6. 多样性

课堂评价中教师要通过多种途径和方法去获得学生的信息，同样教师也要采取多种方式来反馈信息，常用的几种反馈方式有个别谈话法，书面报告法，集体讨论法，网络反馈法等。教师所要反馈的信息，有的是显性的，有的是隐性的，有的可以通过言语表达出来，有的是非言语性的。所以教师在反馈之前，应该选择合适的反馈方式，反馈过程中要实现反馈方式的多样化，以保证反馈信息的全面准确。

7. 经常性

孔子说："学而时习之。"这说明学习过程并不是简单的累加或直线前进，不可能一蹴而就，这就需要经常反馈，反复矫正。反馈与矫正是紧密联系的一个体系，在课堂教学评价过程，反馈是矫正的前提，矫正是反馈的目的和归宿。矫正是为了解决问题，在解决问题的过程中，往往会发现缺乏信息，这时就需要对我们所解决的问题进行反馈，然后再进行矫正。对一个问题进行矫正之后，是否就真正解决了问题，还需进行再反馈。我们进行课堂评价的初衷就是要让学生认识到自己的不足，让他们自我矫正，或者是评价者了解到他们的缺点以后，在教学过程中，有意识地调整教学方法等促进学生的进步。不管是哪一种情况，都离不开评价的反馈。我们经常会听到有的教师这样埋怨学生："这种问题我已对你讲过多次了，怎么还不知道。"出现这种现象可能有两种原因：其一是教师当时根本就没有反馈，学生不知道问题出在哪里，也就无法矫正；其二是当时的矫正走了过场，没有真正解决问题，隔了一段时间后没有再反馈，使反馈的效果打了折扣。因此，教师要经常反馈评价结果，反复矫正学生的行为，矫正以后要相应的设计巩固提高的反馈方案，实行再反馈，直到问题得到了真正的解决。

以上几个原则联系紧密，但又不能相互取代。教师进行课堂评价反馈时，必须充分地把握上述几个基本原则，并恰当地运用于实践之中，只有这样，才能使绝大多数学生会学、好学、乐学，才能使他们真正掌握所学内容，使师生的信息及时相互传递，取得最佳教学效果，实现课堂评价的最终的目的。

五、当前课堂评价反馈存在的问题

传统的课堂教学已经在慢慢转变，现代的课堂教学更加重视评价与反馈，控制论的创始人维纳曾说过："一个有效的行为必须通过某种反馈过程来取得信息，从而了解目的是否已经达到。"作为教学过程控制者的教师，就必须通过各种反馈来把知识和信息输送给学生，知识的反馈就是教的过程，信息的反馈就包括各种课堂信息的反馈，主要是指课堂评价信息的反馈。因此，可以说课堂评价的反馈是影响教学质量极其重要的因素，是活跃于师生之间的重要媒介，是教师执行课堂评价计划后，又把系统状态的真实情况反映出来，从而将系统的知识信息再传递而发生影响的过程。

课堂评价反馈具有重要的现实意义，然而，由于课堂教学过程是极其复杂的。在课堂教学上，教师面对数十位学生，要根据每位学生不同的状况（包括知识基础、心理发展水平、智力因素与非智力因素等），使他们各有所得，逐步提高，这的确不是件易事。教师不仅要客观公正地评价学生，还要将评价结果有效地反馈给学生，这的确有较大的难度。目前，课堂评价反馈虽受到重视，但现实中，教师在进行课堂评价反馈时还存在一些问题，因此，我们在进行课堂评价反馈时应该进一步思考，必须对这些问题加以分析。

1. 教师的反馈意识不强，反馈流于形式

许多教师以及学校教学管理部门受传统思想的影响，认为课堂的主要任务就是教学，即教师把完整的知识传授给学生，他们认为过多的评价会影响教学任务的完成。现在教师多采用观察、测验等方式来评价学生，其评价的目的多是为了给学生定等级，并不是真正的发展性评价，评价结果往往是被教师用来作为衡量学生优劣的"标尺"。以往的学生评价是一种回溯性评价，它拘泥于昨天，纠缠于现在，侧重于回顾，是一种面向过去、回头看的评价，习惯用静态的眼光看待学生，容易把学生看死，学生生活在过去的阴影之中。当代学生评价不应是选拔学生的"门卫"（gate keeper），而应是促进学生发展的"台阶"（gateway）；不应是为了证明（prove），而应是为了改进（improve）；不应是"选拔适合教育的儿童"，而应是"创造适合儿童的教育"。但是，很多教师都没有意识到自己的一些平常的教学行为，事实上就是一种评价，比如，课堂提问、课堂作业等一些习惯性的教学行为，这是真正关注学生发展的形成性评价，这导致他们没有进行反馈评价的意识。

2. 反馈滞后，影响了反馈的效果

现在中小学开设的科目较多，每门课程并不是每天都会有，加上教学任务繁重，课堂上不可能有过多的时间来处理反馈信息，即使提问，同一时间教师也只能提问或检查几名学生，对于大部分的评价信息只有等到下一次课时来处理，致使反馈不及时，不利于学生跟进对比，及时改正。

3. 反馈方法单一，反馈信息不全面

大多数的课堂教学中由于受多种因素的影响，教师只是提几个问题，以检查学生掌握知识的情况。由于反馈方法单一，教师往往只能反馈一部分信息，并且还会影响评价结果的真实性。

4. 教师本身反馈能力不一致

不同教师对同一学生作出的反馈可能有差距，致使学生无所适从，理不清头绪。由于学生的知识基础和智能的差别以及兴趣的不同，他们输出的信息不会相同，有的部分输出，有的原型输出，有的同时发出新的信息。经验丰富、能力强的教师能根据学生信息输出情况，灵活地、及时地调整讲课进度、深度及教学方法，自觉地顺应课堂上出现的千变万化的情况，对学生作出合适的评价，并且恰当地反馈评价信息。反之，有些教师则无法捕捉学生输出的信息，给予学生错误的评价和反馈，致使学生不能得出正确的结论，无法找到提高自身的突破口。

第二节 课堂评价反馈中
常用的策略

课堂评价过程是一个信息动态过程，教师要通过观察、测验等方式来获取学生的相关信息，对学生作出相应的评价，同样学生也需要从教师那里获得评价反馈信息，实现教学的互动，教学双方只有及时获得反馈信息来调节其本身的行为，教学才能达到预期的目标。在这个互动的过程中，教师对学生的反馈是很关键的，好教师会给予更多的反馈。国外对有效教学的研究表明，学生需要明确地了解教师对他们的期望是什么，还有什么地方没有达到教师的要求，以此来纠正错误，帮助他们表现得更好。这样，教师就非常有

必要将评价结果反馈给学生，让学生知道自己存在的差距。如果仅仅进行评价，学生就不能获得他们需要的具体明确的反馈信息，不利于促进学生高品质的思维和讨论。因此，教师必须掌握好一定的课堂评价反馈策略。同时，在课堂评价反馈过程中运用一定的策略，也是由现代教学的目的和要求决定的，掌握恰当的反馈策略，对于提高反馈的效用非常重要。

一、什么叫反馈策略

什么叫"反馈"？反馈本来是控制论中的基本概念，亦称回馈或反馈作用。指在由一个或多个成分构成的系统中，将输出端的信息返送回输入端并对信息的再输出发出影响的过程。具体地说，就是神经冲动由中枢神经系统传到效应器官，引起效应活动。效应的过程和结果，又都形成对有机体的刺激物，引起传入神经冲动，心理学把这种效应活动所引起的传入冲动也叫做"反馈"。策略最早见于《人物志》，《人物志·接识》中说："术谋之人，以思谋为度；故能成策略之奇。"意思是说，专事方法谋略的人，把思考、探究计策方法谋略作为准绳。因此，才能成为策略的新奇。可见，策略就是计策方略，是人们与事物的多次交道所获得的"知己知彼"（行为）体验的基础上而形成的行动计策或谋略意识。这种谋略意识由主体内部（心理）的规则系统所操控。因此，具有内潜性的特点。策略用在教学上称之为教学策略。策略用在学习上就叫做学习策略。反馈策略就是人们在反馈信息时，为了使反馈更有效，根据反馈的实际情况而采取的一定谋略和方法。

二、课堂评价反馈中常用的策略

课堂评价反馈可以采用多种方式，如个别交谈、汇报会、座谈会、书面报告等。评价者可从实际出发，根据不同情况采用适当的方式。由于课堂是千变万化的，没有任何一种方法能适用所有的情况。但是，以下几种策略则是评价者在进行评价反馈时经常使用的。

1. 课堂评价反馈表

课堂评价反馈表是根据课堂评价指标，编制而成的将评价与反馈统一于一个过程的一种信息反馈表。具体内容详见表 6-1。

（1）编制和填写课堂评价反馈表的步骤

a. 进行预评价，分析评价过程中，评价者应该获取哪些方面的信息，确定评价反馈的主要内容；

b. 确立评价反馈的具体内容，根据反馈原则编制信息全面的课堂评价反馈表；

表 6-1　课堂评价反馈表

评价对象：　　　　　评价日期：　　　　　反馈日期：

反馈的步骤流程		主要内容	具体的要点	备注
第一步	反馈对象本人的看法或体会	被点评人员的自我感受	（1）对评价者表示肯定和感谢	
			（2）对自己的表现做一个总体的评价，并反馈给评价者	
			（3）谈谈对评价活动的直接感受	
		自我优点评估	（1）我是如何去思考和做（体现）的	
			（2）哪些地方做得不错	
			（3）我克服了哪些困难	
			（4）我的收获是什么	
		需要改进的方面	（1）我遇到了哪些障碍	
			（2）我有哪些地方可以做得更好	
第二步	评价者给的反馈	对评价对象的总体印象	（1）总结所获得的评价信息	
			（2）对评价对象的总结性评价（评价的等级）	
		具体的分项评价的结果	（1）对学生的学习行为（听课、小组讨论、合作学习和记笔记）的评价结果	
			（2）对学生掌握知识的情况的评价结果	
			（3）对学生掌握技能的情况的评价结果	
			（4）对学生的情感态度方面评价结果	
第三步	其他观察人员给的评价及建议	教学管理部门人员给出的评价及建议	通过观察对评价对象作出的各方面的评价结果	
		其他听课教师给出的评价及建议	通过观察对评价对象作出的各方面的评价结果	
		同班同学给出的评价及建议	通过观察对评价对象作出的各方面的评价结果	
第四步	聚焦做法	最后的总结性反馈	（1）评价结果的综合	
			（2）提出的改进意见	

c. 评价人员在评价过程中记录好评价信息，主要的评价者（指教师）广泛收集评价信息（包括学生的自我评价、教学管理部门的评价、同学相互之间的评价），将所有的评价信息汇总；

d. 教师分析所获得的全面评价信息，综合不同评价人员的评价给出最后的总结性评价；

e. 教师将分项的具体评价结果填入课堂评价反馈表中，并给出相关的建议，将最终填好的课堂评价反馈表返回给学生，让学生针对反馈表作出一个详细的学习计划，看学生是否真正理解了反馈的内容。

(2)课堂评价反馈表的优缺点

课堂评价反馈表主要有以下优点：利用课堂评价反馈表，能够清晰明了地把评价结果反馈给学生，学生容易接受和理解反馈信息，具有更好的指导作用；利用课堂评价反馈表，能够比较不同评价人员对评价对象的评价，学生可以依据不同评价，制订出一份更加优化的学习计划；利用课堂评价反馈表，可以将反馈信息存档保存，学生可以将不同时期的评价反馈进行比较，分析自己是否有进步，在哪些方面有进步，在哪些方面还做得不好，这样学习会更有针对性；利用课堂评价反馈表，整个操作过程简单易行，成本小，是最常见的一种反馈策略。

这种评价表存在的缺点：利用课堂评价反馈表反馈信息，会影响反馈的时效性，反馈周期较长，不利于学生"趁热打铁"思考自身的优劣。

(3)编制和填写课堂评价反馈表时应该注意的问题

a. 编制课堂评价反馈表前，要进行课堂的模拟评价，确保表格的内容涵盖了全面的评价项目；

b. 要重视学生的自我评价，广泛收集评价信息，分析评价信息时要综合其他评价人员的评价，确保评价结果的准确性；

c. 填写评价反馈表时，教师要客观公正，不能因为自己的喜恶而随意填写虚假的反馈信息，以致误导学生；

d. 教师将反馈表返回给学生时，要注意观察学生的后续反应，要确保学生理解并接受所反馈的信息。

2. 网络反馈系统

在科学技术极度发达的时代，网络已经进入了我们生活的方方面面，随着教育技术的发展，网络也逐渐被运用于教育评价系统。当前，高等学校已经全面实行网上评价系统，这种评价不仅简洁易行，而且反馈机制也很成熟。学校开发网络教育系统，实施全程性的教学评价信息反馈已经成为一种趋势。建立课堂评价网络反馈系统已经成为课堂评价反馈中常用的一种策略，并且颇有成效。

（1）建立课堂评价网络反馈系统的意义

在课堂评价过程中，建立课堂评价网络反馈系统可实现评价信息的有效反馈，对评价反馈来说具有重要的现实意义。

首先，网络反馈系统增加了反馈的时效性。这使原来需要在课程全部结束后进行的"追忆性评价"变为在每节课后的"即时评价"，使评价当天出结果，当天就能反馈给学生和教师。教师和学生在校园网的任何角落，甚至在家中都可以随时了解当天的课堂评价结果。

其次，形成了新的反馈渠道。开辟网络反馈系统，教师与学生可以通过电子邮件或发新帖等途径及时反馈课堂评价的情况，学生可以把教学的建议和信息反馈给教师，教师可以把评价的结果反馈给学生。可以避免因反馈渠道不畅，学生难以得到课堂评价反馈信息，导致学生有太多的顾忌，对课堂评价结果抱有猜疑的倾向，影响后继学习行为。

再次，针对性强。网络反馈系统非常清楚直观地显示出每个项目的评价，有利于学生及时了解自己的弱项，有针对性地改进。

（2）可行性分析

由于现代网络技术比较成熟，我们可充分利用网络运行平台，采用微软的.NET框架开发课堂评价反馈网络系统（.NET框架架构见图6-1）[①]。

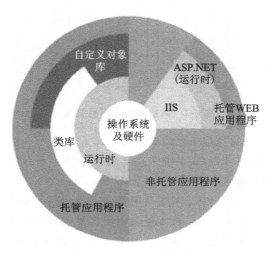

图6-1 .NET框架架构

---

① 李忻等. 基于.NET的课堂教学信息反馈系统的设计与实现. 科协论坛，2009(6)：53～54

.NET 框架是支持生成和运行下一代应用程序和 Web 服务内容的内部 Windows 组件。.NET 框架的关键组件为公共语言运行库(CLR)和.NET 框架类库(包括 ADO.NET、ASP.NET、Windows 窗体)。.NET 框架提供了托管执行环境、简化的开发和部署以及各种编程语言的集成,并提供了可提高代码执行安全性的代码执行环境。

与此同时,分析现在的教学条件,我们也可以发现,计算机已经成为一种普遍的教学工具,利用课堂评价网络反馈系统反馈评价信息,已经成为一种趋势,也是一种必然。

(3)课堂评价网络反馈系统结构图

课堂评价网络反馈系统的开发技术已经趋于成熟,目前可用的课堂评价网络反馈系统主要分为教师评价模块、学生查询与留言模块和后台管理模块三个部分,见图 6-2。

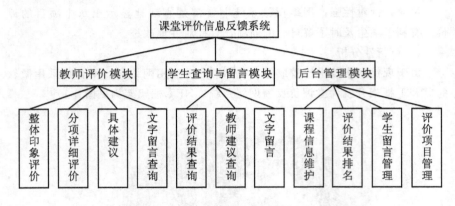

图 6-2　课堂评价网络反馈系统

(4)课堂评价网络反馈系统的设计与开发

a. 系统的总体设计:本系统采用 B/S(Browser/Server)结构设计,B/S 结构是随着互联网技术的兴起,对 C/S(Client/Server)结构的一种变化或者改进的结构。在 B/S 结构下,用户工作界面是通过网页浏览器来实现的,部分事务逻辑在客户端(Browser)实现,主要事务逻辑在服务器端(Server)实现。B/S 结构的应用程序能够有效地减轻系统维护与升级的成本和工作量,能实现不同人员在不同地点访问和操作相同的数据库,能有效地保护数据平台和管理访问权限,服务器数据库也很安全。Web 服务器采用微软 Internet 信息服务(IIS),它与 Windows 操作系统兼容性强,图形化的操作界面易于配置，方便操作。在 Web 应用技术中，数据库起着重要的作用，数据库为 Web 应用系统的管理、运行、查询和实现用户对数据存储的请求等操作提供基础支撑。本系统采用了微软的 SQL Server 数据库，它可以有效地保证系统数据的安全性、稳定性以及运行效率。

b. 系统的模块设计：包括教师评价模块、学生查询与留言模块和后台管理模块三个部分。

第一，教师评价模块

使用整体印象评价和分项详细评价策略。整体印象评价是教师通过自己的观察或思考，根据自己对课堂及学生的整体印象，给出综合评价等级和分数。整体印象评价总共分为四个等级，分别为：优秀、良好、合格、不合格。为了更准确地得到教师的评价结果，本系统采用图文并茂的形式（见图 6-3）[1]，使教师能够更准确更形象地选择符合自己印象的等级。

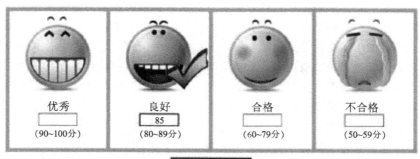

图 6-3　整体印象评价页面截图

分项详细评价是教师会根据自己所获得的一切评价信息，分项具体评价学生的学习行为和学习效果等，如评价学生的学习效果的具体过程可以按照以下步骤进行。

步骤一：确定评什么——从哪些方面评价学生的课堂学习效果？

知识与技能——学生学会了吗？通过一节课的学习，学生学到了哪些方面的知识，掌握了哪些技能，在阅读、分析、整合获取知识、综合解决问题方面有哪些新的收获或提高。

---

① 李忻等. 基于. NET 的课堂教学信息反馈系统的设计与实现. 科协论坛，2009(6)：53～54

过程与方法——学生学会了吗？通过一节课的学习，学生学到了哪些方法（包括阅读的方法、提问问题的方法、释疑的方法、评价的方法），还学会了哪些看待社会问题的方法。

情感态度与价值观——学生的兴趣如何，学得有情趣吗？学生养成了什么习惯？

步骤二：确定怎么评——如何评价学生的课堂学习效果？

纸笔测评：采用教师设计课堂练习；学生设计题目；学生设计题目让同伴做。

口头测试：采用教师提问的方式检测学生的学习效果；教师引导学生小结本课所学内容；把本课的主要内容用几个重点词汇写出，让学生概括；让学生概括自己本节课的感想或者收获；让学生就本课内容提问，同伴回答；引导学生续编题目。

课堂观察：观察内容包括观察学生的注意状态，如学生是否全神贯注地阅读；学生的回答是否针对所答；学生的听讲是否全神贯注。观察学生的参与状态，如学生是否全员参与学习；学生是否踊跃发言；学生是否兴致勃勃地讨论；学生是否积极投入地思考；学生参与的时间；学生参与的形式。观察学生的交往状态，如同伴之间的交往、学生与教师之间的交往；课堂教学气氛是否民主、和谐、活跃。观察学生的思维状态，如学生的思维是否适时迸发出智慧的火花；学生是否善于用自己的语言解释、说明、表达所学知识；学生是否善于质疑，提出有价值的问题；学生是否有自己的见解，有自己的思想或创意。观察学生的情绪状态，如通过捕捉学生细微的表情变化去分析评判学生的学习效果。

教师在本系统中对学生的各种表现进行分项详细评价，要客观公正，不能带有主观色彩，教师拥有两次评价机会，分别是在课程教学过程中和成绩公布后。分项详细评价中的评价内容是可以由系统管理员和任课教师在后台进行设置的。除了系统管理员设置的几项通用评价项目外，每个任课教师还可以对自己的课堂设置自定义评价项目，使分项详细评价更加灵活、实用、全面。

步骤三：具体建议。

这是教师在总结分析评价信息之后，根据自己得出的评价结果，给学生提出的改进建议，毕竟学生的认知能力还没有达到一定的高度，学生即使接受到了反馈信息，他们也不知道自己具体应该怎么做，这个时候就需要教师给出具体的建议，明确指明学生下一步应该怎么做，不应该怎么做，说明学生什么地方已经够好了，什么地方还要继续努力等。

步骤四：文字留言查询。

这是教师查询学生在接受评价信息之后给教师的留言，教学的过程是一个教与学的双向活动过程，教师和学生应该是互动的，教师将评价结果反馈给学生后，教师还需要从学生那里了解到他们的反应，然后决定下一步教学工作计划。

第二，学生查询与留言模块

评价结果查询。教师的评价结果可以通过列表的方式很直观地显示出来。学生登录查询窗口，输入自己的用户名和密码，就可以进入查询界面，学生在这里可以查询到教师对自己的整体印象评价结果和分项评价结果。

教师建议查询。这里学生可以查询到教师给出的具体建议。

文字留言。这个环节实际上是学生在接收到反馈信息以后，又把自己的一些疑惑、问题或想法，反馈给教师。学生文字留言模块与教师留言查询模块结合起来，是这个系统中师生文字交流的平台，使师生在课堂以外的交流更加方便。文字留言是课堂评价之外的重要补充部分。学生可以通过留言的方式表达自己对课程的真实感受，提出自己对教师的一些建议。比如，下面这一段文字就是一位数学教师整理的学生留言：

教师的优点：

1. 教师能够结合以前的知识开拓新的知识，讲课有趣，我们能在愉快中学到知识；

2. 能够从一题中引出多种不同的题，开阔了我们的思维；

3. 能用我们容易理解的方法解决问题，精彩生动；

4. 能够尊重我们的意见，让我们每个人的思维得到充分的发挥；

5. 经常会向课外延伸，传授许多课外知识。

对教师的要求：

1. 请多照顾优生，讲过两遍的题就不要再讲了；

2. 不要利用数学课改班会；

3. 对于重点数学问题，我还没找到解决它的技巧，你能不能再讲讲。

第三，后台管理模块

课程信息维护、评价项目管理。课程可分为一般课程、英语课程、体育课程和实践类课程等几类。在评价项目管理模块可以针对每类课程定义不同的评价项目，在课程信息维护模块里面为课程指定所属类别。这样就可以使评价项目更具有针对性。

评价结果排名。每学期结束后，管理员可统计一学期的数据，统计结果可在评价结果排名中查询。评价结果排名模块提供按课堂评分排名和按教师总评分排名两种方式进行排列。

学生留言管理。在系统使用过程中，难免有学生给教师的留言言辞过于激烈，为避免这种留言给教师造成伤害，管理员可以通过学生留言管理模块屏蔽学生的不当留言，并对学生作出警告。

(5)课堂评价网络反馈系统的难点及解决方案

教师评价结果的可用性。由于有一些教师对课堂评价不够重视，他们在课堂上往往不会关注学生的情况，另外还有一些教师忙于完成教学任务，根本就没有意识到要进行课堂评价，因此，为了完成评价任务，教师在课后进行评价的时候，存在不假思索任意打分的情况。为了尽量避免教师任意选择评价等级，在选定评价等级之后，教师还需要输入对应的评价分数(见图6-3)。通过服务器端验证评价等级与评价分数之间是否相符，若不符则给予教师提示，要求教师重新打分，从而使教师评价等级与评价分数相符合，保证教师评价结果的真实可用。

教师参与评价的积极性。教师是否愿意参与到课堂评价活动中来，对课堂评价反馈系统来说是非常重要的问题。评价是反馈的前提，没有课堂评价也就没有课堂评价结果的反馈。这需要从以下方面加以保障：本系统将教师的绩效考核与教师参与课堂评价的程度紧密联系起来，以保证参与评价的教师比例。在网站首页及教师评价的页面均显示评价活动的目的和重要性，起到宣传的作用，鼓励教师参加评价。细心设计人机界面，使评价过程简单、方便。鼓励学生也参与到反馈系统中来，使教师与学生进行互动，提高课堂评价反馈的效益。

反馈系统及数据库的安全性。安全性对当前所有的网络系统来说都是至关重要的，Web应用系统的安全是不得不面对的问题。.NET框架为Web应用系统的开发提供了安全架构，主要包括数据库访问的安全、身份验证、基于角色的授权和代码访问安全等。本系统采用.NET框架的Forms身份验证，它利用HTTP客户端重定向将未经身份验证的请求重定向到系统首页，用户提供凭据并提交，如果应用程序对请求进行身份验证，系统会发出一个Cookie，在其中包含用于重新获取标识的凭据或密码。随后发出的请求在请求头中具有 Cookie，ASP. NET 事件处理程序对这些请求进行身份验证和授权。

本系统用户分为管理员、校级领导、院系领导、普通教师、学生和匿名用户，分别对应不同的权限，以保证操作安全。匿名用户只能浏览系统首页的信息；学生可以查询评价结果并对任课教师也进行评价；普通教师可以与学生进行文字交流；学校教学管理部门领导可查询所有学生的评价结果和排名；管理员除了查询功能外，能够管理课程信息、用户信息，并对服务器数据进行备份和恢复。数据库访问使用受信任的连接，Web 服务与 SQL Server 服务安装在同一台服务器上，数据库只能从本地访问，以防止入侵者远程破坏数据库中的数据。

3. 分层反馈策略

教师作为课堂教学的主导者，要引导学生达到既定的目标，这就是常说的导学达标。导学达标的核心和关键在于一个"导"字。做好启发诱导工作是教师在达标教学过程中的基本任务，也是教师在教学过程中发挥主导作用的基本途径和有效方法。课堂教学的每个目标都是分层的，但最终的目标是促进学生的发展，课堂评价过程中我们应该注意这种层次性，同样，反馈评价结果时也应该分层反馈，具体来说分以下五步。

（1）基层目标导达，及时（同步）反馈

基层目标是和"高层目标"相对而言的，指全体或绝大多数学生当堂可以掌握的知识（识记）、领会（理解）、简单应用以及分析目标中较为简单浅显的部分。这些认识领域中较低层次的目标，难度不大，以"导达"为宜。所谓导达，是指经过教师的开导、指引、点拨、暗示或学生交换意见，小组讨论，互相启发，产生顿悟，豁然贯通。一般采用启发探究法、引导发现法、分组讨论法等为宜。它不仅要求教与学的活动具有明确的指向性和可行的操作性，而且特别强调信息网络化的多向交流，及时反馈与调节矫正。这个环节的反馈是单项教学目标的及时反馈，如果学生已经达到基层目标，教师应该及时反馈给学生，这又可称作同步反馈。它可以随时进行矫正调节，及时补救知识的缺陷和理解的偏差，如下面这一案例。

一位小学数学教师在教授《小数乘法（第 2 课时）》时，为了使简单的内容变得饱满，枯燥的内容变得生动，针对课堂教学做了精心的设计，首先他自编了一个例题，将全班同学分为三个小组，要求三个小组分别采用不同的算法，看同学们是否掌握了第一课时所学的内容，是否弄清楚了乘法所代表的具体含义。

自编例题：小明去超市买苹果，他一共称了 4 千克，每千克 3.8 元，请问，他应该付收银员阿姨多少元呢？

A 小组：$3.8 \times 4 = 3.8 + 3.8 + 3.8 + 3.8 = 15.2$（元），因为 3.8×4 表示的是 4 个 3.8 相加的和是多少。

师（评）：把小数乘法变成小数加法进行计算，虽然计算比较麻烦，但却能实实在在地帮助我们理解。

B 小组：

算式：$3.8 \times 4 = 15.2$（元）

师（评）：这一小组同学利用积的变化规律把小数乘法转化成整数乘法进行计算，化新为旧、化难为易、化陌生为熟悉，这是数学中一种很重要的思考方法。

C 小组：

3.8 元＝38 角，38 角×4＝152 角，152 角＝15.2 元

学生口述：我们这一小组先把 3.8 元化成 38 角，得出买 4 千克苹果要 152 角，再把 152 角化成 15.2 元。

师（评）：这一小组同学能借助元和角之间的关系来解答这道题目，把数学知识同日常生活紧密地联系起来，让数学从生活中来，到生活中去，这是学习数学的一种好方法。

在该教学片断中，教师通过适时的评价，清楚地揭示出隐藏在具体知识内容背后的思想方法，帮助学生建立起具有更为广泛联系的知识网络，且以化归的数学思想着手，评判学生是否善于用已建立的知识基础去理解新的知识。通过评价教师发现学生已经基本掌握上节课所学的内容，教师把信息反馈给学生，让学生也了解到自己的知识掌握的情况，基层目标达到以后，教师要进一步深化扩展知识，学生则要调整学习方法，双方处于一种互动的状态。

（2）高层目标达到，集中（连步）反馈

高层目标是指教学目标中较为复杂深入的部分，也是难以达到的部分。在教师予以指引、开导、点拨、暗示之后，仍不能顿悟，不能贯通时，需要愤而后启，悱而后发，即在学生心欲通而未达时，教师予以达之，在学生口欲言而未能言时，教师予以言之。这里的"达"与"言"，不是生硬灌输，而是细雨润物；不是越俎代庖，而是指点迷津。其中有启发性的讲解，也有综合

性提高。是要言不烦，恰到好处，留有思考余地。高层目标是要解决的是学生达标的深度问题，即对重点、难点的融合贯通。这个环节的评价反馈是对学生评价的集中反馈，有利于学生更高层次的发展。

课堂上，教师与学生是"评价共同体"。教师在评价过程中是平等中的首席，学生在接受知识的同时也会评价教师的教学，教师与学生应平等地对话、自由地交流，在这种氛围中，课堂信息的反馈尤为重要，教师要有把评价结果及时反馈给学生的意识，另外，参与评价的全体要有对问题和观点一定的领悟力、批判力和发现力，在评价中不断对自己的思考过程进行反思，对已形成的观念重新组织，高质量地建构自己的认知结构。

在解答"一个生产小组原来 5 天做 1200 个零件。现在要多做 800 个零件，同样要求 5 天完成。这样，平均每天要比原来多做多少个零件，才能按期完成任务？"一题时，教师发现学生的解法有两种：

（1）$(1200+800)÷5-1200÷5=160$

（2）$800÷5=160$

显然，这两种算法都是正确的，但从解题过程看，（2）明显优于（1），原因是解题过程舍去无关条件。如果说第一种算法是基层目标，是一般学生至少要达到的水平，那么第二种算法就是高层次的目标，是要求学生经过进一步思考才能达到的。教师在反馈评价时，应该明确指出算法（2）的优越性，同时也要分析算法（1）和算法（2）之间的差别，对整个评价过程做一个集中反馈，既要激励达到高层次目标的学生进一步努力，又要鼓励还没有达到高层次目标的学生不断改进，争取让全班所有学生都能达到高层次的目标。

（3）情感目标诱达，灵活反馈

情感目标包括动机的引起，兴趣的培养，感情的陶冶，意志的锻炼，信仰的确立，习惯的养成等诸多非智力因素方面的问题。当然也包含了思想品行教育的内容。要圆满实现这方面的目标，要充分发挥非智力因素对于促进智力因素发展的动力作用，主要靠教师的"诱达"。所谓"诱"，即循循善诱，诱导激发。要求教师以情动情，有机渗透，深刻感人。情感目标要解决的是促进学生思想感情的升华和品德个性的养成。

在一堂基础训练练习课上，学生正在做一道口头填空练习，在做"（　　）的节日"一题时，教师发现同学们的答案大多是"快乐的节日""欢乐的节日""热闹的节日"之类。"悲伤的节日"一声与众不同的回答使教师和其他同学一愣，说出这个答案的是一个平常不爱思考问题的学生，没过多久全班同学哄堂大笑，显然，同学们认为这个答案不符合"节日"这个词，同学们的取笑使得这位同学无地自容，当时教师没有直接评价这位学生的答案。教师赶紧抓住这位学生的回答提问："什么节日使你悲伤呢?"那位同学若有所思地回答说："八一建军节这一天，当我想到许多解放军叔叔为了让人们过上幸福的生活而英勇牺牲，我就会感到悲伤。"教师说："你想的与别人不一样，说明你很爱动脑筋，值得表扬，其实，答案是丰富多彩的，只要你肯思考，答案可以多样化，希望你以后也像今天一样积极思考问题。"从这以后，不爱回答问题的那位同学改变了许多，在课堂上变得很活跃，经常会有一些不同于别人的答案，养成了积极思考的习惯。这种结局就得益于教师对学生的这种肯定的评价，试想如果这位教师当时也像其他同学那样，给予否定的评价，这位学生接收到教师反馈给他的信息后，可能就会觉得自己很丢人，以后再也不敢回答问题，就会限制学生的思考的积极性。相反，这位教师根据实际情况，灵活地反馈了评价结果，调动了学生在以后的学习中去独立思考，使学生能用心体验课堂的每个环节。

(4)技能目标练达，踏步反馈

技能目标是要将知识转化为技能、技巧，即培养学生的动手操作能力，让学生学会学习。这无论是简单的直接运用还是复杂的综合运用，均需通过有计划的演练才能实现这一目标。因为学生的动手操作能力，不可能是教师讲出来的，而只能是学生自己练出来的。为此，在课堂上就要给学生以充分的训练时间，并提出明确的训练要求：速度、精度、灵巧度、多维度。要有明确的时限规定，要创设愉快，紧张训练的情境气氛，要让学生在最佳的竞技状态中达到预期的训练效能。

如一位中学历史教师讲《元朝的社会经济和中外交往》一课时，为了让学生牢固掌握当时的海运漕运图，让学生能够快速准确地画出海运漕运图，完成技能目标的训练，这位教师设计了如下活动：利用多媒体在屏幕上同时出示《隋运河》《元代漕运、海运图》，通过对比，找出二者的不同之处，加深印象；记住元代漕运海运起止点和中间新挖河段；让学生自己试着绘制两航线；让学生讨论这个学习过程中自己所遇到的问题以及所得到的收获；在前面讨论的基础上，再重新绘制航线，尽量使自己绘制的航线更加完善。

限时10分钟，在学生训练之际，教师加强巡视、指导，并对认真练习的学生、速度较快的学生、质量最好的学生分别提出表扬，指出其长处，并时时给全体学生加油鼓劲。在学生第一次完成绘制后，教师应该将自己在巡视过程中发现的问题及时反馈给学生，让学生知道自己的不足，这种方式处于使学生在愉快、紧张训练的情境气氛中，处于最佳的竞技状态，达到预期的训练最佳效能。

(5)发展目标引达，局步反馈

发展目标是专对少数尖子学生提出的超纲超本的目标，它要解决的是少数尖子学生"吃不饱"的问题。解决的办法就是向少数尖子学生提出一些超纲超本的学习要求。教师通过引导，使学有余力的学生的潜在创造才能得到深层次的开发。这个环节的反馈是对少数尖子学生的局部反馈。目的是培养一部分学生的创造能力，体现了学生之间的差异性，教师在反馈时就要有针对性。下面是一位数学教师的课堂教学日记①：

在上《百分数的意义和写法》这一节前，我对百分数的定义做了深入的思考，因为它是这节课的课眼，是焦点，是核心。教材上是这样定义百分数的："表示一个数是另一个数百分之几的数叫做百分数，百分数又叫百分比、百分率。"一般的学生会试着把书上的定义记下来，但是我知道班上那些成绩好的学生学得比较活，或许可以引导他们，让他们在课堂上自己创造出百分比（百分率或百分数）的定义，另一个现实问题是教师此时若没有充分的心理准备，就没有勇气和信心在这种场合花更多的时间去探索、引导和评价，必然就会在这一关键处轻描淡写，甚至一带而过。为了使这一环节出新，我做了充分的课前准备。课堂中我采用的是局部反馈，专门针对那几个尖子生做了一番评价和引导，使他们获得了应有的发展。课堂表现如下：

……

师：（过渡）刚才有关百分数的一些例子我已经介绍完毕，现在我们来给百分数下个定义，书上有现成的定义，但是同学们可以认真思考一下，试着用你们自己的语言说说什么叫百分数。

（听完我说的话，大部分学生没有了思考的兴趣，而平常那几个尖子生都在跃跃欲试，我注意到了他们的表情，于是叫了几个尖子生来说说他们自己的想法。）

生1：把单位"1"平均分成100份，表示这样的一份或几份的数叫做百分数。

（这一定义乍听起来有道理，但推敲起来存有科学性的错误，若课前没

———————————————

① 戴厚祥. 课堂评价的要求与策略. 江苏教育，2005(10)：19

有考虑到，那么在2～3秒钟内就很难给予准确的评价。）

师（评）：借助分数的意义给百分数下定义，这是一种好思路，但如果单位"1"是1米，那么这样的一份或几份就是3/100米、8/100米等，这样的数能叫百分数吗？

生2：不能！百分数表示的是两个数之间的关系。

生3：表示一个数是另一个数百分之几的数叫做百分数。

师（评）：（扣概念的本质，帮助学生理解、建构）这种说法很好，你想的和书上一个样，但这里的百分数定义表示两个数之间的关系吗？并且分母又是100吗？

生4：表示两个数量的比，而且比的后项是100，这样的比就叫百分比，又叫百分数。

师：（聚焦）你们认为这位同学的定义下得怎么样？

生5：我觉得比书上的定义更容易理解一些。

生6：我觉得不够准确，如果比的前项是0，这个数就不是百分数了。

师：（板书0%）讨论0%究竟是不是百分数。

生7：我在报纸上见过，今年墨西哥经济的增长率为0%，所以它是一个百分数。

师（评）：这位同学给百分数下的定义很有新意，他能站在比的角度来研究百分数，这是一个了不起的创新，它与书上的定义实质是一致的，而且更容易理解。

……

这位教师若没有在课前深入挖掘百分数的内涵，而是就教材上的定义刻板地教，那么课堂上教师的评价只能是肤浅甚至是错误的，学生个性化的理解和表达的权利就会被剥夺。教师在教学中如果只照顾大部分学生的需求，就会不利于少数有发展潜力的学生的进步，而在上述片段中，教师到位的评价和及时的反馈，成为学生学习活动真正意义上的引导者、组织者和促进者，开发了那些有更高需求的学生的创造性思维。

4. 坚持"四个灵活"的策略

（1）灵活运用及时反馈和延时反馈

及时反馈是学生学习新内容或产生某种行为反应后，立即给予反馈，这是一种很常见的反馈策略，这个反馈和评价的过程是统一的，即时性评价就是一种典型的及时反馈；延时反馈则是对学生的学习和行为进行评价后，推迟一段时间反馈结果。这两种形式各有千秋。及时反馈可及时强化正确反应，纠正错误反应，起整理和巩固所学内容的作用。延时反馈则能给学生留下独立思考和冷静反省的时间，能产生更好的长期效果，延时反馈也称为"冷处理"。一般来说，及时反馈更为直接，容易对反馈对象造成心理压力或伤害，延时反馈是一种包容性的反馈，有利于保护学生的自尊心。

小学数学课上教师为了检查学生的思维扩展能力，出示例题：一堆货物，甲车需 1/3 小时运完，乙车需 1/4 小时运完，如果两车合运需几小时运完？

学生甲：用 $1÷(1/3+1/4)$，结果等于 12/7 小时。

（教师心理：显然这位同学的回答是错误的，如果教师立即作出评价，不但会伤害学生的自尊心，而且会使该生和其他学生丧失一次很好的思考机会。于是教师不能及时评价和反馈，而是要想办法让这位同学积极思考，自己认识到自己的错误。）

师：我再出道题目，同学们看看有什么启发没？

教师另出了一道题目，新题：一堆货物，甲车需 3 小时运完，乙车需 4 小时运完，如果两车合运，几小时运完？

学生乙：例题的算式肯定是错了，一辆车运出需 1/3 小时，另外一辆需 1/4 小时，两车合运时间怎么反而会多呢？

生丙：甲同学的列式错了！$(1/3+1/4)$ 不是工作效率之和，而是工作时间之和，工作总量除以工作时间之和不是合作的工作时间。

生甲：（反思片刻）我明白了，我受以前解题算式形式的影响，把工作时间之和当成工效之和了，工效之和应该是 $(1÷1/3+1÷1/4)$，正确的算式是 $1÷(1÷1/3+1÷1/4)＝1/7$（小时）

师（评）：刚才，×××同学经过独立思考，自己发现并纠正了自己的错误，这是一种很重要的学习策略。我相信他经过自己的这番思考，能够很好地掌握这节课的知识。同学们以后在学习过程中，要学会触类旁通，要给自己留思考的余地，如果从这个角度无法突破，可以换个角度来思考。

这位教师没有通过讲评及时纠正生甲的错误，而是提供（创造）适当的外部环境促进学生自我反省，通过学生间互评清楚地揭示两者之间的矛盾，使"错误算式"与相应的"正确算式"发生直接的联系（冲突），学生通过反思，自己进行有效纠正，经历了一个自我否定的过程。这一过程中教师采用的是延时反馈，他没有当场把评价结果反馈给学生说："你的答案是错误的，请认真思考。"教师通过其他同学的点评使这位同学认识到了自己的错误，同时又启发了其他同学积极思考，最后，当所有问题解决后教师才将最终的评价结果反馈给学生。

(2)灵活运用公开反馈和私下反馈

公开反馈即为当众宣布，也可叫做集体反馈，比如，在班会上公布学生的课堂测验成绩，或者教师面对全体学生作出评价反馈书面报告；私下反馈即无他人在场而个别告知，也可叫做个别反馈，比如，教师把学生叫到办公室单独和学生谈话。公开反馈方便快捷，可以节省时间和人力，但效果不好，而且对于一些个体评价，公开让所有学生知道，容易对评价对象造成心理阴影。私下反馈持续的时间长，但效果明显，而且有利于维护学生的面子，学生更容易接受。这两种反馈如何使用要视其具体情况而定，比如，对全体学生有教育意义的可公开反馈，只对个别学生有意义的可私下反馈；具有奖励性质的可公开反馈，批评性的应多取私下场合。当然，客观事物有时是很复杂的，比如，某一学生犯了错误，这种错误对全体学生有教育意义，但该生又是一个抑郁质学生，自尊心很强，公开反馈会挫伤其自尊心。在这种情况下，最好采用私下反馈。总之，这两种反馈应灵活运用。

一位小学六年级的学生曾在日记中写到：

今天数学教师把上节课的课堂测验发下来了，我的分数还不错，在班上是第六名，刚开始我还挺高兴的，但是后面教师点评第四题的时候，把我叫了起来，因为刚好我这个题做错了，事实上，这个题很简单，我只是粗心弄错了。教师对着全班同学开始批评我，说："你连这么简单的题都不会做，上课是没听讲吧，这道题我在上课的时候还专门强调了的，你的脑袋是木头做的吗，下次不要再出错了。"当时，班上其他同学就开始偷偷地笑，我觉得很不好意思。我当时就想：教师为什么一定要当着全班同学的面说我呢，害得同学们都笑话我是木头脑袋。我也知道自己不应该出错，可是教师可以下课了再指出我的错误，我以后改正就可以了。我开始有点讨厌数学课了，因为教师当面批评了我，让我觉得很没面子。

从这个学生的日记中，我们可以看出，这位教师不仅使用了不恰当的评价语言，而且没有注意这位学生不喜欢教师在班上当众指出他的错误，针对这种情况，教师应该对这位学生进行个别反馈，当众反馈只会让这个学生对课堂产生抵触情绪，现在学生的自尊心越来越强，教师在反馈评价时，应该要考虑到学生的心理变化，带批评性质的反馈尽量采取个别反馈。

（3）灵活运用正反馈和负反馈

正反馈是指通过表扬和奖励、巩固和强化学生的正确反应；负反馈则是通过批评或处罚消除学生的不良和错误反应。这两种反馈都是必要的，但要合理运用，运用不合理，可能会引出负效应。比如，表扬一个学生，可以提高学生的动机水平，增进学习效果，但也可能使学生产生骄傲自满，不思进取；负反馈可能成为学生转变的契机，也容易使学生"破罐子破摔"，错上加错。因此，运用这一反馈策略有高深学问：多用正反馈，少用负反馈；要根据学生的不同年龄、不同性格、不同学习基础与能力使用不同的奖励与惩罚手段；奖励须有一定限度，不能过多，更不能过分。过多过滥过分会造成学生间的对立和放纵，形成不健康的竞争，导致人际关系的紧张和集体的误解。

语文课上，教师正启发同学："该用怎样的语气朗读《蚕姑娘》最后一段？"同学们回答："应用高兴的语气。"可是一位同学却说："没什么可高兴的。"这可给教师出了一道难题。在这样容易理解的地方，原先根本没有质疑的设计。只见这位教师顿了一顿，说："让我们听一听这位同学的想法。""蚕姑娘产下卵后，就要死的，有什么可高兴的？""这时候再叫蚕姑娘不对的，该叫蛾妈妈。"原来同学联系课外知识，在看插图后发现了新问题。教师笑着顺势说，"是呀，蛾妈妈产下蚕卵后要死了，但第二年春天，蚕卵里又会钻出可爱的蚕宝宝，蛾妈妈还留下了漂亮的蚕茧，她心里怎样想的呢？""她对自己很满意。""她觉得自己很能干。""虽然她自己会死掉，但是她留下了新的小生命，事实上，她会很高兴。"这位学生不再坚持他原有的想法。教师说："这位同学很有自己的想法，他了解到蚕姑娘产下卵后是会死的，因为死是个让人悲伤的话题，所以他觉得我们应该用悲伤的语气朗读文章。这说明他肯动脑筋，善于发现问题，后面在教师的引导下，他又重新思考，认为从死到重生其实是很高兴的一个过程。"于是，整个课堂变得活跃起来，同学们都争着要朗读文章。在以后的课堂中，这位同学也在逐渐进步。

从上一个例子中，我们可以看出来，这位语文教师灵活运用了正反馈，刚开始逐步引导学生理解课文内涵，没有一口否定学生不同的回答，最后，又用表扬的形式评价了那个学生的回答，让全班同学感受到轻松的课堂气氛，又激励了那位同学更加努力地学习。

（4）灵活运用言语反馈和非言语反馈

言语反馈是指教师将课堂评价结果用语言直接反馈给学生；非言语反馈

是指教师采用非言语的形式反馈评价结果，如神态、表情、动作等形式。言语反馈直截了当，学生容易理解，非言语反馈是需要学生用心观察的，一般学生可能很难理解教师要反馈的信息，在实际应用过程中，两者要相结合，这样反馈才会更有效果，如下面这一案例①。

记得那次上课，教师提了一个问题："第一段写的主要是什么内容？"我站起来响亮地回答："第一段写天气骤然变冷。"教师从眼镜上方看看我，又看看同学们，问："她回答得对吗？"同学们从教师怀疑的问话中好像断定我错了，于是众口说我错了。教师又一次把我叫起来，我再次坚持了我自己的意见。最终，教师和同学都承认我对了。当时我很激动，因为这使我明白了正确的就要坚持的道理，而这点我是从教师再次请我站起来回答的举动中知道的。其实，教师第一次叫我坐下以后，我心里也没底了，认为自己真的回答错了，后面见教师又叫我回答，我想如果教师认为我说的是错的，那么他就不会要我再说一次了，于是，我站起来回答了同样的答案。

以上是某生写的一篇作文，从中我们可以看出来，该生的教师当时并没有用语言直接说："你的回答是正确的。"但是她从教师的举动中看出了教师想说的话，那就是"如果认为自己的答案是对的，就应该坚持，不要受环境的影响"，事实上，这就是她从教师那里所接受到的反馈信息，正是这种无言的反馈，让她明白了深刻的道理。

5. 家校合作综合反馈

评价的根本目的是为了促进学生的全面发展，那么评价结果就必须反馈给学生并得到学生的认可，这样才能激发学生内在的学习动机，从而达到教育目的。

在传统的教育观念中，评价学生的权利紧紧把握在教师手中，而教师对学生的评价也无非是冷漠的分数和名次，所谓的反馈就是将试卷发给学生并召开家长会公布成绩。这种评价和反馈基本不具备激发学生学习动机的功能，所以，教育研究者以不同的角度提出各种更科学的评价措施，以改变这种畸形的评价方式，但任何一种评价都要以反馈为载体，离开反馈，评价便成无水之鱼。反馈的目的是让学生认同评价，即评价是否起作用，还要看学生是否认同，但在学生认同的基础上，评价是否能起到最大限度地激发学生学习动机的作用，关键还要看家长是否支持这个评价。

---

① 支玉恒. 欣赏与评析. 北京：中国文联出版社，1999：421

教育从其存在状态上看有三种形态：家庭教育、社会教育、学校教育，一种理想的教育效果应建立在三者合作的基础上。因此，要建立一个完整的教育评价体制，就必须建立一个完善的评价结果的反馈体系，就目前实际情况而言，最适用的应属家校合作式的反馈体系。传统的教育观念在大部分家长心中已根深蒂固，他们只注重显性的分数，忽视学生身心发展的隐性进步，在某种程度上，家长已成为应试教育的支持者、素质教育的阻碍者，而家长与学生有血缘关系，家长的观点更容易影响学生。所以，教师必须让家长认同教师所做的评价结果，这时的评价才能真正地起到最大的作用。这种家校合作式反馈体系的操作程序可简述为：

(1)教师帮助家长掌握最基本的教育学、心理学常识，并向家长解释现行的课程改革的主旨和未来教育发展的方向；(2)及时向家长反馈对学生评价的结果，并努力达成教师与家长对评价结果的共识；(3)向学生反馈评价结果，并指导家长在适当的场合向学生反馈同样的结果，使学生坚信自己的潜力和进步已被身边所有的人所认同；(4)家长及时向教师反馈学生在家的各种表现，以助于教师更客观、全面的评价学生；(5)鼓励学生将自我评价的结果反馈给家长和教师。

第三节　课堂评价反馈对教师的要求

要确实运用以上策略，确保课堂评价反馈的效果，在评价反馈过程中，教师必须提高自身素质，从以下几个方面着手改变。

一、增强反馈控制意识

课堂教学中，教师要对学生的学习给予及时评价，同时还要及时地将评价结果反馈给学生。教师要充分认识评价反馈的重要性，增强自己的反馈意识。张德琇在《教育心理研究》一书中曾介绍过罗西与亨利的实验：把一班学生分成三组，每天学习后进行测验。教师对第一组每日告之其学习结果，对第二组每周告之其学习结果，对第三组则不告之，即不给予任何评价信息。如此进行八周，学习成绩明显不同。第一组最好，第二组中等，第三组最差。八周以后，改变方法，使一、三组对换，如此进行八周，则成绩也随之改变，第一组由最好变为最差，第三组由最差变为最好。这一实验表明，学生能否从教师处获得及时的反馈对学生的学习效果影响显著。因此，教师必须及时地将评价信息反馈给学生，才能够达到反馈控制的目的。

二、提高信息反馈能力

1. 扩大知识面，增强课堂适应性

一位教师课堂适应性的强弱，反映了他的反馈能力的强弱；适应性强的基础是教师的知识面广。课堂评价和反馈涉及多方面的知识，包括教育学、心理学以及相关学科等多方面的知识。对所教学科的知识，力求既专又博。这样才能更好地把握课堂教学，评价时才能准确到位，反馈时才能保证信息的真实性。

2. 了解学生，熟悉学生

课堂教学评价的主体是教师，评价的客体是学生，课堂评价的反馈是指教师将课堂评价结果反馈给学生，那么，教师反馈的对象就是学生，不熟悉反馈对象，这样的反馈必然是盲目的，盲目的反馈很难得到最佳效果。教师熟悉自己的学生应该像熟悉自己一样，不仅深知他们每个人的知识基础，而且要了解他们每个人的性格，脾气秉性，兴趣爱好等，只有这样，教师的反馈才具有针对性和有效性，启发、诱导、点拨，才能施在关键之处。

3. 要培养敏锐的观察与思维能力

反馈能力强的教师能及时对学生的答问或书面练习作出评价并反馈，这样的及时评价和反馈能使学生得到心理上的满足，并转变为动力，促进他们更加努力地学习，欲使评价和反馈及时准确，要求教师有敏锐的观察与思维能力。敏锐的观察能力，要求教师在课堂上随时注意观察学生的表情，悉心倾听学生的答问，认真批改学生的作业。敏锐的思维能力，要求教师能在观察基础上迅速作出判断，并组织好反馈信息。观察与思维又是相联系的，例如，当一个问题提出来以后，教师应在极短的时间内，通过观察学生的反应，判断自己提出的问题是否适度，从而及时决定是否改变问题。从这可以看出观察与思维是紧密联系的，判断是观察的结果。课堂评价过程中，教师要细心观察学生的反应，尽可能多地收集评价信息，并快速通过分析所获得的评价信息，得出评价结果，及时反馈给学生。

4. 教师要善于捕捉信息，并善于对信息进行筛选

在教学过程中，优秀教师善于捕捉学生的各种信息，他们不仅仅通过作

业、考试来获取信息，还能够察言观色，即从学生表情上、语言中、活动中等多方面，以敏锐的观察力洞悉学生的个性和心理状态。根据学生的一些细微的外部表现准确推断他们的内心世界。比如，有经验的教师会关注学生的面部表情，从学生欣喜的眼光里得知学生对所学知识掌握得很好，从学生紧锁的眉头中推断学生对新知识还存有困惑。同时，教师还要善于对捕捉到的评价信息进行筛选，去粗取精，剔除无效信息，得出正确的评价结果，从源头上保证反馈的真实性。

三、慎重处理评价信息

1. 要慎重处理好课堂上学生不同的反应

因为教材内容和要求对全体学生是统一的，而学生个人的兴趣爱好，智能又是有差异的，所以课堂上，学生的反应不可能是同质的，是有差别的。一般可归纳分为四种反应类型：

（1）学生反应符合教师期待

上课前，教师有一个备课的环节，通过备课教师会对学生的表现和反应有个期待。课堂中，如果学生的表现和反应正好符合教师所期待的内容和目标，教师对学生的评价就会相对高一点。面对这种情况，教师要针对好、中、差生给予不同的评价鼓励，以保持他们的积极、主动性。如果正确信息全来自好学生，那就可能掩盖着为数不少的学生没有理解、掌握新知识、技能。这时教师不应以答对、做好为满足，而要向中、差生发出信息，探测他们的水平，对班上的整体水平作出判断，并全面反馈评价结果。

（2）学生反应错误

包括与教师期望相反，或者是错误的。这种现象虽说是少数，但也必须处置得当，教师也要慎重评价，以免打击学生的积极性，反馈时教师应该有所保留，尽量使用引导性的语言，使少数学生的认识与群体相一致，这样也能反映出一个教师的应变水平。

（3）学生反应意外地超出教师预期

对此，教师要作出恰当的评价和处置。在实施主体教育、创新教育的今天，学生的思维闸门一经打开，各种独特的，标新立异的回答都会涌现出来，教师随时都会遇到事前难以预料而又必须回答和处置的问题。这对教师的评价能力和反馈能力都是一个挑战，也是客观测试教师教育能力的重要教学实践，面对这种问题，教师要拓展思维，不要局限于课本，保护好学生的好奇心，创造力，慎重地作出决定。

(4)学生反应超前

即可能是教师下一层次（或以后）要讲的内容和要求，这也是一种超前反应。由于个别学生课前，阅读了教材（无控制要求），虽然比其他同学提前知道了知识的某一局部结论，但是知其然不知其所以然，其他同学听了难以置信。所以课堂教学中的无控制的超前反应，对整个课堂教学往往起干扰作用。这种情况下，教师应采用折中的办法，既要肯定这部分学生的学习积极性，但也要考虑到其他学生的心理，要从整体上把握学生的水平，不能做局部的反馈，而是在分析整体的基础上几种反馈。

2. 系统归纳需要反馈的信息

课堂评价反馈是一项经常性的工作，不是盲目的应急性的措施，因此，教师应对需要反馈的信息进行记录、归纳、分析、找出来龙去脉，避免发生失误。在实际反馈中，不妨建立反馈档案袋，内容包括日期、教学内容、错误记录、错误分析、补救措施和改进策略等。所有的反馈信息都可以作为最原始的信息资料储存起来，作为日后改进课堂教学的依据。

四、调控评价反馈心理

1. 常见的几种评价结果反馈心理

评价结果反馈心理是指把评价结果反馈给被评价者，从而使被评价者产生一系列的复杂的心理现象。一般来说，主要有以下四种评价结果反馈心理现象：敏感心理、文饰心理、反评价心理、被动心理。

(1)敏感心理

敏感心理是指被评价者对评价结果过分关注而产生的心理现象。在评价结果反馈时，敏感的问题主要集中在以下几个方面。

对评价等级或成绩的敏感。被评价者一般比较关心评价者给予的等级或成绩，评价完成以后，被评价者喜欢寻找"我得了多少分"，一旦成绩公布了，他们又会询问"其他人是多少"，"我在这个集体中处于什么位置"。如果被评价者不能及时得到反馈，他们会更加渴望知道答案，甚至产生疑窦，集体成员之间相互猜忌。

对评价结果的利害因素的敏感。在结果反馈时，被评价者对于与自身利益有关的因素都特别敏感。如学生较关注教师对自己的综合素质的评价、学习能力的评价等关系到自身价值的评价，或者说能够给自己带来利益的评价，比如，在评三好学生、评奖学金、评优秀学生干部时，课堂评价结果也是一个影响因素，那么学生就会十分关注课堂评价结果。

对评价公正性的敏感。评价结果与被评价者的期望不一致的时候，被评价者就要转为关注评价是否公正的问题了，无论是评价分数较低，还是名次靠后，或是自己认为应该给予肯定的地方而没有得到肯定，都会引起对评价的不满，进而从各个方面挑剔缺点或问题，企图否定评价结果。

敏感心理有积极的意义，也有消极的意义。从积极的方面看，如果人们对评价结果不敏感，评价的目的也难以实现，但过于敏感，则会是被评价者过分计较分数，将结果看得太重，反而会影响他们对评价结果的认可，如果评价结果符合他们的期望，他们就会欣然接受，如果不符合，他们就会怀疑评价的公正性，甚至抗拒评价结果，引发一些矛盾，这样也就使评价失去了本身的意义。

（2）文饰心理

文饰心理是指被评者为了掩饰自身的某些缺点和不足，就会从自身之外找一些理由或原因来为自己开脱或辩解的心理现象。文饰心理主要有以下表现。

转移焦点。被评价者将自己的不良表现或行为和其他人的类似行为作对比，寻找为自己开脱的理由，比如，一些成绩较差的学生会和比自己成绩更差的学生作对比，以此来为自己开脱。

自我安慰。如果评价结果没有达到被评价者预期的目标，被评价者就会认为是评价标准太高或者抬高评价的价值而否定评价的目的。比如，学生在测验中没有考到理想的成绩，那么他就会认为是题目太难了或者教师批改太严格了，即使没有考出好的成绩那也不能说明什么。

怨天尤人。被评价者总是将自己的问题归结于外部因素，认为不是自己本身的原因，这其实就是一种错误的归因。课堂评价反馈的目的之一就是要让学生寻找自身的缺点，找到不足的原因，进而改进自己的行为，如果学生将自身的问题都归于外部因素，这样就不利于学生的自我调整。

作为自我防御机制，文饰心理有一定积极意义，但更多的是消极影响，强烈的文饰心理，会使被评价者想方设法否定或推翻评价结果，从而影响评价目的的实现和评价功能的发挥。

（3）反评价心理

反评价心理也称为评价心理，指被评价者在了解评价结果时，也会产生对评价品头论足的心理。从理论上说，反评价心理是一种正常的信息反馈心理，评价者应该认真听取和鼓励，但也有些被评价者因对评价结果不满，而对评价持一种完全否定的态度，主要表现在以下几点：以局部评价否定全面、系统的评价；挑剔评价过程的缺点、问题、失误以否定评价结果；以自我评价或自我感觉否定他人的评价过程；用自身局部的优点与比自己强的人的缺点相比，以否定评价结果；用自身过去相比，通过显示进步之大来否定客观的评价结果；用非正式的评价否定正式的评价。

除了上述几种极端的否定评价的心理外，反评价心理可能还有责备评价结果没有真实反映实际情况，怀疑评价不科学或者不公正等，总之，反评价心理在很大程度上是拒绝接受评价结果，在课堂评价的反馈中，学生如果不承认评价结果，那么只会让评价成为一种形式。

（4）被动心理

一些不善于思考或性格内向的被评价者接到评价结果后，往往抱着被动接受的心理。他们很在意别人对他们的评价，评价过程中他们总是想着自己的缺点和不足，接受评价结果时，他们缺乏一种积极思考的态度，只是被动地接受结果，既不为自己辩解，也不会分析结果对自己会有何种影响，在课堂评价中，教师即使将评价结果反馈给这样的学生，学生也不会利用评价结果使自己不断进步，在他们看来，评价就是要追求一个结果，结果出来了评价也就结束，反馈是没有意义的。

2. 评价结果反馈心理的调控

一般而言，被评价者还是很关注自己的价值的，"评价就是一种价值的判断"。评价结果的反馈会影响被评价者的需要、自信心、自尊和情绪等。当评价结果符合被评价者的期望目标时，他们会乐意接受并不断改进；如果评价结果不能满足被评价者的需要，他们就会感到挫败，情绪不稳定，会产生各种消极的被评价心理。因此，我们在调控评价结果反馈心理时，要结合评价结果反馈的方式等来考虑，尽量寻找最合适的途径控制好反馈过程中的心理冲突。总的来说，在课堂评价结果反馈过程中，教师可以从以下几点来调控学生的心理：

（1）在反馈课堂评价结果时，教师要尊重学生，不可以一种高高在上的姿态出现，要切记在课堂教学中，教师和学生是平等的个体，教师不是学生的"救世主"，教师反馈时应态度平和、友好，这样才能更容易让被评价者接受评价结果。

（2）教师在反馈结果时，要循循善诱，启发诱导学生对自己进行客观的自我评价，缩小自评与他评之间的差距，避免消极心理的出现。

（3）在反馈评价结果时，对于那些过分注重分数的学生，教师可以采取模糊式反馈，并适时地开导学生，帮助学生认清楚分数的具体含义，使学生不再过分在意分数和等级。

（4）反馈评价结果时，教师要注意研究学生的特点，对于那些容易产生反馈心理的学生，要慎重地选择反馈方式，并及时对这类学生进行心理疏导。

（5）反馈评价结果时，教师要控制好反馈范围，排除掉干扰因素，营造一种轻松的反馈环境，不要给学生带来心理压力。

参考文献

[1]Josef blecher. Contempory tlermeneutics. Landon, 1980

[2][苏联]苏霍姆林斯基. 给教师的建议（上）. 杜殿坤译. 北京：教育科学出版社，1980

[3][苏联]苏霍姆林斯基. 给教师的建议（下）. 杜殿坤译. 北京：教育科学出版社，1980

[4]罗黎辉，高翔. 教育测量与评价. 昆明：云南教育出版社，1996

[5]叶奕乾，何存道，梁宁建. 普通心理学. 上海：华东师范大学出版社，1997

[6]张玉田等. 学校教育评价. 北京：中央民族大学出版社，1998

[7]虞静东. 教学信息反馈的结构、功能及优化策略. 天津市教科院学报，1998(5)

[8]罗作云，罗好裕，刘笃诚. 教师心理学概论. 成都：成都科技大学出版社，1988

[9]宋其蕤，冯显灿. 教学言语学. 广州：广东教育出版社，1999

[10]李炳南. 课堂教学技能与训练. 长沙：湖南大学出版社，1999

[11]支玉恒. 欣赏与评析. 北京：中国文联出版社，1999

[12]唐晓杰. 课堂教学与学习成效评价. 南宁：广西教育出版社，2000

[13]陈玉砚. 教育评价学. 北京：人民教育出版社，2000

[14]达寿林. 指导学生掌握听课技巧. 青海教育，2000(1)

[15]刘国华. 谈课堂教学反馈. 中等医学教育，2000(2)

[16]钟启泉. 社会建构主义：在对话与合作中学习. 上海教育，2001(7)

[17]刘庆昌. 对话教学初论. 教育研究，2001(11)

[18]姜云. 浅谈教学反馈的功能和原则. 绥化师专学报，2001(1)

[19]张丁秀. 教师课堂反馈能力浅谈. 教学与管理，2001(4)

[20]黄香媛. 对课堂教学反馈策略的再认识. 丽水师范专科学校学报，2001(4)

[21][巴西]弗莱雷·保罗. 被压迫者的教育学. 顾建新等译. 上海：华东师范大学出版社，2002

[22]王景英. 教育评价理论与实践. 长春：东北师范大学出版社，2002(7)

[23]陈瑶. 课堂观察指导. 北京：教育科学出版社，2002(10)

[24]金娣，王刚. 教育评价与测量. 北京：教育科学出版社，2002(12)

[25]肖锋. 学会教学——课堂教学技能的理论与实践. 杭州：浙江大学出版社，2002

[26]李丁梅. 教学评价与反馈. 卫生职业教育，2002(3)

[27]娄云，朱绘丽. 学生的注意特性与课堂学习行为. 河南机电高等专科学校学报，2002(2)

[28]钟启泉，崔允漷，吴刚平主编. 普通高中新课程方案导读. 上海：华东师范大学出版社，2003

[29]王文忠. 听课. 教学与管理，2003(5)

[30][美]Diane Hart. 真实性评价. 国家基础教育课程改革"促进教师发展与学生成长的评价研究"项目组 译. 北京：中国轻工业出版社，2004

[31]万伟，秦德林，吴永军. 新课程教学评价方法与设计. 北京：教育科学出版社，2004

[32]杨九俊. 教学评价方法与设计. 北京：教育科学出版社，2004

[33][美]Gary D. Borich，Martin L. Tombari. 中小学教育评价. 国家基础教育课程改革"促进教师发展与学生成长的评价研究"项目组译. 北京：中国轻工业出版社，2004

[34]张立功. 教学生会听课. 江苏教育，2004(5)

[35]李雪，秦明利等. 基于小组合作学习的研究生英语视听说写课的研究与实践. 黑龙江高教研究，2004(8)

[36]郑亚娟，马静. 全程性教学质量评价反馈模式的构建与实践. 辽宁教育研究，2004(7)

[37]于湛慧. 运用适当评价与及时反馈激发中学生化学学习动机的策略研究. [学位论文]. 东北师范大学，2004

[38]李海涛. 教师语言行为研究. 成都：四川大学出版社，2004

[39]刘晓白. 课堂评价语言科学性与艺术性的探求. 中学语文（教师版），2004(4)

[40]孙雷，温丽丽. 你能和学生握握手吗——浅谈口头语言和身体语言评价艺术(中学版). 黑龙江教育，2004(9)

[41]吴永军. 小学品德与生活(品德与社会)课堂诊断. 北京：教育科学出版社，2005

[42] [美]Richard J Stiggins. 促进学习的学生参与式课堂评价技巧（第四版）. 国家基础教育课程改革"促进教师发展与学生成长的评价研究"项目组 译. 北京：中国轻工业出版社，2005

[43] ［美］Judith Arter Northwest Regional Educational Laboratory, Jay Mctighe. 课堂教学评分规则. 国家基础教育课程改革"促进教师发展与学生成长的评价研究"项目组译. 北京：中国轻工业出版社，2005

[44] 黄光扬. 新课程与学生学习评价. 福州：福建教育出版社，2005

[45] [美]威金斯. 教育性评价. 国家基础教育课程改革"促进教师发展与学生成长的评价研究"项目组译. 北京：中国轻工业出版社，2005

[46] 高增明. 课堂讨论应注意的几个问题. 甘肃教育，2005(4)

[47] 张吉庆. 教学反馈策略在中学历史课堂教学中的运用. ［学位论文］. 辽宁师范大学，2005

[48] 郑百苗. 三重对话：构筑新型的课堂生活——特级教师李吉林、支玉恒的(太阳)课堂精彩片断解读. 教师之友，2005(6)

[49] 闫菊霜. 课堂评价语言要讲究艺术性. 宁夏教育，2005(12)

[50] [美]奥斯特霍夫. 开发和运用课堂评估. 谭文明，罗兴娟译. 北京：中国轻工业出版社，2006

[51] 托马斯·A. 安吉洛，K. 帕特丽夏·克罗斯. 课堂评价技巧. 唐艳芳译. 杭州：浙江大学出版社，2006

[52] [美]Albert Oosterhof. 开发和运用课堂评估(第三版). 谭文明，罗兴娟译. 北京：中国轻工业出版社，2006

[53] 汪凤炎，燕良轼. 教育心理学新编. 广东：暨南大学出版社，2006

[54] 王品国. 让听课笔记更具实用价值. 湖北教育(教学版)，2006(6)

[55] 刘其平等. 听课笔记勿记流水账. 湖北教育(教学版)，2006(6)

[56] 袁淑英. 小组合作学习"五要诀". 江西教育科研，2006(12)

[57] 丁国英. 把握课堂讨论的时机. 广西教育，2006(Z1)

[58] 牛秀君. 课堂讨论，教师请别走开. 四川教育，2006(11)

[59] 谌业锋. 课堂讨论的组织策略. 四川教育，2006(11)

[60] 赵世明，王君. 问卷编制指导. 北京：教育科学出版社，2006(10)

[61] 李娥兰. 表现性课堂学习评价的方法. 广西教育，2006(Z2)

[62] 张虹. 提高课堂评价语言有效性的研究. ［学位论文］. 华东师范大学，2006

[63] 邹丽华. 表现性评价探析. 大连教育学院学报，2007(4)

［64］崔允漷，沈毅. 课堂观察 20 问答. 当代教育科学，2007(24)

［65］李开鹏. 提高课堂讨论有效性的几点思考. 希望月报，2007(6)

［66］秦秋红. 优化课堂讨论提高教学效果. 四川教育学院学报，2007(8)

［67］刘冬，高峰. 课堂反馈：走出简单评价的困境. 现代中小学教育，2008(4)

［68］郁建石，仲秀芳. 浅谈课堂教学中反馈与矫正的原则和艺术. 江苏教育研究，2009(19)

后　记

　　本书是北京师范大学出版社组织出版的《中小学教师教学策略书系》的一本，目的是帮助广大教师厘清认识，在实践中能够合理使用教学策略，解决实际问题，优化课堂教学。作者由于在湖南师范大学从事教育评价的教学和研究工作，故欣然接受了这一写作任务。

　　课堂评价作为调控课堂教学的有效手段，伴随着教学过程的展开，对学生的学习活动指向预定目标，发挥着导向、检测、激励、诊断、调控等功能。因此，课堂评价的优化是保障顺利实施素质教育，促使学生积极主动，自主发展的关键，我国基础教育课程改革对课堂评价的变革也提出了诸多要求。但课堂评价如此重要却又极其容易被教师们忽视。长期以来，教师们仍然习惯于通过考试来评价学生的学习行为、学习效果，评价方式的转变仍然停留在理论上。原因在于：一方面是传统教育方式的巨大影响力；另一方面是广大教师对新型课堂评价方法并没有真正掌握，难以自觉有效运用。

　　基于这种现状，作者立足于新一轮基础教育课程评价改革的要求，在广泛查阅了国内外相关研究文献基础上，广泛吸纳现有研究成果，以目前教师忽视课堂评价和课堂评价中所存在的问题为切入点，运用通俗易懂的语言，结合大量的案例探讨了课堂评价策略，包括实施课堂评价的方法、如何评价学生的课堂学习行为、如何评价学生的课堂学习效果、如何合理利用课堂评价语言以及实施课堂评价的反馈策略五个方面，力图通过深入的讨论为现如今的中小学教师如何实施课堂评价提供一个可供参考和借鉴的范本，以提高中小学教师的教学评价效率和教学水平。如果中小学教师能在此书中受益，那么这本书也就实现了它的价值！

　　湖南省长沙市教育局黄军山、湖南师范大学教育科学学院硕士生游小娟、华中师范大学教育学院硕士生伍远岳、湖南师范大学教育科学学院硕士生赵苓妃、唐巧参与了第一章、第二章、第三章、第五章、第六章的部分工作。同时，对写作过程中所参考的文献作者表示感谢。

　　由于课堂评价是一个理论性与实践操作性都非常强的命题，加之作者水平所限，本书一定还存在着诸多纰漏和不足，敬请读者、行家指正。愿本书成为中小学教师以及其他一切教育工作者的朋友！

覃　兵

2010 年 7 月于麓山山麓